Relação e cura em Gestalt-terapia

Dados internacionais de Catalogação na Publicação (CIP)
(Câmara Brasileira do Livro, SP, Brasil)

Hycner, Richard
  Relação e cura em Gestalt-terapia / Richard Hycner e Lynn Jacob.
Tradução Elisa Plass e Marcia Portella. — São Paulo : Summus, 1997.

  Título original: The healing relationship in Gestal Theraphy
  Inclui bibliografia
  ISBN 978-85-323-0611-1

  1. Gestalt (Psicologia) 2. Gestalt-terapia 3. Psicoterapia I. Jacob,
Lynne. II. Título

97-3243   CDD-616.89143

Índices para catálogo sistemático:
1. Gestalt : Psicoterapia : Medicina   616.89143
2. Gestalt-terapia : Medicina   616.89143

www.summus.com.br

Compre em lugar de fotocopiar.
Cada real que você dá por um livro recompensa seus autores
e os convida a produzir mais sobre o tema;
incentiva seus editores a encomendar, traduzir e publicar
outras obras sobre o assunto;
e paga aos livreiros por estocar e levar até você livros
para a sua informação e o seu entretenimento.
Cada real que você dá pela fotocópia não autorizada de um livro
financia o crime
e ajuda a matar a produção intelectual de seu país.

RICHARD HYCNER e LYNNE JACOBS

Relação e cura em Gestalt-terapia

summus editorial

Do original em língua inglesa
THE HEALING RELATIONSHIP IN GESTALT THERAPY
A dialogic self
Copyright © 1995 by The Gestalt Journal Press Inc.
Direitos desta tradução adquiridos por Summus Editorial Ltda.

Tradução: **Elisa Plass e Marcia Portella**
Revisão técnica: **Enila Leite de Freitas Chagas e
Jean Clark Juliano**

Summus Editorial
Departamento editorial
Rua Itapicuru, 613 – 7º andar
05006-000 – São Paulo – SP
Fone: (11) 3872-3322
http://www.summus.com.br
e-mail: summus@summus.com.br

Atendimento ao consumidor
Summus Editorial
Fone: (11) 3865-9890

Vendas por atacado
Fone: (11) 3873-8638
e-mail: vendas@summus.com.br

Impresso no Brasil

A meu pai,
um herói não-celebrado.

A minha corajosa mãe.

A Dorothy,
a quem, sem seu apoio, este trabalho
não teria sido completado.

A Bryce,
a quem o futuro *pertence*.

SUMÁRIO

Preâmbulo 9
Prefácio à edição brasileira 11
Prefácio 15
Agradecimentos 19
Introdução 23

I. UMA ABORDAGEM DIALÓGICA

1. A base dialógica 29
   Rich Hycner
2. Reva: impasse e inclusão — duas perspectivas 50
   Rich Hycner e "Reva"
3. O diálogo na teoria e na Gestalt-terapia 67
   Lynne Jacobs
4. Simone: confiança e desconfiança existenciais 95
   Lynne Jacobs
5. Considerações finais: o espírito do diálogo 99
   Rich Hycner

II. UMA PONTE ENTRE
A PSICOLOGIA DO SELF E A GESTALT-TERAPIA
UMA PERSPECTIVA DIALÓGICA

6. Breve introdução à teoria da intersubjetividade e à psicologia do *self* 109
   Rich Hycner

7. Uma ponte entre a psicoterapia dialógica e a teoria da intersubjetividade 117
Rich Hycner

8. A psicologia do *self*, a teoria da intersubjetividade e a Gestalt-terapia: Uma perspectiva dialógica 129
Lynne Jacobs

9. Gestalt-terapia e teoria da intersubjetividade 154
Rich Hycner

10. A transferência encontra o diálogo: transcrição de um caso 164
Lynne Jacobs

III. A ORIENTAÇÃO DIALÓGICA EXPANDINDO OS LIMITES DA TEORIA DA INTERSUBJETIVIDADE E DA PSICOLOGIA DO *SELF*

11. Crítica dialógica à teoria da intersubjetividade e à psicologia do *self* ... 187
Rich Hycner

12. O terapeuta como "outro": o paciente em busca de uma relação 199
Lynne Jacobs

PREÂMBULO

Toda teoria precisa ser revitalizada pelas novas gerações. O livro de Rich Hycner e Lynne Jacobs representa uma importante contribuição para a contínua renovação da Gestalt-terapia.

A primeira geração de Gestalt-terapeutas foi encabeçada por Fritz Perls, cujo trabalho inicial contribuiu para a renovação terapêutica que se seguiu à Segunda Guerra Mundial.

O trabalho de Perls inspirou uma segunda geração, cujas contribuições se desenvolveram a partir de diferentes influências teóricas. Esses novos profissionais construíram sobre os fundamentos da teoria, extraindo as distorções, os exageros e a ênfase no estilo personalizado, enquanto tentavam ver cada elemento familiar à nova luz de uma compreensão mais extensa. Eles lutaram entre aceitar a simplicidade enganadora dos clichês, aos quais a Gestalt-terapia tinha sido reduzida, e manter a amplitude de foco de suas origens.

Foi um desafio, dentro do próprio círculo da Gestalt-terapia, coordenar esses contrapontos teóricos deixando pouco espaço para superposições e correções oferecidas por outras teorias terapêuticas. Simultaneamente a essa renovação interna, muitas fronteiras *entre* teorias contemporâneas foram afrouxadas pela análise dos estereótipos que, inevitavelmente, se desenvolvem a partir da adesão aos princípios de qualquer teoria.

O esgotamento dos estereótipos abriu caminho para a terceira geração de Gestalt-terapeutas, da qual fazem parte Hycner e Jacobs. Eles escreveram um livro valioso, esclarecendo os parâmetros dos princípios da Gestalt-terapia — enquanto coexistentes com abordagens terapêuticas contemporâneas, tais como a psicologia intersubjetiva do *self* e a psicoterapia dialógica buberiana.

Em vez de enfraquecer a Gestalt-terapia, sua ponderada perspectiva fornece profundidade e maior confirmação aos mais importantes conceitos da

Gestalt-terapia, tais como contato: *awareness*,* confluência saudável e a fenomenologia da relação. Exemplos de sua própria prática terapêutica avivam a centralidade da experiência de contato da Gestalt-terapia através do calor, humanidade e sensibilidade, que permeiam o trabalho.

Erving e Miriam Polster

---

*Awareness — palavra conservada no original por não ter correspondência exata em português. Significa, segundo Gary Yontef, "uma forma de experienciar. É o processo de estar em contato vigilante com o evento de maior importância no campo indivíduo/meio, com total suporte sensório-motor, emocional, cognitivo e energético" (Gary Yontef, citado no artigo "Gestalt Therapy: Clinical Phenomenoly", na revista *Gestalt Journal*, vol.II, pp. 27-45). (N. do T.)

PREFÁCIO À EDIÇÃO BRASILEIRA

Não existe uma teoria acabada e imutável. As idéias servem para nos fornecer um mapa temporário que nos dê algum senso de direção naqueles momentos tão freqüentes e humanos nos quais nos sentimos perdidos...

A Gestalt-terapia começou a se tornar conhecida a partir da publicação do livro *Gestalt Therapy*, de Perls, Hefferline e Goodman, em 1951, considerado o início de sua inserção no panorama das psicoterapias. E passou por muitas transformações ao longo dos anos. Essas transformações se operavam nos diferentes grupos, que assimilavam a nova forma de fazer terapia de acordo com seu contexto. Esse contexto, essa base, fazia com que cada grupo privilegiasse um determinado aspecto.

Chegamos a falar de Gestalt-terapias...

De uma ênfase estrita no processo de *awareness* no aqui e agora passou-se à ênfase no processo de contato interpessoal. E, depois, à ênfase na relação terapêutica. Tudo era muito novo, e com amplas possibilidades de um trabalho criativo. A possibilidade de experimentação era muito atraente.

Houve a fase de trabalhos "brilhantes" em que a impressão era a de uma abordagem teatral, na qual parecia haver um princípio, um meio e um fim. A terapia muitas vezes era considerada quase como entretenimento. Havia um *frisson* no ar, o que iria acontecer naquela sessão?... Num minucioso jogo de esconde-esconde entre terapeutas e clientes, os participantes chegavam a declarar mãos suadas, coração batendo rápido, medo de dizer alguma coisa e ser pego pelo terapeuta que, à sua revelia, desvendaria algum segredo do qual a própria pessoa não tinha conhecimento...

Fritz Perls chamava a pessoa que se dispunha a trabalhar para sentar-se no que ele chamava de *hot-seat*, em geral uma poltrona colocada a seu lado, que permanecia vazia até que surgisse um candidato... O próprio nome atribuído era significativo: *hot-seat* é uma expressão que se usa para designar a cadeira elétrica, destinada a criminosos sentenciados à pena de morte! E então, do alto de sua posição poderosa, Fritz comandava o jogo de cena, que se desenrolava de acordo com sua percepção ou humor vigente...

Como ritual de iniciação estava bom, mas em geral este contato abrasivo podia deixar pessoas mais vulneráveis bastante machucadas...

Lembro-me de uma ocasião em que, convidada a coordenar um grupo aberto de terapia numa instituição em que era visitante, qual não foi o meu espanto ao encontrar o grupo sentado num formato enfileirado como se se tratasse de um teatro em que eles vieram "assistir" a um trabalho de gestalt! Esquecendo que a própria definição do trabalho em gestalt incluía a vivência pessoal, o envolvimento...

As pessoas confundiam a Gestalt-terapia com aquilo que era publicado, descrevendo as demonstrações que Fritz Perls fazia com grupos de profissionais que chegavam até ele para fazer formação num grupo intensivo, residencial, com o processo de terapia a longo prazo, com clientes reais que vêm em busca de alívio para seu sofrimento pessoal.

É bem verdade que também fomos contagiados pela possibilidade de trabalhar de forma criativa, transitando amplamente, experimentando ao longo do eixo terapeuta e cliente.

Felizmente pudemos ter acesso também a profissionais e textos vindos do grupo de Nova York, liderado por Laura Perls, que, juntamente com seu grupo, fazia um sério trabalho de fundamentação desta abordagem tão rica de possibilidades... Como ela possuía um profundo interesse em literatura e dança, esses elementos eram incorporados ao seu atendimento, criando, então, um clima de diálogo, de respeito ao cliente, de *timing*, de espaço e suporte para que a pessoa pudesse se abrir, ter clareza a respeito de sua necessidade e liberar energia para sua busca. Essa era uma postura mais condizente com a nossa cultura brasileira, um jeito suave de trabalhar sem levantar resistências desnecessárias.

Houve todo um caminho entre a terapia centrada no cliente (afinal, é *ele* o doente), a uma narcísica terapia centrada no terapeuta (vejam que experimento criativo *eu* inventei...) até um humilde *estar com* (vamos ver o que nós, em conjunto, conseguimos clarear...).

Conseguimos sair da tendência a favorecer um *acting-out* catártico para um *acting-in*, ou seja, reinvestindo a energia disponível para aprofundamento maior das questões do cliente. O diálogo genuíno tornou-se o principal instrumento de trabalho.

É aqui que entra a importância da obra de Richard Hycner: aquilo que inicialmente ele chamou de Gestalt-terapia Dialógica foi publicado no *Gestalt Journal* em 1985. É nesse momento que ele dispõe os fundamentos de seu trabalho, todo um enfoque de cuidado para com a pessoa do cliente, para a sua singularidade, abrindo espaço para que ele inclua suas histórias no seu processo psicoterápico, podendo então redimensionar sua vida.

Para os profissionais mais jovens que estejam lendo esse prefácio agora, isso não se constitui uma novidade, uma vez que fizeram sua formação já numa proposta revista, e, portanto, sem a ditadura de ter de trabalhar num aqui e agora que se confundiu por muito tempo com o imediato, com a proibição estrita de se contar histórias... Dá para acreditar?

Durante um tempo trabalhamos com os nossos alunos em formação, com manuscritos do Hycner que ainda não haviam sido publicados. Iniciamos uma extensa e entusiasmada correspondência, contando da reação de colegas e alunos diante de suas propostas. Dessa coletânea de artigos surgiu sua primeira publicação.

Seu primeiro livro *De pessoa a pessoa: Em direção a uma psicoterapia dialógica*, publicado pela Summus Editorial em 1991, traz à cena de maneira clara e marcante a proposta de uma terapia baseada na filosofia do diálogo, proposta por Martin Buber e desenvolvida por Maurice Friedman. O cliente é tratado como um Tu, sendo considerado em sua singularidade e alteridade, e não como um objeto de experimentações...

O comportamento disfuncional nesta abordagem é entendido como um diálogo abortado, ou interrompido. *O objetivo do trabalho em terapia torna-se o da restauração do diálogo.*

Hycner foi convidado a apresentar suas idéias na Conferência Anual do *Gestalt Journal*, dedicada ao tema da filosofia do diálogo.

O efeito da veiculação de suas idéias na comunidade gestáltica foi de impacto semelhante à manobra de 180 graus num navio em alto-mar... Seus pressupostos filosóficos, apresentados em linguagem delicada, clara e poética, serviram de inspiração aos profissionais presentes. A relação Eu-Tu finalmente saiu do seu lugar perdido numa nota de rodapé para ocupar seu devido espaço.

Demos esse passeio pela história da Gestalt para formar um quadro de referência a partir do qual possamos entender o contexto em que se insere esta nova publicação, *Gestalt-terapia: relação e cura*, escrito em colaboração com Lynne Jacobs, atualmente considerada uma das maiores autoridades da Gestalt-terapia.

Este livro surgiu da colaboração entre os dois. De um profícuo e estimulante diálogo entre a Abordagem Dialógica, a Gestalt-terapia e a compreensão da dinâmica do cliente a partir do empréstimo de referências oriundas da psicanálise moderna, especialmente da psicologia do *self*.

Esse trabalho tem como objetivo fornecer aos profissionais um modelo de desenvolvimento possível, no qual se pode focar de maneira sensível e sistemática a relação terapêutica, núcleo de toda a investigação.

Richard Hycner e Lynne Jacobs acreditam que *o fator curativo da psicoterapia reside na relação terapêutica em si.*

A Gestalt-terapia tem uma possibilidade experiencial e foco no processo que dá suporte a seus praticantes no desenvolvimento de uma metodologia de trabalho com processos relacionais em psicoterapia.

A proposta deste livro é tentar reforçar essa integração, com olhos e ouvidos bem abertos e observando para aonde os leva...

Esse texto inclui bem-vindos estudos de caso para exemplificar aquilo que está sendo explicado. Os casos foram escolhidos para salientar determinado ponto de vista, e não só aqueles que foram bem-sucedidos. Nesse sentido, também é um texto diferente de outros da mesma área. Os autores se revelam ao contar episódios de suas atividades clínicas.

A Gestalt-terapia foi algumas vezes acusada de ignorar os processos relacionais das terapias a longo prazo em favor de uma ênfase na experiência imediata, no aqui e agora. No entanto, a psicanálise, com sua compreensão dos processos relacionais na terapia, tende a ser criticada por ser muito cognitiva, distante da experiência direta... A partir dessas ponderações, se tomarmos partido de um lado ou de outro, estaremos fechando as portas para a continuação de um diálogo inusitado, porém rico.

Os autores acreditam que a riqueza do aqui e agora não precisa ser sacrificada ao se trabalhar com processos relacionais mais duradouros. Richard Hycner e Lynne Jacobs deixam bem claro que estão *"de passagem"*, e que ao publicar este livro não pretendem que ele seja definitivo, e sim que sirva de *inspiração* para outros debates e contribuições...

Tal postura me remete à minha mestra de ikebana. Ela tem idéias bem estranhas, que me fizeram rever uma porção de pressupostos que eu tinha como definitivos... A começar pelo pedido de incluir o vento no meu arranjo de flores! Ela fica preocupada em se certificar se as plantas estão respirando ou não. Além disso, em vez de procurar plantas e flores perfeitas, ela se desfaz destas, privilegiando as que estão com furos, desgastadas, comidas por bichos e pássaros, porque estas têm histórias para contar...

No momento em que eu, depois de muito esforço, consigo uma configuração que fica linda e da qual me orgulho, ela pede para eu colocar o meu arranjo num lugar de destaque para mostrar a todos, ouvir opiniões (bem como interpretações...) e depois, sem dó nem piedade, manda desmanchar e fazer de novo...

Jean Clark Juliano

PREFÁCIO

A Gestalt-terapia é uma síntese criativa.

Erving Polster

O coração do homem anseia por contato — acima de tudo, anseia por diálogo genuíno. O diálogo está no coração do humano. Sem ele, não estamos completamente formados — existe um escancarado abismo interno. Com ele, temos a possibilidade de deixar emergir nossa singularidade e nossas qualidades mais humanas. Cada um de nós, secreta e desesperadamente, anseia ser "encontrado" — ser reconhecido em nossa singularidade, em nossa plenitude e vulnerabilidade. Ansiamos ser genuinamente valorizados por *quem* somos e mesmo pelo que somos. O ser de cada um de nós precisa ser reverenciado, por nós mesmos e também pelos outros. Sem isso, não estamos inteiros, não somos completamente nós mesmos.

O paradoxo do espírito humano é que não sou completamente eu mesmo, até que seja reconhecido em minha singularidade pelo outro — e esse outro precisa do meu reconhecimento a fim de se tornar completamente a pessoa única que ela é. *Somos inextricavelmente entrelaçados.* Nossa validação pelo outro traz valor a nós mesmos. Somos parte de um laço de relações recíprocas. Este livro explora essas relações recíprocas enquanto base da Gestalt-terapia.

Existem duas propostas claras neste livro: a primeira, e antes de tudo, explorar a dimensão dialógica[1] como fundamento da Gestalt-terapia. A segunda, explorar como a psicologia do *self*, particularmente a teoria da intersubjetividade, fornece um amplo foco desenvolvimentista e de entendimento do *self*, o qual pode enriquecer ainda mais a base desenvolvimentista e a conceitualização do *self* já inerente à Gestalt-terapia.

---

1. Psicoterapia dialógica é a aplicação terapêutica da filosofia do diálogo iniciada por Martin Buber e, posteriormente, explicitada por Maurice Friedman. Acredito que a abordagem dialógica tenha sua aplicação tanto na Gestalt-terapia como em outras teorias psicoterapêuticas.

A Gestalt-terapia tem um amplo foco experiencial e processual e, mais do que qualquer outra terapia, dá suporte a seus praticantes a se voltarem em direção a uma abordagem dialógica. Tal abordagem, na Gestalt-terapia, pode fornecer a base para uma síntese criativa da dimensão dialógica da existência humana, do foco experiencial da Gestalt-terapia e dos *insights* sobre o desenvolvimento do *self* que surgem da psicologia do *self* e da teoria da intersubjetividade. Essa síntese pode fornecer uma perspectiva enriquecedora na busca do aprofundamento de nossa compreensão da dimensão "inter-humana"[2] da existência.

Em nossa era moderna, a alienação dos outros, de nosso próprio *self* e da natureza é endêmica. Muito do sofrimento humano poderia ser diminuído se houvesse uma maior preocupação em se estabelecer um diálogo genuíno entre as pessoas. Se isso é verdadeiro, então compete aos terapeutas criarem uma atmosfera na qual a atitude dialógica seja semeada e floresça. Isso requer que o terapeuta vá além da cura técnica, em direção à cura do "entre" — aquela dimensão invisível e ainda assim muito profunda da interconexão humana. Embora tal cura não seja sempre possível, é essencial tentar se aproximar dela. Ironicamente, a psicologia moderna tem feito muito pouco no sentido de voltar-se para essa dimensão do espírito humano.

Ao discutir o dialógico, não estou me referindo ao discurso, mas sim a uma atitude, *awareness* e abertura de se preocupar com a outra pessoa, única, e a nossa conexão inter-humana com essa pessoa. Estou falando de uma atitude genuína de sentir, sensibilizar e experienciar as outras pessoas *como uma pessoa* (não como um objeto ou parte de objeto); e disponibilidade para "ouvir" profundamente a experiência da outra pessoa sem prejulgamentos. É a abertura para "ouvir" o que não está sendo falado e para "ver" o que não é visível. É a presença para o mistério de nossa interexistência.

Durante quase vinte e cinco anos, acreditei que a Gestalt-terapia seria muito enriquecida ao se fundamentar explicitamente na filosofia do diálogo de Martin Buber[3] (explicitada por Maurice Friedman). Num artigo anterior, "Dialogical Gestalt Therapy: An Initial Proposal" (1985), explorei essa possibilidade. Logo depois, Lynne Jacobs acrescentou ao tema com sua publicação[4] "Dialogue in Gestalt Theory and Therapy" (1989). No treinamento de terapeutas, senti que havia a necessidade de um livro que focalizasse *explicitamente* a dimensão dialógica como base da Gestalt-terapia. (Nesse ínterim, escrevi o livro

---

2. Ao falar em "inter-humano", Martin Buber quis dizer alguma coisa mais inerente e ontologicamente interconectada do que o que é usualmente entendido por intersubjetivo ou interpessoal (Buber, 1965b). Friedman (1972b) descreve poeticamente isso como: "vivemos num constante fluxo de trocas".

3. Certamente, não sou o único a pensar dessa forma. Na introdução, tento dar um contexto histórico dessa perspectiva na Gestalt-terapia.

4. Como aponto na Introdução, Lynne Jacobs já vinha trabalhando muito antes disso nessas idéias. Isso é muito claro em sua dissertação: "I-Thou Relation in Gestalt Therapy" (1978).

Between person and person: toward a dialogical psychotherapy,[5] fornecendo o alicerce para uma abordagem dialógica na psicoterapia em geral.)

Este livro se desenvolveu a partir de uma colaboração de crenças compartilhadas e contatos continuados. Minha amizade e coleguismo com Lynne Jacobs tem sido muito especial. Este trabalho não existiria sem sua coragem, interesse e suporte emocional e intelectual. Durante anos compartilhamos um interesse comum em Gestalt-terapia e na filosofia do diálogo de Martin Buber. Enquanto ela se dedicava às áreas da psicologia do *self* e à teoria da intersubjetividade, me vi atraído para a investigação dessas áreas, mas, paralelamente, com alguns interesses independentes. Lembro-me ainda do momento em que, ao ouvir Lynne falar em uma conferência,[6] senti o impacto pelo fato de ela ter desenvolvido um conhecimento independente da Gestalt-terapia, da filosofia dialógica de Martin Buber e da psicologia do *self* (particularmente da teoria da intersubjetividade) — e ela estava falando da integração das três. É como se ela fosse fluente em três línguas distintas, e então começasse a desenvolver toda uma linguagem nova, utilizando-se do que havia de melhor das três anteriores! Sentia-me pequeno diante da magnitude da tarefa. Era intimidante, diante de minha própria tarefa de tentar integrar a abordagem dialógica no âmbito da Gestalt-terapia. Para minha surpresa e assombro, percebi que estava me movimentando em caminhos paralelos.

Durante muitos anos, pensei que um livro sobre Gestalt-terapia seria valioso. Após várias tentativas, alterando versões anteriores, a decisão de escrever e editar este livro, formalmente, começou em 1991. Em princípio, eu pretendia apresentar apenas a abordagem dialógica na Gestalt-terapia. Depois de algumas revisões do planejamento inicial, decidi integrar a abordagem dialógica com alguns *insights* clínicos e desenvolvimentistas da psicologia do *self* e da teoria da intersubjetividade. Embora acredite que a abordagem dialógica seja o fundamento da Gestalt-terapia, as teorias da psicologia do *self* e, particularmente, da teoria da intersubjetividade, forneceram uma base desenvolvimentista-intersubjetiva que poderia trazer um acréscimo à já existente rica base fenomenológica da Gestalt-terapia.

Conhecedor da experiência de Lynne em todas essas áreas, pedi-lhe que contribuísse com seus escritos originais para este trabalho.[7] Durante as inú-

---

5. Embora a publicação inglesa tenha ocorrido em 1991, o manuscrito estava essencialmente completo em 1988. Ele foi traduzido para o alemão sob o título: *Zwishcen Menschen* (1989). Em português, publicado sob o título: *De pessoa a pessoa: psicoterapia dialógica*. São Paulo, Summus, 1995.

6. A VII Conferência Anual em Psicoterapia Dialógica (1991), em San Diego, Califórnia. Robert Stolorow era o palestrante principal.

7. Na maioria dos casos, esses escritos permaneceram essencialmente como eram, com mudanças de formatação básicas, realizadas para se encaixarem no plano total do livro. Em dois casos, tornaram-se necessárias mudanças substanciais na edição, a fim de que os trabalhos originais se adaptassem ao fluxo dos capítulos daquela seção.

meras leituras que fizemos, do que cada um de nós escreveu, e de nossas discussões, fomos nos tornando cada vez mais influenciados um pelo pensamento do outro. Embora a responsabilidade editorial final seja minha, o livro é resultado de nossos esforços e influências compartilhadas. Como disse Lynne, onde um de nós é identificado como autor de um capítulo particular, a *voz* do outro está sempre presente.

Por tratar-se de um trabalho integrado, grande número de questões precisou ser explorado nos capítulos. No processo de escrever e editar, empenhei-me sempre no sentido de deixar claras as questões teóricas, fundamentando essa integração com suas aplicações clínicas. Junto com os numerosos exemplos clínicos e vinhetas, em todos os capítulos, estão também três extensos estudos de caso, demonstrando as questões levantadas nos capítulos anteriores.

Em termos de plano global, a Parte I explora a abordagem dialógica na Gestalt-terapia, tanto na teoria quanto em sua aplicação clínica. A Parte II integra a Gestalt-terapia de base dialógica com a teoria da intersubjetividade e a psicologia do *self*. A Parte III ressalta os temas centrais da "alteridade" para os Gestalt-terapeutas e aponta caminhos que os profissionais, utilizando *insights* da teoria da intersubjetividade e da psicologia do *self*, podem querer explorar ainda mais.

Espero, fervorosamente, que os resultados deste trabalho sejam frutíferos para os leitores. Espero, ainda, que inspire outras pessoas a explorarem as implicações clínicas e teóricas dessa abordagem. Como Lynne gosta de lembrar, o propósito deste livro não é ser definitivo, e sim *evocativo*.

Rich Hycner

AGRADECIMENTOS

Agradeço a Lynne Jacobs pela coragem em seguir sua própria direção. Suas discussões comigo e seus escritos sobre a relação Eu-Tu na Gestalt-terapia têm sido confirmados. Além disso, seu mais recente projeto, o de integrar a psicologia do *self* à estrutura da Gestalt-terapia, com algumas idéias novas e semelhantes às minhas, inspiraram-me a transformar o impulso inicial deste livro, a fim de incluir não apenas a dimensão dialógica na Gestalt-terapia, mas também as partes mais relevantes da psicologia do *self* e da teoria da intersubjetividade. Suas contribuições para este trabalho são enormes.

Minha esposa, Dorothy, da mesma forma que na publicação do meu primeiro livro, deu-me generosamente suporte emocional e compreensão durante todo o árduo e prolongado processo de escrever e editar. Sem sua presença, penso que não teria conseguido completar este projeto. Na vivência do dia-a-dia, à sua maneira, ela me ensina o que significa realmente o relacional.

Charlie Brice, uma pessoa inteiramente única por seus próprios méritos, tem sido e continua a ser um amigo precioso e uma pessoa surpreendente com quem se pode discutir qualquer coisa. Seus *insights* no sentido de aprofundar uma compreensão dialógica do processo psicoterápico, seus escritos e sua autenticidade pessoal têm sempre se confirmado e têm sido uma inspiração para mim. Ah! sim! Não posso me esquecer de mencionar como ele sempre eleva meu espírito (e o de todos a seu redor) com seu humor e riso contagiantes. Saber que ele estava presente, por si só, tornou este trabalho mais fácil.

Sou grato a meus amigos e colegas, Maurice Friedman e Jim DeLeo. Por mais de vinte anos eles têm me dado o suporte intelectual e o apoio de suas presenças, para seguir a dimensão dialógica na psicoterapia. É bem possível que sem eles este livro não teria existido.

Quero agradecer, do fundo do meu coração, a Erv e Miriam Polster por serem quem são; e também por terem me ensinado quase tudo o que sei sobre a experiência criativa de praticar a psicoterapia. Eles me mostraram o que pode ser a Gestalt-terapia.

Também desejo mostrar meu reconhecimento a meus clientes. Eles me privilegiaram com a revelação de vidas profundas e ricas e vêm continuamente fornecendo acréscimos à minha compreensão do processo psicoterápico. Eles me ensinam. Em particular, gostaria de destacar aqueles meus clientes antigos, e da Lynne também (obviamente, eles devem permanecer anônimos) que deram permissão para publicar casos baseados em suas terapias. Quero agradecer especialmente à minha ex-cliente, que não apenas concordou em que eu publicasse a descrição de meu trabalho com ela, mas também permitiu que eu usasse as gravações e anotações de sua experiência de terapia. Além disso, hoje, muitos anos depois, ela concordou em rever o que estava narrado e sugeriu mudanças para maior precisão. Elogio sua abertura e coragem.

Agradeço, também, aos estagiários do Instituto de Psicoterapia Dialógica que, pelo compromisso e envolvimento com o treinamento, vêm sendo um suporte emocional para mim, além de serem uma caixa de ressonância para meus pensamentos e explorações. Gostaria de agradecer, particularmente, a uma antiga estagiária, que me permitiu publicar suas anotações de uma experiência de cura durante o processo de seu grupo de treinamento. Dada a terrível natureza do trauma original que ela descreveu, admiro realmente sua coragem ao permitir a publicação.

Joe Wysong e Molly Rawle merecem meus agradecimentos por decidirem imediatamente (durante um impulsivo telefonema meu) concordar com a publicação de um livro sobre a abordagem dialógica na Gestalt-terapia. Há muito tempo eu vinha pensando neste livro, mas a motivação para realmente fazê-lo só veio quando soube que seria publicado. Mal sabiam eles, ou eu, das transformações pelas quais o livro passaria, levando mais quatro anos para se completar. A crença deles em mim foi, e ainda é, imensamente apreciada.

Meus parentes e amigos merecem um sincero agradecimento por seu apoio e tolerância com minhas ausências, enquanto estava concentrado na escrita. E também por saber que estariam lá quando o trabalho estivesse feito. Minhas colegas Judith Matson e Mary Dreyer merecem meu reconhecimento, tanto por sua incrível tolerância no uso de todo momento livre no serviço para o trabalho deste livro, como também pelo carinhoso suporte emocional que me deram durante todo o trabalho.

Como se eu precisasse de um lembrete da importância da ligação entre nós dois, meu filho Bryce, com três anos de idade, subia em meu colo enquanto eu estava concentrado em algum trecho do trabalho que me parecia terrivelmente difícil. Ele resolvia, *naquele* momento, que meu computador era um brinquedo maravilhoso ou que era o momento mais oportuno para pedir-me para lhe dar "vinte" coisas diferentes de que ele de repente precisava. Com seu jeito inimitável, ele me dizia em palavras ou em ações: "Preciso de alguma *atenção* — uma das mais básicas e profundas necessidades de todos nós. Sua repreensão: "*Papai, ouça o que digo*" é talvez a melhor e mais clara definição do dialógico. Ele estava sempre mais do que disposto a ser uma *presença* a me lembrar que nosso vínculo com aqueles que amamos é muito mais importante do que qualquer livro.

Finalmente, preciso agradecer ao Rio. Sem sua constância, bem como sem a inspiração e clareza experienciadas em seus belos e tranqüilos arredores, teria sido diminuída em muito a qualidade deste trabalho.

Rich Hycner

INTRODUÇÃO

Antecedentes

Alguns aspectos de uma Gestalt-terapia orientada para o dialógico estiveram presentes desde seu estágio inicial — primeiro na prática e depois na teoria. Frederick Perls referiu-se algumas vezes à necessidade da relação Eu-Tu na Gestalt-terapia (Levitsky e Perls, 1970). Em determinado momento, ele definiu a Gestalt-terapia com a expressão-chave: "Eu e Tu, aqui e agora". Ele disse também que a Gestalt-terapia deveria ir além do individualismo e olhar para o "Nós".

> ...Nós, que é diferente do Eu e Tu. Nós não existe, mas consiste do Eu e Tu, é uma fronteira em constante mudança onde duas pessoas se encontram. E quando nós nos encontramos lá, eu me modifico e você se modifica através do processo de encontrarmos um ao outro... (Perls, 1969, p. 7).

Laura Perls parece ter se interessado particularmente por uma atitude dialógica em sua terapia, especialmente no que se refere à questão das técnicas. Ao falar da imitação muitas vezes subserviente do "método de demonstração fortemente impactante" de Frederick Perls, Laura diz que: "infelizmente, o que se tornou amplamente conhecido e praticado como Gestalt-terapia é apenas o método usado por meu falecido marido para demonstrações em *workshops* e filmes nos seus últimos três ou quatro anos de vida". Acrescentando, ela diz: "Fritz Perls — com antecedentes psiquiátricos de interesse e envolvimento ativo no teatro — usaria uma abordagem psicodramática" (Laura Perls, 1976a, pp. 222-3).

Com freqüência, Laura Perls dizia ter sido profundamente influenciada por um encontro pessoal com Martin Buber (L. Perls, 1976b): "Considerando tudo, penso que Buber e Tillich tiveram influência muito maior em mim do que a análise e a psicologia da Gestalt, porque era uma abordagem de vida imediata, direta e existencial" (1989, p. 17). "Eles eram verdadeiramente psicólogos... Ouvindo Tillich ou Buber, você sentia que estavam falando diretamente para você e não apenas sobre alguma coisa. A forma como eles faziam contato era essencial em suas teorias" (L. Perls, in: Rosenblatt, 1991, p. 24). Isso pode ter influenciado seu pensamento de que a essência da Gestalt-terapia estava na relação formada entre terapeuta e cliente.

> Um Gestalt-terapeuta não usa técnicas; ele usa a *si mesmo, na* e *para* a situação com toda sua habilidade profissional e experiência de vida já acumuladas e integradas. Existem tantos estilos quanto existem terapeutas e clientes que descobrem a si mesmos e aos outros e juntos inventam sua relação (L. Perls, 1976a, p. 223; os itálicos são do autor).

Certamente, muitos outros Gestalt-terapeutas incorporaram a compreensão da relação Eu-Tu em sua prática. Ainda assim, são poucos os que, efetivamente, escreveram sobre a relação Eu-Tu e, mesmo entre aqueles que a mencionaram, não há uma extensa discussão (Tobin, 1983, p. 77). Naranjo (1975) toca nessa questão em seus primeiros trabalhos. Korb (1988) prestou um grande serviço aos Gestalt-terapeutas, sensibilizando-os para a relação Eu-Tu como o "fundo luminoso" na Gestalt-terapia. Schoen (1989) tratou a relação Eu-Tu como uma "*gestalt* mais ampla". A relação Eu-Tu na Gestalt-terapia tem sido substancial e extensivamente discutida desde o início, nos trabalhos de Gary Yontef (1975, 1979) e de Lynne Jacobs (1978).

É ainda menor o número de Gestalt-terapeutas que tem escrito sobre o dialógico na terapia (comparado ao momento Eu-Tu). Tenho suspeitas de que raramente se escreve a esse respeito, porque ele é a "invisibilidade" do fundo nos fenômenos figura/fundo — sempre lá e essencial e, ainda assim, difícil de discernir. Com freqüência, é muito mais sentido do que experienciado diretamente. Polster e Polster em seu livro (1973) (e claramente em sua prática)[8] descrevem alguns exemplos importantes de uma abordagem dialógica, sem o uso do termo. O'Connel (1970) menciona a importância do "diálogo" na Gestalt-terapia. Yontef foi mais longe ao se referir à Gestalt-terapia como um "método dialógico"[9] (1983, 1984). Posteriormente ele explicitou mais ainda

---

8. Veja também meu artigo "An Interview with Erving and Miriam Polster: The Dialogical Dimension in Gestalt Therapy" (1987).

9. De fato, ele diz (por meio de comunicação pessoal, de junho de 1991) que começou a pensar sobre o método dialógico por volta de 1969. Essa foi também a época em que eu estava pensando na aplicação do entendimento da relação Eu-Tu de Buber, chamando-a de *Gestalt-terapia existencial*. Em 1983, referia-me a ela como uma *Gestalt-terapia dialógica*. Em um ponto anterior do meu desenvolvimento profissional, rotulei minha abordagem terapêutica de *Gestalt-terapia centrada na pessoa*, para diferenciá-la dos tipos mais confrontativos de terapias gestálticas. Vim a

seu entendimento em livro recente (1993). Lynne Jacobs tratou da dimensão dialógica ao discutir a importância da atitude Eu-Tu (1978, 1989). Hycner (1985) propôs que a abordagem dialógica na Gestalt-terapia seja explicitada. Jacobs (1978, 1989) explicou como a filosofia do diálogo pode ser aplicada à teoria e prática da Gestalt-terapia. Frew (1992) tocou na necessidade do conhecimento do "entre" no trabalho da Gestalt.

Apesar do que foi exposto, a Gestalt-terapia não explicitou claramente uma base filosófica adequada e consistente. Suas raízes se fundamentam na psicanálise, na psicologia Gestalt, no existencialismo, na fenomenologia e na experiência clínica. As bases filosóficas dessas raízes e sua incorporação à teoria da Gestalt-terapia nunca foram trabalhadas de forma consistente e programada. Isso levou a contradições na teoria e na prática.

A principal contradição é que, a despeito de seu embasamento original estar na matriz ambiente-pessoa, a prática da Gestalt-terapia caiu, algumas vezes, em um modelo individualista do *self*. Como Erving e Miriam Polster tão bem dizem:

> Assim, na ênfase do imediatismo, a Gestalt-terapia limitou o foco da experiência psicoterapêutica e elevou a independência individual e a pureza da experiência acima de sua importância para as preocupações humanas maiores (1994, p. 24).

Certamente, é natural que uma interpretação como essa ocorra. No entanto, assim se perde a radicalidade original da fronteira de contato como sendo o "entre" e não apenas o aspecto delimitador do *self* individual. Embora defendesse a exploração do "contato entre", Frederick Perls recaiu algumas vezes em um viés individualista, tal como em sua "oração da Gestalt", cuja ênfase estava em ser um indivíduo independente e separado, e o *encontro* com os outros era apenas secundário. Infelizmente, muitas pessoas inexperientes tomaram isso como a essência da Gestalt-terapia.

Yontef (1984, p. 72) salienta que na *teoria* da Gestalt-terapia tem havido ênfase em certas *funções* da pessoa como se elas fossem separadas da pessoa das quais essas funções *são parte*. Na teoria, e, infelizmente, algumas vezes na prática, o todo da *pessoa* fica obscuro. Em muitos dos textos teóricos originais da gestalt, o que aparece como fundamentações são conceitos, tais como "*awareness*", "contato", "gestalten", "organismos", "figura e fundo", "fechamento", "resistência" etc. — mais do que o relacional. Tobin coloca isso com certa rudeza: "...muitos gestaltistas estão continuamente falando sobre distúrbios de fronteira e auto-regulação organísmica em vez de falar sobre pessoas"

---

compreender que o que Buber quis dizer com dialógico é uma abordagem muito mais abrangente do que aquela enfatizada na *teoria centrada na pessoa*. A *teoria centrada na pessoa* enfatizou basicamente o foco na experiência do cliente. Parece-me que essa abordagem ainda não consegue ir além de um modelo de *self* de orientação individualista.

(1983, p. 75). Certamente esta não é a maneira de muitos, senão a maiòria, *praticarem* a Gestalt-terapia. Se isso é verdade, a teoria deveria refletir a prática.

Acredita-se, freqüentemente, que se a *awareness* e as funções de contato se expandem, automaticamente, o *self* da pessoa e a fronteira de contato também o farão de forma significativa.[10] Isso não é necessariamente verdade. Um terapeuta pode ajudar a expandir funções de contato de maneira narcisista, sem que a pessoa desenvolva uma *relação dialógica significativa* com os outros. É possível focalizar nessas funções, de tal maneira que apenas a periferia da existência dessa pessoa é expandida, deixando intocado seu "centro dinâmico". A abordagem dialógica, como articulada neste livro, é o oposto disso.

Embora esta revisão não inclua toda a literatura relevante da Gestalt-terapia para o entendimento do Eu-Tu e da abordagem dialógica, espero ter contribuído, no contexto histórico, para o entendimento dos próximos capítulos.

Rich Hycner

---

10. Participei de experimentos gestálticos que foram exercícios interessantes, mas penso terem sido mais importantes para as necessidades do terapeuta do que para as minhas. Não estou dizendo que todo experimento deve tocar o cerne da pessoa. Penso, no entanto, que é necessário ao terapeuta uma enorme disciplina, a fim de que ele sugira os experimentos com maior chance de ajudar a restaurar a relação dialógica do cliente com os outros, em vez de experimentos que levem a uma maior patologia social de narcisismo ou alienação existencial.

I
UMA ABORDAGEM DIALÓGICA

O principal pressuposto para o surgimento de um diálogo genuíno é que cada um deveria olhar seu parceiro como a pessoa que ele realmente é. Torno-me consciente dele, consciente de que ele é diferente, essencialmente diferente de mim, de uma maneira única e definida que lhe é própria; e aceito a quem assim vejo, de forma que eu possa plenamente dirigir o que digo a ele, como pessoa que é.

Martin Buber, 1965b, p. 79.

1. A BASE DIALÓGICA

Rich Hycner

O "entre" não é um constructo secundário, mas o verdadeiro lugar e o berço do que acontece entre os homens; não tem recebido atenção particular, porque, distintamente da alma individual e de seu contexto, não exibe uma continuidade uniforme, mas está sendo renovadamente reconstituído de acordo com os encontros dos homens entre si.

Buber, 1965a, p. 203

Quando nos referimos a "fronteira", pensamos em uma "fronteira entre"; mas a fronteira de contato, em que a experiência ocorre, não separa o organismo e seu ambiente; em vez disso, limita o organismo, o contém e o protege, tocando ao mesmo tempo o ambiente.

Perls, Hefferline e Goodman, 1951, p. 229

Aquilo que nos une como seres humanos não é, necessariamente, o visível e o palpável, mas, sim, a dimensão invisível e impalpável "entre" nós. É o espírito humano que permeia qualquer interação nossa. É o "fundo numinoso" (Korb, 1988) que nos envolve e interpenetra. A partir dele emergem nossa singularidade e individualidade, tornando-se figura. *É a fonte da cura.*

Acredito que a abordagem dialógica se dirige melhor ao espírito humano — no fundo de conexão e na figura de individualização. Ela fundamenta teoria e prática da Gestalt-terapia em seu radicalismo original de explorar o "entre". O dialógico *é* a exploração do "entre".

Entende-se por dialógico o contexto relacional total em que a singularidade de cada pessoa é valorizada; relações diretas, mútuas e abertas entre as pessoas são enfatizadas, e a plenitude e presença do espírito humano são honradas e abraçadas. É mais uma abordagem profundamente sentida do que uma teoria.[1] "É a resposta do próprio ser, em sua totalidade, à alteridade do outro, aquela alteridade que só é compreendida quando me abro para ele na situação presente e concreta e respondo a sua necessidade, mesmo quando ele próprio não sabe que está se dirigindo a mim" (Friedman, 1965a, p. xvii).

Uma abordagem como esta abrange a alternância rítmica das relações Eu-Tu e Eu-Isso. O princípio básico da Gestalt-terapia de orientação dialógica[2] é que a *abordagem*, o *processo* e o *"objetivo"* da psicoterapia são dialógicos no enfoque global. Quaisquer "técnicas" surgem do contexto da relação *entre* cliente e terapeuta. O dialógico não se encontra "... nem em um só dos parceiros, nem nos dois juntos, mas somente em seu diálogo, neste 'entre' que compartilham" (Buber, 1965b, p. 75). O "entre" é paralelo à idéia da gestalt de que o todo (o âmbito do dialógico) é maior do que a soma das "partes" (terapeuta e cliente).[3]

O componente indispensável para a cura na terapia talvez seja a atitude dialógica do terapeuta (presumindo-se alguma abertura por parte do cliente). Todo contato e *awareness* precisam ser compreendidos *dentro* do contexto dialógico. Yontef coloca isso apropriadamente: "A primeira realidade é o contato entre" (1984, p. 62). Perls, Hefferline e Goodman ressaltam que o contato sempre surge do "entre" — o campo pessoa/ambiente (1951, p. 231). Perls diz:

> O estudo do modo como o ser humano funciona em seu ambiente é aquele que acontece na fronteira de contato entre o indivíduo e seu ambiente. É nessa fronteira de contato que ocorrem os acontecimentos psicológicos. Nossos pensamentos, ações, comportamentos e emoções são a forma de experienciar e encontrar esses acontecimentos de fronteira (1973, p. 17).

Como algumas vezes há confusão sobre essa questão, é importante enfatizar: *Todo diálogo é contato — nem todo contato é diálogo*. Grande parte do contato não é dialógico — é um contato técnico. Nas palavras de Buber, é um encontro Eu-Isso. Expandir o contato ou a *awareness não é um "objetivo" em si mesmo*. É útil se ajuda determinada pessoa a estabelecer uma melhor atitude relacional com o mundo. Isso não implica, de forma alguma, a inexistência de um foco no trabalho intrapsíquico ou em aspectos do contato e da *awareness* aparentemente isolados; mas este trabalho é sempre visto dentro do contexto de

---

1. Maslow (1969) assinala as diferenças radicais de dois modos da ciência de conhecer: o conhecimento Eu-Tu e o conhecimento Eu-Isso.

2. A base para este capítulo foi um artigo intitulado "Dialogical Gestalt Therapy: An Initial Proposal", concluído em 1984 e publicado em 1985.

3. Há também outros paralelos fascinantes com a pesquisa moderna da conexão "corpo/mente". Por exemplo, Buber se referiu a essa abordagem como "a cura através do encontro"; há pesquisas indicando que efetivamente trocamos átomos uns com os outros (Simon, 1994) e, presumivelmente, essas trocas podem ser terapêuticas.

uma abordagem dialógica como um todo. Qualquer trabalho de *awareness* e contato precisa estar fundamentado no "entre". É desse "entre" que surgem a *awareness* e a diferenciação do "eu" e do não-eu. "A fronteira de contato é o ponto em que a pessoa experiencia o 'eu' em relação àquilo que não é 'eu', e, através desse contato, ambos são experienciados de forma mais clara" (Polster e Polster, 1973, pp. 102-3). Uma abordagem dialógica genuína exige uma mudança *radical* do paradigma de um modelo individualista do *self*.[4]

A Abordagem Dialógica

A psicoterapia dialógica define-se *basicamente* por uma abordagem, atitude ou postura em relação à existência humana em geral, e ao processo de psicoterapia em particular. É "um modo de ser". Nunca poderá haver uma afirmação final e total na abordagem dialógica.[5] Por sua própria natureza, é sempre um processo em andamento, exigindo respostas únicas para situações únicas. No âmago dessa abordagem reside a crença de que a base última de nossa existência é relacional ou dialógica por natureza: somos todos fios de um tecido inter-humano.

Isso não significa obscurecer a singularidade. Ao contrário, uma abordagem dialógica consagra a singularidade do indivíduo *dentro* do contexto do relacional. Nossa singularidade emerge em relação à dos outros, o que contraria o costumeiro modelo individualista de pessoa. Uma abordagem dialógica reconhece que uma das tensões mais fundamentais da existência humana é a tensão entre nossa natureza relacional e nossa singularidade. Polster e Poslter assim se referem a esse tema:

> Desde o corte de nosso cordão umbilical cada um de nós se tornou um ser separado, procurando a união com aquilo que é outra coisa diversa de nós mesmos. Nunca mais poderemos retornar ao paraíso simbiótico original; nosso senso de união, paradoxalmente, depende de um elevado senso de separação, e este é o paradoxo que procuramos constantemente resolver (1973, pp. 98-9).

A qualidade do viver se torna dependente da forma como essa tensão é resolvida repetidamente em nossa vida. Isto é facilmente visível no trabalho com casais em terapia. Há sempre tensão entre o quanto a pessoa precisa se ocupar de seus interesses individuais e o quanto necessita se ocupar das necessidades relacionais. O equilíbrio entre essas duas polaridades é, com freqüência, a chave do viver saudável.

---

4. O modelo do *holon* poderia ser de ajuda aqui, em que o todo é maior do que a soma das partes, mas cada parte, paradoxalmente, contém em si o todo. Há, também, algumas descobertas provenientes de pesquisas de gênero, como a do Stone Center, que enfatiza a força de um modelo relacional.

5. Estarão descritos aqui alguns contornos, diretivas gerais ou movimentos desse tipo de abordagem.

É importante enfatizar que o dialógico é uma forma de abordar os outros; *não* deve ser identificada com a fala. A fala, na melhor das hipóteses, é a manifestação auditiva de uma atitude dialógica. As palavras, com freqüência, se tornam um impedimento ao verdadeiro diálogo. Tornam-se uma defesa psicológica contra o verdadeiro encontro. De fato, "...o diálogo genuíno pode acontecer em silêncio, enquanto muitas conversas são efetivamente monólogos" (Friedman, 1965a, p. xvii).

Palavras podem ser um prelúdio para um encontro Eu-Tu, mas não o definem. Alguns dos encontros mais curativos têm ocorrido quando os olhos de meu cliente encontram os meus, sem palavras — e, ainda assim, tanto é "falado" entre nós! Há o encontro de algo profundo dentro de mim com alguma coisa profunda dentro da outra pessoa. Nesse encontro no silêncio, uma *fala autêntica* pode acontecer, uma interpenetração e fusão de nossos espíritos humanos — que enriquece a ambos, que nos torna inteiros.[6]

Eu-Tu — Eu-Isso

No começo é a relação.
(Buber, 1958a, p. 18)

O dialógico acontece no reino do "entre". Abrange duas posturas polares: o Eu-Tu e o Eu-Isso. Estas são as duas atitudes primárias que um ser humano pode assumir em relação aos outros. A primeira é uma atitude de "conexão" natural e a segunda de "separação" natural. *Ambas são essenciais.* Isto é freqüentemente mal compreendido.

O viver saudável requer uma alternância rítmica entre as duas. A tensão de conexão e separação está presente desde o momento da concepção. O feto é profundamente carne[7] da mãe; ainda assim, também, está formando seu corpo e se preparando para a separação. Esse desenvolvimento físico é paralelo, no

---

6. Lembro-me claramente, até hoje, de uma experiência pessoal de estar sendo "encontrado" em silêncio. Eu estava indo para a casa de um colega para ouvir Baba Ram Dass (antes Richard Alpert) em uma apresentação. Embora tivesse lido alguma coisa a respeito de seu trabalho e o admirasse, cheguei à apresentação com um certo ceticismo. Estava um pouco atrasado e quando entrei na casa, Ram Dass, de longe na frente da sala, voltou-se, olhou diretamente para mim e sorriu. Eu nunca havia sido apresentado a ele. Ainda assim, existia alguma coisa em seus olhos, como se ele pudesse olhar profundamente dentro de mim, conhecer-me e importar-se comigo como uma pessoa. Tudo aconteceu num instante. Nunca tive oportunidade de falar com ele sobre esse encontro, mas não tenho dúvida de que o trabalho constante consigo mesmo e sua conseqüente disponibilidade lhe permitiam estar emocional, psicológica e espiritualmente disponível para os outros — mesmo para os totalmente estranhos.

7. A experiência intercorpórea literal de mãe e feto nos dá um *insight* da "filosofia da carne" de Merleau-Ponty, especialmente em seu trabalho póstumo, *The visible and the invisible*.

decorrer da vida, ao desenvolvimento psicológico. Estamos sempre buscando o ponto de equilíbrio *entre* nossa separação e conexão com os outros. De fato, é a tensão criativa e a integração das duas que se constituem na marca do viver saudável.

Buber descreve a atitude primária de combinação natural como a relação Eu-Tu, e a de separação natural como relação Eu-Isso. A experiência Eu-Tu é estar tão plenamente presente quanto possível com o outro, com pouca finalidade ou objetivos direcionados para si mesmo. É uma experiência de apreciar a "alteridade", a singularidade, a totalidade do outro, enquanto isso também acontece, simultaneamente, com a outra pessoa. É uma experiência *mútua*; é também uma experiência de valorizar profundamente, estar em relação com a pessoa — é uma experiência de "encontro".

Recentemente, trabalhando com um cliente, ficou claro que ele estava usando palavras e se desviando para questões colaterais a fim de se proteger; protegia especialmente seu "*self* ferido de criança de cinco anos", de sentir a dor (aparentemente avassaladora) que vinha evitando e que carregara por muitos anos. Desde cedo em sua vida, os outros representaram ameaças, feridas e, em última instância, abandono. Ele tinha se acostumado a usar palavras para construir uma barreira ao contato e à intimidade. Delicadamente, mas com persistência, perguntei-lhe o que estava evitando ao focalizar detalhes aparentemente sem importância e pensamentos irrelevantes. Fiz isso várias vezes, enquanto ele continuava tentando mudar de assunto. Subitamente, ele parou de falar e começou a soluçar. Enquanto as lágrimas corriam por seu rosto, sua barreira autoprotetora parecia estar se "derretendo". Era como uma limpeza. Ainda com lágrimas nos olhos, ele me olhou acanhadamente. Meu olhar encontrou o dele. Parecíamos estar em contato no espaço físico entre nós. Era um "abraço de olhares" que parecia infinito (e, ainda assim, o tempo passava). A intensidade desse momento juntos era nosso foco total; tudo mais esmaecia em um fundo distante e irrelevante. Enquanto olhávamos um para o outro com suavidade e calor, pude ver o abrandamento em seu rosto e em seu olhar. Podia sentir meus próprios olhos, rosto e corpo se abrandando e se mobilizando no mesmo instante. Esse contato caloroso "dentro" de cada um de nós parecia ressoar no outro. Nosso olhar não apenas se encontrou, mas pareceu penetrar em ambos. Reconhecemos que alguma coisa de extraordinária havia acontecido entre nós. Eu *o* vi de uma maneira especialmente clara e profunda. Ele parecia olhar para mim da mesma forma. O momento foi emocionante. Ele sabia que tinha sido "visto". Acanhadamente, de novo, ele apenas disse: "Eu não sabia que alguém *me* havia notado antes".

A atitude Eu-Isso. Ao contrário do momento Eu-Tu, a atitude Eu-Isso é totalmente dirigida por um *propósito*. Há um objetivo em mente. O "ser pessoa" da pessoa se submete a este objetivo. É uma "coisificação" do outro. Em determinadas ocasiões, todos precisam fazer isso a fim de atingir uma meta. Com freqüência, é o efeito secundário de focalizar tão intensamente um objetivo, que as outras pessoas se tornam secundárias. Isto é inevitável no fazer humano.

Algumas vezes, a tarefa toma precedência sobre o enfoque no relacional; ela se torna figura e o "outro" torna-se fundo. É um aspecto necessário do tornar-se humano. Buber assinala a profunda ironia de que mesmo o encontro Eu-Tu tenha que, eventualmente, retroceder e tornar-se uma lembrança Eu-Isso: "Mas esta é a extrema melancolia de nosso destino, de que todo Tu em nosso mundo precise se tornar um Isso" (1958a, p. 16). Isso faz parte do fluxo das relações humanas. A atitude Eu-Isso não é errada ou má. É sua esmagadora predominância no mundo moderno que a torna problemática, até mesmo trágica. Torna-se problemática quando é predominante e quando a atitude "coisificante" está em desequilíbrio com uma orientação dialógica da própria existência e da dos outros.

A reciprocidade do self *e do outro.* Os hífens nos termos Eu-Tu e Eu-Isso são profundamente simbólicos. Significam, literalmente, que a orientação com que alguém se aproxima dos outros é *sempre* relacional e, reciprocamente, reflete-se de volta na própria pessoa. Assim, eles dizem alguma coisa sobre a forma como nos relacionamos conosco. Se me aproximo dos outros com uma atitude Eu-Tu, isso irá se refletir de volta em como me aproximo de mim mesmo. Se "coisifico" os outros, também me "coisifico".

"Atitude" Eu-Tu — "Momento" Eu-Tu. É importante diferenciar a atitude Eu-Tu, ou o dialógico, do momento Eu-Tu. O dialógico não é igual ao momento Eu-Tu. O encontro Eu-Tu é apenas um momento ou uma dimensão de uma orientação dialógica rítmica total, que abrange a alternância dos momentos Eu-Tu e Eu-Isso. É, certamente, o momento mais dramático da alternância natural das duas posturas. Mas ela não pode ser "congelada" como apenas um momento de pico e como uma meta grandiosa a ser sempre alcançada. Paradoxalmente, isso superenfatiza, ou "infla" a experiência Eu-Tu. Ocorre quando se torna um "objetivo" ter um encontro Eu-Tu. Ironicamente, ele se torna um encontro Eu-Isso! Não se pode "visar" diretamente ter uma relação Eu-Tu. Pode-se apenas preparar o "terreno" para que ela aconteça. Podemos somente estar tão presentes quanto possível neste momento; mas não podemos nos forçar (nem ao outro) a entrar em um diálogo genuíno, pois isso está fora de nosso controle. Uma vez que preparamos o "terreno", o encontro genuíno acontece por meio de uma mútua abertura e pela "graça". "O *Tu* me encontra por meu da graça, não é alcançado pela procura" (Buber, 1958a, p. 11).

O diálogo genuíno é mútuo. Não pode ser forçado, nem agarrado. Precisamos estar abertos para seu fluxo, semelhante ao das marés, de enchente e vazante: "... a beleza de sua chegada e a solene tristeza de sua partida..." (Buber, 1958a, p. 33). Mais uma vez, tive de aprender a lição de "deixar acontecer" na terapia, a fim de possibilitar a ocorrência de um encontro verdadeiro.

Isso significa que estou sempre na posição paradoxal de estar aberto e desejar que a experiência aconteça e, ainda assim, não forçá-la.[8]

O diálogo deve ser diferenciado da "dialética intrapsíquica". O diálogo exige ao menos duas pessoas entrando em uma relação genuína uma com a outra. A dialética se refere à integração entre duas polaridades. Em termos de psicoterapia, a dialética pode ser observada "dentro" de um único indivíduo, quando ele está "dividido". Por exemplo: quer fazer alguma coisa mas, ao mesmo tempo, não quer fazê-la. Existe uma tensão — freqüentemente intrapsíquica — em vez de um diálogo *entre* pessoas. A dialética é sempre um aspecto da atitude Eu-Isso e precisa ser transcendida para que se alcance um diálogo genuíno.[9] Irrevogavelmente, a dialética constitui-se no pano de fundo do diálogo genuíno e o interpenetra.

A pessoa como um todo

No cerne da terapia de abordagem dialógica há a preocupação predominante com a pessoa como um todo, não se detendo apenas em determinado aspecto ou nas dimensões: intrapsíquica, interpessoal ou transpessoal (ontológica). O terapeuta dialógico tenta entender essa pessoa em sua totalidade e este é sempre o contexto para compreendê-la.

Em diferentes estágios da psicoterapia ou em qualquer sessão em particular, um ou outro desses aspectos precisa ser enfatizado. Mas, acima de tudo, um terapeuta de orientação dialógica tenta manter presente o contexto todo — assim como a tensão de observar a *alternância rítmica entre eles.*[10]

"Retirando as máscaras". Todo terapeuta tem a tentação inevitável de simplesmente analisar o cliente em várias *causas* psicológicas, diagnosticando-as e tratando-as conforme o que vê. Buber denomina essa tendência de *"retirar as máscaras"*. Em certo sentido, na terapia existe sempre a necessidade de ajudar a pessoa a remover a máscara do "parecer", que a impede de ter contato genuíno com os outros e com suas próprias necessidades mais fortes. Entretanto, *"retirar as máscaras"* pode facilmente se transformar no foco principal e, conseqüentemente, perdermos de vista a pessoa como um todo. É o que Buber chama de "erro de ver através e retirar as máscaras".

---

8. No capítulo "A profissão paradoxal" de meu trabalho de 1991, assinalo como a prática da psicoterapia é plena de paradoxos e como o psicoterapeuta amadurecido aprende a equilibrá-los e integrá-los. Isso se torna uma modelagem para o cliente.

9. Veja também Bugental (1976, p. 137).

10. O quadro é bem mais complicado: o terapeuta também mostra essas dimensões variadas, que naturalmente interagem com a experiência do cliente.

A essência do erro é esta: quando um elemento na existência psíquica e espiritual do homem que inicialmente não era notado, ou o era pouco, é descoberto ou esclarecido, ele passa a ser identificado com a estrutura total deste homem, *em vez de ser inserido dentro dessa estrutura* (Buber, 1957b, p. 226, grifos do autor).

Atualmente, com muita freqüência, identificamos a pessoa com alguma motivação psicológica que se sobressai, como se esta fosse a única dimensão de sua existência. Talvez, também, com demasiada freqüência, deixemos de nos perguntar que contexto é esse da existência da pessoa que faz com que um motivo ou comportamento seja figura em determinado momento.

Proporcionalidade e patologia. Para Buber, "A questão decisiva é: *que proporção existe entre este elemento e o outro*, em que medida e de que forma ele o limita e é limitado?" (Buber, 1957b, p. 226, grifos do autor). Nenhum aspecto do comportamento humano é visto como absoluto. Cada comportamento precisa e "pede", desesperadamente, para ser compreendido dentro do contexto mais amplo da existência da pessoa. Desmascarar o motivo por trás de qualquer comportamento isolado torna-se um exercício árido. Com muita beleza, Buber diz: "O homem não é para ser visto através, *mas para ser percebido ainda mais completamente em sua revelação, em seu esconder-se e na relação dessas duas partes entre si*" (Buber, 1957b, p. 227, grifos do autor).

Nessa perspectiva, a patologia é vista como um distúrbio da existência inteira da pessoa e como uma afirmação de que ela precisa ser cuidada, para que sua existência se torne novamente completa.[11] Retirar as máscaras das causas psicológicas subjacentes não constitui o aspecto principal, mas, sim, vê-las em relação àquilo que, dentro da existência humana, precisa permanecer encoberto — o que é profundo, misterioso e talvez vulnerável demais para ser exposto à luz da consciência. A pessoa inteira é, *ao mesmo tempo, revelada e escondida* (Friedman, 1974). A patologia surge quando estas dimensões estão significativamente desequilibradas entre si.

O *Steward** do dialógico

Em uma abordagem dialógica genuína, parece-me que o terapeuta é o "*steward*"[12] do dialógico. Isso implica que, em sentido mais profundo, a indi-

---

11. Veja também o capítulo "O problema é a resposta", em meu livro *De pessoa a pessoa*.

*O termo *steward* é conservado no original para melhor precisão de sentido. Ver nota a seguir (número 22). (N. do T.)

12. Essa idéia se prende à noção radical de que não se *possui* nada. Isso era especialmente evidente em algumas sociedades, em relação à "servidão (*stewardship*) da terra". Em vez de acreditar que se "é o *dono*" da terra, você na verdade está a "serviço" da terra: você é responsável pelo seu bom estado durante o tempo em que ela permanece a seu serviço (*stewardship*). Isso implica em uma relação muito diferente com a realidade daquela atitude aquisitiva e controladora que permeia a sociedade ocidental e especialmente a americana, manifestada até mesmo no trabalho terapêutico.

vidualidade do terapeuta está subordinada (ao menos temporariamente) *a serviço do dialógico*. Alguns terapeutas podem ficar desconcertados, pois a tradição da Gestalt-terapia tem enfatizado a ajuda às pessoas no sentido de desenvolver sua individualidade (lamentavelmente, algumas vezes, em detrimento de seus relacionamentos). Uma perspectiva dialógica sustenta que a "individualidade" não é suficiente. Sustenta que a singularidade genuína nasce do relacionamento verdadeiro com os outros. A individualidade é apenas um pólo dentro da alternância rítmica total entre nossa separação como indivíduos e nossa participação em alguma coisa maior do que nós — o inter-humano.

O motivo que leva uma pessoa a iniciar uma terapia está relacionado com seu diálogo perturbado com os outros, assim como com a dificuldade de fazer contato consigo mesma. Parece essencial que o terapeuta comece a costurar esse rasgo no tecido do inter-humano colocando-se a serviço do dialógico. De certa forma, o terapeuta se indaga: "Como preciso ser e o que preciso fazer para começar a ajudar essa pessoa a estabelecer ou a restabelecer uma relação dialógica genuína com o mundo?". Buber assinala com muita profundidade: "Você tem uma grande tarefa auto-imposta — a grande tarefa — de suprir essa necessidade da pessoa e fazer muito mais do que em uma situação normal" (1965b, p. 172). O que preciso fazer quando alguém entra em meu consultório é usar todos os meus sentidos, toda a minha experiência, todo o meu treinamento para tomar consciência do que está faltando nessa situação potencialmente dialógica.

Há uma "complementaridade terapêutica dialógica" à qual o terapeuta precisa estar sensível. Minha experiência, nesse sentido, é a de me sentir compelido a ser de determinada maneira, freqüentemente, na polaridade oposta, isto é, complementar àquela em que o cliente lida consigo mesmo ou comigo. Assim, com um cliente que não se aceita bem, acredito que a restauração do diálogo começa quando eu o aceito de forma muito especial. Com uma pessoa que é muito expansiva, eu poderia estar particularmente interessado em seu mundo "interior" de sentimentos, o que, certamente, não se aplica a todas as situações, nem é sempre adequado que eu atue a partir dessa *awareness*.

Dessa forma, "estar a serviço", exige muita disciplina e um "escutar obediente". Alguns gestaltistas poderiam objetar que isso coloca demasiada responsabilidade nos ombros do terapeuta. Acredito que uma postura de se colocar a serviço do dialógico exige que se caminhe pela "vereda estreita *entre* a responsabilidade *por* e *para com* as outras pessoas. É provável que tal atitude torne necessário assumir a responsabilidade pelo início de uma relação dialógica genuína. Sob esse aspecto, cliente e terapeuta são mais capazes de assumir plena responsabilidade por si mesmos.

A "Vereda Estreita"

Em uma psicoterapia dialógica o terapeuta sempre caminha por uma vereda estreita. Isto é, ele não

> ...descansa no planalto amplo de um sistema que inclui uma série de pressupostos acerca do absoluto, mas caminha por uma vereda estreita e pedregosa que permeia os abismos, em que não há a segurança do conhecimento expresso, mas a certeza do encontro com aquilo quo ainda não foi revelado (Buber, 1965a, p. 184).

Não há regras absolutas. O terapeuta caminha em uma vereda estreita entre a objetividade e a subjetividade. A necessidade de o terapeuta enfatizar mais o subjetivo ou o objetivo dependerá do encontro com este cliente único, neste momento único. Mesmo quando o profissional já trabalhou muitas horas com um cliente, ele nunca sabe antecipadamente o que será necessário *nesta* sessão, nem no próximo momento. É preciso que o terapeuta esteja presente para esse momento fértil.

O terapeuta não ignora todo o conhecimento que tem, mas esse conhecimento toma determinada forma a partir de um senso total do cliente e do que a pessoa necessita naquele momento. No decorrer da terapia, existe a arte de saber quando enfatizar o "geral" ou o único.

"Caminhar pela vereda estreita" significa que o terapeuta não tem nenhuma segurança garantida. Há suporte, mas nenhum substituto para o envolvimento na experiência.

> Além disso, o psicoterapeuta enfrenta a situação de forma diversa da do padre, fortalecido pelas dádivas sagradas da graça divina e do trabalho santificado; enfrenta-a simplesmente como pessoa, equipado apenas com a tradição de sua ciência e a teoria de sua escola. É compreensível que lute para objetificar o abismo que se aproxima dele e converter o terrível "nada-mais-do-que-processo" em uma coisa que, em algum grau, possa ser manipulada (Buber, 1957a, p. 90).

Este é o desafio: Como estar presente no "nada-mais-que-processo" e ainda assim não se perder no abismo. Como utilizar a segurança da teoria e, ainda assim, não usá-la como uma defesa contra o desconhecido. Como responder à singularidade, e, ainda assim, valorizar nossa humanidade comum. O terapeuta, se está consciente da amplitude das possibilidades humanas, empenha-se em uma tarefa verdadeiramente paradoxal — uma tarefa na qual há pouca segurança; somente a certeza de se encontrar com o desconhecido, o único, o nunca-antes-experienciado.

"Voltar-se para" — Presença

O passo preliminar, mas essencial, para estabelecer a possibilidade de um contato dialógico genuíno é o movimento de minha pessoa inteira "voltando-me" para o outro, a fim de melhor me aproximar dele. Esse "voltar-se para o outro" (Buber, 1965a, p. 22) é inevitavelmente um "afastar-se" de estar preocupado comigo. O "voltar-se para" é muito mais abrangente do que aquilo que comumente queremos dizer com estar presente. É ver o outro em sua "alteridade" única — que é diferente de mim, e de qualquer necessidade minha.

O pressuposto mais importante para o aparecimento do diálogo genuíno é que cada um deveria olhar seu parceiro como a pessoa que é. Torno-me consciente dele, consciente de que ele é diferente, essencialmente diferente de mim, de uma forma única e definida, que lhe é própria. E aceito aquele a quem vejo assim, de modo que possa em plenitude dirigir o que lhe digo como pessoa que é (Buber, 1965b, p. 79).

A presença é uma qualidade difícil de definir. Entretanto, sua ausência é facilmente notada. Mais do que uma "qualidade", é uma postura existencial. É trazer *tudo* de mim para dirigir-me neste momento a esta pessoa. Nenhuma outra preocupação é importante. É uma renúncia a todas as preocupações técnicas e a todos os "objetivos". O único objetivo é estar plenamente presente — uma meta, paradoxalmente, não atingível pela técnica.

Estar plenamente presente pode ser uma experiência forte. De fato, para aqueles indivíduos que não estão habituados a ter um outro plenamente presente diante de si, ou cujo senso de identidade é fraco, esse outro ser totalmente presente pode ser experienciado como esmagador. Isso é um perigo. Entretanto, estar plenamente presente não é parte de um monólogo. Para o terapeuta, isso precisa ser modulado pela habilidade e disponibilidade do cliente em absorver essa presença, assim como responder a ela. Nunca é algo imposto ao outro: é necessário ter sensibilidade a como esta presença vai impactar determinado indivíduo. Caso fosse imposta, ocorreria a utilização de uma abstração ou técnica. A verdadeira presença exclui ambas.

"Pôr entre Parênteses" — Suspendendo os pressupostos

A fim de estabelecer uma postura dialógica genuína é essencial que o terapeuta, o mais humanamente possível, possa suspender ou "ponha entre parênteses"[13] seus pressupostos: colocar em suspensão experiências e significados que interfiram. Em outras palavras, o terapeuta tenta, ao menos momentaneamente, suspender todos os seus vieses pessoais, conhecimento *geral* sobre pessoas, sobre

---

13. Isto se fundamenta na "redução" ou "*époché*" da fenomenologia de Edmund Husserl.

psicopatologias e categorias de diagnóstico, a fim de estar tão *completamente aberto quanto possível à singularidade da outra pessoa**. Esta é uma forma "Zen" de estar, ou uma "limpeza" de meditação, de tal forma que o terapeuta fique aberto para o único, o inusitado — para ser surpreendido. Significa estar presente de modo profundo, fazendo surgir a sensação de se admirar diante da extrema singularidade e humanidade da pessoa que tem diante de si.

Isso não significa que o terapeuta não deva ter muito conhecimento de teoria, treinamento e experiência. O mergulho no treinamento, na teoria e na experiência é essencial. Mas no momento do encontro com o outro participante da terapia, ele forma o pano de fundo e não deveria estar no primeiro plano. Quando fica no primeiro plano, como freqüentemente acontece quando somos iniciantes na terapia ou quando estamos inseguros, poderá interferir na apreciação da alteridade do outro e no encontro genuíno com a pessoa.

> A realidade decisiva é o terapeuta e não os métodos. Sem os métodos, se é um diletante. Sou a favor dos métodos, mas apenas para usá-los, não para acreditar neles. Embora nenhum médico possa passar sem uma tipologia, ele sabe que, em dado momento, a pessoa única do paciente está diante da pessoa única do médico; este joga fora tudo quanto pode de sua tipologia e aceita essa coisa imprevisível entre terapeuta e paciente (Buber, 1967, p. 168).

Qualquer pessoa seriamente preocupada com a suspensão dos pressupostos reconhece com rapidez que é impossível suspendê-los completamente.[14] É muito mais uma postura de estar *consciente* dos próprios preconceitos, tanto quanto seja conscientemente possível. É também a humildade e o cuidado que decorrem do reconhecimento do quanto nossos preconceitos são inconscientes e fora do âmbito da *consciência*. Em relação aos clientes, esse cuidado evita que eu me precipite com muita rapidez a conclusões, sugestões e interpretações.

Os clientes vêm a mim para serem ouvidos — não apenas suas palavras, mas também aquilo que *não estão dizendo*. Precisam que eu os ouça além do nível literal, do que é dito. Querem (muitas vezes sem estar conscientes disso), ser *encontrados* em um nível mais profundo. Isso não poderá acontecer se minha própria perspectiva ocupar muito do espaço psicológico entre nós ou — o que é pior —, ela for imposta em detrimento da experiência do outro. Não posso ficar em contato com a experiência do cliente e senti-la se estou demasiado preso à minha própria experiência. Suspender temporariamente minhas pressuposições não constitui garantia, mas aumenta a possibilidade de estar mais disponível para meus clientes num nível profundo.

---

* Pressupostos ou "preconceitos": conceitos e crenças próprios do sujeito e preexistentes à ocorrência do fenômeno que podem alterar o ato de conhecer o objeto, em seu desvelar. Terminologia específica da fenomenologia de Edmund Husserl e outros. (N. do T.)

14. Em referência a isso, Merleau-Ponty, ontologista fenomenológico, afirmou que, de fato, a "redução" fenomenológica nos ensina a impossibilidade de uma redução *completa*.

"Pedras de Toque"[15]

Enquanto me preparo para encontrar-me com um novo cliente, descubrome fazendo conjecturas sobre o "ser" dessa pessoa. Quão integrada ela estará? Qual será a relação de sua identidade consciente com seu ser? Como se manifestará a singularidade dessa pessoa, assim como a humanidade comum a todos? Que linguagem, imagens e metáforas ela usará? Qual será sua história única? Quais foram os paradigmas mais importantes para as relações interpessoais que aprendeu na família e como isso afeta sua vida atual e até mesmo sua relação comigo? Como foi sua existência confirmada ou não pelos outros? Em que dimensão da existência (intrapsíquica, interpessoal ou relacional) estará o foco inicial?

Quais serão as "pedras de toque" (Friedman, 1972b), os acontecimentos e significados maiores na vida dessa pessoa, de forma que eu possa compreender seu contexto específico? Qual será sua forma predominante de se defender? Onde poderão ser encontradas resistências à relação terapêutica e crescimento maiores?

E o que é mais importante em uma perspectiva dialógica: *como posso começar a fazer contato com essa pessoa*? Onde podemos nos *tocar*? Em que momento ocorrerá a abertura em seu ser para iniciar a entrada a um diálogo significativo? Como preciso estar presente, de modo a facilitar essa abertura e a possibilidade de um diálogo genuíno? Há muitas questões porque existem várias dimensões diferentes a serem respondidas; e também porque as respostas são únicas para cada pessoa e cada encontro.

"Rastrear" — seguindo a pista experiencial do cliente

É "ficar-com" a experiência fenomenológica do cliente a cada momento. Algumas vezes comparo isso à contrapartida humana de ondas de radar emitidas por um transmissor, que batem em um objeto e voltam, mostrando então a você que objeto é este e se ele está se movendo. A experiência de uma pessoa está sempre mudando, sempre em fluxo. A tarefa do terapeuta é a de ficar tão próximo à experiência da pessoa, que há uma ressonância visível a tal experiência. É um passo inicial em uma "dança" dialógica curativa. Preciso seguir a pista experiencial do cliente para marcar os passos iniciais desta "dança dialógica". Preciso aprender a me mover em um ritmo semelhante ao de meu cliente. Preciso estar presente de uma forma que valorize verdadeiramente aquela experiência — principalmente quando meu cliente não consegue fazer

---

15. Este é um termo adotado por Maurice Friedman em seu livro *Touchstones of reality* (1972b).

isso. Com freqüência, o fracasso na valorização da experiência é muito autodesconfirmador.

A valorização genuína da experiência permite ao indivíduo superar resistências, tornar-se "denso" e, a partir daí, expandir seus limites de crescimento. É a exploração dos limites externos de seu "envelope" experiencial. É estar presente naquilo que não teve permissão para ver a luz do dia. É uma reverência para com a experiência *única* dessa pessoa. É a saudação deste momento. É ensinar o cliente a ficar dentro de sua experiência, em lugar de se deixar prender por uma imagem ou pelos "deverias" — em um falso *self*. É ajudar o cliente a viver no limite experiencial — que é o ponto de encontro da pessoa-com-a-pessoa.

Inclusão — experienciando "ambos" os lados

Em seus escritos, Buber mostra como o psicoterapeuta, assim como o educador e o pai — ou qualquer um que queira estabelecer uma relação dialógica genuína — precisam praticar o que ele chama de inclusão.[16] Ele quer se referir a "... um salto audacioso — exigindo a mais intensa mobilização do próprio ser — na vida do outro" (1965b, p. 81). Em outras palavras, o terapeuta precisa ser capaz de, tanto humanamente quanto possível, tentar experienciar o que o cliente está experienciando do seu lado do diálogo. Na melhor das hipóteses, é apenas uma experiência momentânea, pois ninguém pode manter uma atitude desse tipo durante muito tempo; mas é também uma orientação geral no sentido de tentar fazer todo o possível nessa situação, nesse momento. Há uma experiência de ausência de *self* nesses momentos. Ainda assim, e ao mesmo tempo, o terapeuta também precisa manter seu próprio centramento. A inclusão é o movimento de "ir-e-vir", de ser capaz de pular para o outro lado e ainda assim permanecer centrado na própria existência.

Um exemplo semelhante a este ocorreu em um grupo que eu estava liderando. Um dos participantes tinha acabado de dizer que era muito mais fácil para ele expressar sua raiva para as mulheres do que para os homens. Uma mulher do grupo, que ocupava o cargo de pastora em uma igreja, começou a falar sobre o que essa afirmação significava para ela, que lhe trouxe lembranças extremamente dolorosas. Mais tarde, ela escreveu sobre essa experiência, conforme se segue:

> Contei que fui estuprada por dois homens que tinham raiva da igreja, e que acharam mais fácil se vingar em mim. Nunca soube falar com exatidão sobre o terror e a violência que experienciei. Sentia-me vulnerável demais para compartilhar

---

16. A apresentação de caso que se segue a este capítulo demonstra algumas dificuldades e desafios na tentativa de praticar a inclusão.

abertamente com os outros meus sentimentos, já que não tinha, algumas vezes, imagens concretas que se harmonizassem com eles. Na maioria das vezes, sentia-me embaraçada ao compartilhar o que tinha acontecido. Tudo me parecia forçado, inventado, dramático ou neurótico. Tinha me tornado cansada das pessoas tentarem me ajudar a "lidar com isto"..., só para me sentir ainda mais diferente e estranha do que eu já me sentia.

Aconteceu-me algo, certa vez, que durou apenas um momento. Enquanto meu olhar se prendia ao de Rich, senti que imediatamente ele me acompanhava a um lugar para o qual eu tinha estado embaraçada demais para levar qualquer um antes. Numa fração de segundos fiz a escolha de permitir que ele atravessasse a fronteira; mas não sentia isso como uma coisa forçada e, sim, permitida. Parecia-me a coisa mais natural a fazer.

Eu estava profundamente consciente de que, com Rich lá, não me sentia sozinha naquele lugar, o que me surpreendia. Eu estava terrivelmente triste, mas não em pânico, pois não me sentia só e percebia que minha tristeza era compartilhada. Sentia também que o certo seria contar a história como havia ocorrido, o que parecia radicalmente diferente de todas as outras vezes em que tinha revivido o que acontecera. Fui invadida por uma certa quietude e força que me fizeram fechar os olhos por um instante e, então, o momento passou. Mas de alguma forma eu sabia que nunca estaria no mesmo lugar ao contar a história de novo. Estaria consciente quanto a quem estaria comigo quando eu contasse a história... e não me contentaria mais em "lidar" com ela. Aprenderia a contá-la de modo que as imagens pudessem ser verdadeiras e eu traria uma pessoa para a história.

Senti que estava trazendo Rich para a história inteira, o que incluía meu *self* inteiro... e não apenas a parte que foi estuprada e espancada. Senti que não houve nenhum momento em que Rich não experienciasse todo o meu eu enquanto eu narrava a história, e que a parte minha, que contava a história, era mais importante do que a parte que foi espancada e estuprada. E é isso que fez esta experiência capaz de redimir e curar.

Não é por acaso que os seres humanos raramente costumam experienciar o outro lado. É necessário que a pessoa tenha um forte sentido de seu centro e, ao mesmo tempo, flexibilidade existencial e psicológica para experienciar o outro lado; além disso, deve ser capaz de entrar no movimento de ir e vir entre os dois lados, e mantê-lo. Qualquer pessoa que tenha tentado isso, seguramente sentiu o medo da perda de *self*, mas é precisamente o que precisamos perder — nosso rígido senso de *self* — a fim de experienciar o outro lado e estabelecer uma relação dialógica genuína. Com certeza, mesmo aquele que pode, em determinado momento, praticar a inclusão durante uma sessão de psicoterapia, não conseguirá manter essa atitude facilmente, hora após hora, com uma pessoa após a outra.

Da mesma forma que ocorre com o momento Eu-Tu, não se pode "visar" a inclusão. É necessário, efetivamente, um grande esforço para tentar experienciar o outro lado, mantendo o próprio; ainda assim, não pode ser forçado. Podemos somente nos colocar tão disponíveis quanto possível, mas a inclusão também chega por intermédio da "graça".

Um dos indicadores de que uma pessoa está pronta para terminar a terapia é quando ela começa a experienciar a situação terapêutica do meu ponto de vista. Isto é, ela faz comentários do tipo: "Deve ter sido muito difícil para você no começo da terapia" ou "Acho que nunca vi isso antes a partir de sua perspectiva", ou o cliente pode começar a se preocupar com minha saúde. Agora está apto a experienciar o outro lado.

Empatia. Para Buber, a inclusão não é o mesmo que empatia. Para ele, o que comumente se chama de empatia é somente um *sentimento* — um sentimento importante — mas somente um entre muitos. Em vez disso, a inclusão é o voltar-se existencial para o outro e uma tentativa de experienciar o lado da pessoa assim como o próprio. No verdadeiro momento da inclusão nenhum dos lados do diálogo permanece ignorado. Segundo Buber, a empatia ignora um dos pólos existenciais do diálogo, enquanto a inclusão é o oposto.

> Seus elementos são: primeiro, a relação, não importa de que tipo, entre duas pessoas; segundo, um acontecimento experienciado em comum por elas, em que pelo menos uma participe ativamente; e terceiro, o fato de que essa pessoa, sem ser privada de qualquer aspecto da realidade sentida de sua atividade, ao mesmo tempo vive o acontecimento comum do ponto de vista do outro. Uma relação entre duas pessoas que se caracterize em maior ou menor grau pelo elemento da inclusão pode ser denominada de relação dialógica (Buber, 1965a, p. 97).

Confirmação

A *confirmação* está no cerne de qualquer abordagem dialógica. A base subjacente da maior parte da psicopatologia não-organicista é a falta de confirmação que todos sofremos no esforço de nos tornarmos seres humanos.

> Tendo emanado do domínio natural das espécies para a aventura da categoria solitária, cercado pela atmosfera de um caos que nasceu com ele, o homem espera, secreta e timidamente, um Sim, que só poderá vir de uma pessoa para outra. É de um homem para o outro que o pão celestial de ser o próprio ser é passado (Buber, 1965b, p. 71).

Ao mesmo tempo, isto é semelhante e diferente da definição de Frederick Perls da pessoa saudável como aquela que é independente de suporte ambiental. É diferente ao reconhecer que no cerne de nossa existência reside uma grande necessidade de ser confirmado pelas pessoas importantes em nossas vidas, mais comumente por nossa família imediata. É semelhante em outro aspecto: uma vez que tenhamos recebido este "sim", este "pão celestial de ser o próprio ser", estaremos capacitados a nos centrar em nossa própria existência, de modo a nos mantermos firmes em nosso terreno. É claro que não se trata de algo que acontece apenas uma vez na vida e daí para a frente nos sentimos confirmados para sempre. É muito mais: uma complexa espiral de acontecimentos que percorre a vida toda e por meio da qual há, em alguma medida, necessidade e prontidão em nossa existência para essa confirmação tão crucial.

Toda a literatura sobre desenvolvimento e "psicopatologia" assinala que nossos primeiros anos constituem o período mais crítico do desenvolvimento, quando a família deixa a marca mais forte em nossa existência. Se recebermos efetivamente essa confirmação nessa fase, teremos um sentido do que Erik Erikson chamaria de confiança básica, e experiências posteriores poderiam ser confirmadas, mais tarde, nessa primeira base. Infelizmente, a maior parte das pessoas não recebe o forte senso desta confirmação inicial e não desenvolve aquela confiança básica; ou não consegue se fundamentar nesta confirmação em fases posteriores, quando atingimos outras sensíveis fases cruciais de nosso desenvolvimento. Falo de sensíveis fases cruciais porque parece que existem alguns momentos, ou até mesmo períodos em nossa existência, em que há uma certa vulnerabilidade em como somos experienciados pelos outros. Conseqüentemente, uma abertura e uma necessidade desesperada de sermos confirmados, a fim de termos a "segurança ontológica" para continuarmos crescendo.

É devido à desesperada necessidade de confirmação que acabamos nos tornando "falsos *eus*" (Laing, 1965). Ficamos tão desesperados por essa confirmação que, se não a recebermos por sermos quem somos, tentaremos provocar o aparecimento do melhor substituto possível — tentaremos conseguir a confirmação da forma que pensamos que a outra pessoa deseja. Criaremos uma impressão — nos empenharemos em uma espécie de "parecer" para obter aceitação. Contudo, essa é a aceitação de um falso *self* e o indivíduo secretamente sabe disso. O reconhecimento de um falso *self* é melhor do que nenhum reconhecimento (May, 1969). Entretanto, o indivíduo fica se sentindo vazio e falso para com seu verdadeiro *self*. Ironicamente, se estabelece um círculo vicioso em que a pessoa precisa buscar desesperadamente a confirmação, mas continua a conciliar para receber qualquer reconhecimento. É um pacto faustiano, com as mesmas terríveis conseqüências.

Conseqüentemente, a necessidade de o cliente ser confirmado pelo terapeuta[17] é o ponto central em uma psicoterapia de orientação dialógica. Embora essa confirmação não esteja limitada ao consultório do terapeuta, a psicoterapia pode possibilitar à pessoa a confirmação em outras situações. O terapeuta precisa trabalhar com os bloqueios que ajudam a proteger o ser dessa pessoa, mas que também a impedem de receber a confirmação, tão desesperadamente desejada.

Confirmar o outro significa um esforço ativo de voltar-se para a outra pessoa e afirmar sua existência separada — sua alteridade — sua singularidade e

---

17. O terapeuta pode também ser confirmado; entretanto, não deve constituir-se o foco da terapia.

seu vínculo comum comigo e com os outros. Cada um de nós entrou em um tanto de parecer (escondendo-se), a fim de sobreviver psicologicamente; mas bem fundo dentro de nós alguma coisa implora por reconhecimento — reconhecimento de que existimos, de que somos separados e, ainda assim, que somos confirmados como um outro ser humano.[18] A questão da confirmação demonstra, implicitamente, nossa interconexão existencial — podemos nos validar apenas até certo ponto. Por sermos "criaturas do entre" precisamos da confirmação do outro.[19]

O significado que é dado aqui à confirmação é maior do que aquele dado à aceitação, embora este seja um aspecto da confirmação. Mais precisamente, significa a aceitação da pessoa, de seu comportamento e de quem ela é nesse momento, sem a exigência desta pessoa, mesmo enquanto diz, talvez, que seu comportamento atual não é aceitável. Pode existir muita disputa com o outro, ao mesmo tempo em que sua existência é confirmada.[20]

A centralização do terapeuta. O processo de terapia requer grande centralização por parte do terapeuta. Ele precisa ter um senso de confirmação daqueles que o rodeiam, assim como um verdadeiro senso de auto-aceitação. O terapeuta não pode ficar dependente dos caprichos da terapia ou do cliente para ter o senso de confirmação. De fato, sentir-se confirmado por uma "segurança ontológica", independentemente das perturbadoras reviravoltas na terapia, é uma parte crucial do processo e uma modelagem muito importante para o cliente. Esse senso de estar centrado nunca é absoluto, já que ninguém se sente confirmado todo o tempo e há maiores vazios existenciais com que lidar. Em vez disso, é um senso de direção ou movimento por parte do terapeuta, que esperançosamente elicia uma experiência semelhante no cliente.

"Técnicas"

As "técnicas" surgem no contexto da relação. Não há nada de errado com as técnicas em si mesmas, desde que não sejam impostas arbitrariamente na situação. Quando há um certo impasse nas sessões de terapia, é totalmente apropriado utilizar uma das muitas técnicas que os terapeutas gestálticos consideraram de ajuda através dos anos.

---

18. A notável peça teatral *O homem elefante* exemplifica pungentemente como é crucial para cada um de nós ter a existência reconhecida, não importando quão diferentes possamos parecer, física ou psicologicamente.

19. Sem sombra de dúvidas, a intersecção de "auto-aceitação" e confirmação interpessoal é muito complexa e profunda. Abordamos esse aspecto aqui apenas superficialmente.

20. Sem dúvida, essas duas dimensões estão intimamente entrelaçadas e é difícil, na maioria das vezes, separá-las.

Contudo, é sempre necessário que haja uma relação de confiança que permita ao terapeuta usar certas técnicas. Se ele realmente tem um bom contato com o cliente, as assim-chamadas técnicas serão sugeridas a partir do contexto terapêutico em que estão terapeuta e cliente em dado momento. Essas técnicas precisam surgir do "entre". Neste ponto o terapeuta tem de evitar os perigos dos extremos objetivismo ou subjetivismo, o que não é uma tarefa fácil. É certamente difícil ensinar a arte de responder ao entre, que fundamenta as formas objetiva e subjetiva de compreender a experiência humana.

Parece-me que o terapeuta está em uma situação muito semelhante à de improviso de um bom músico de jazz. É claro que há muito treinamento nos aspectos técnicos da música, como leitura musical e tocar escalas; pode até mesmo haver um treinamento em música clássica mais formal. Entretanto, na situação de improviso, o treinamento técnico se torna apenas um pano de fundo a partir do qual o artista improvisa sua música. "O verdadeiro mestre responde à singularidade" (Buber, 1967, p. 168).

"Cadeira vazia" e diálogo. A maior parte dos Gestalt-terapeutas se refere ao trabalho da cadeira vazia com a construção de um diálogo entre duas polaridades de uma pessoa. Em sentido mais restrito, a denominação parece errônea, considerando-se um aspecto sempre enfatizado por Buber: ser surpreendido pela "alteridade" da outra pessoa, que é sempre diferente de mim. Devido a essa alteridade, nunca posso prever com certeza o que a outra pessoa fará. Esse sentido de não saber e de ser surpreendido é fundamental no diálogo genuíno. Parece suspeito se referir à interação entre duas polaridades da pessoa como um verdadeiro diálogo. Superficialmente, parece também questionável se há o elemento essencial de surpresa e a verdadeira alteridade. Um caso claro poderia ser criado a partir da possibilidade de diálogo entre duas personalidades de uma pessoa diagnosticada como uma personalidade múltipla. Ainda assim, mesmo nesse caso, é discutível se ocorreria um diálogo, pois em certo nível cada personalidade parece conhecer alguma coisa da outra.[21]

O trabalho da cadeira vazia parece ser um autodiálogo em que ficamos conscientes de que estamos divididos ou de que há ao menos dois pensamentos ou sentimentos polares *dentro* de nós que estão em conflito; estamos tentando ouvir ambos os lados. Em sentido mais restrito, isto não é um diálogo e, sim, uma espécie de *dialética intrapsíquica*. Entretanto, com freqüência, é necessário passar pelos impedimentos intrapsíquicos antes que um diálogo genuíno possa ocorrer.

Em todos os casos acima referidos, tenho mantido que não se trata de um diálogo verdadeiro e que não há a "alteridade" e a surpresa que vêm da interação

---

21. Nunca tive a oportunidade de trabalhar com um caso que realmente apresentasse um problema de personalidade múltipla. Portanto, minha discussão aqui é puramente teórica e baseada em leituras e discussões com colegas. O intuito é provocar maiores debates.

com uma outra pessoa de verdade. Coloco isso em oposição a como imaginamos que o outro seja ou como imaginamos um aspecto de nós mesmos. Entretanto, muitos clientes já me contaram que, ao constatar uma polaridade anteriormente dissociada, muitas vezes se surpreenderam com o sentido de alteridade dessa polaridade. Embora hesitante no sentido de que o Eu-Tu não seja reduzido a um encontro intrapsíquico, permaneço aberto à questão da possibilidade de uma pessoa ter um diálogo genuíno com um aspecto de si mesma. Certamente, as "vozes de dentro" dão uma impressão de alteridade que é bem irresistível e, algumas vezes, surpreendente.

O "objetivo dialógico"

O terapeuta tenta, consistentemente, estabelecer uma relação dialógica genuína com o cliente. Em vez de se constituir em um objetivo, seria mais adequado referir-se à responsividade dialógica do cliente como uma conseqüência da terapia dialógica. À medida que terapeuta e cliente trabalham nos vários estágios da terapia, o cliente, a princípio hesitante e, em seguida, com passos cada vez mais largos, começa a se firmar: sente-se suficientemente confirmado na terapia, de tal forma que há um sentido verdadeiro de sua própria separação, centramento, de estar em relação. Ele agora é capaz de experienciar uma outra pessoa como Tu. Essa pessoa não se ressente mais da falta de recursos emocionais, nem se sente tão ameaçada e resistente que não possa entrar em uma relação plena. Isso não significa que nunca pôde fazer isso antes, e, sim, que agora é capaz de entrar, de modo confortável e consistente, em uma relação dialógica genuína.

Com freqüência, isso só pode ocorrer depois que muitos dos conflitos intrapsíquicos ou, talvez, "estilos arcaicos" tenham sido trabalhados. Antes disso, o terapeuta é, em certo sentido, uma pseudopessoa para o cliente. É somente no decorrer do trabalho desses conflitos que o terapeuta se torna pessoa para ele. É óbvio que isso não é verdadeiro para todas as situações, mas parece indicar uma direção geral em muitas relações terapêuticas.

Limites ao diálogo

...mesmo em um diálogo, diálogo pleno, há um limite estabelecido (Buber, 1965b, p. 175).

A primeira questão que surge, ao examinarmos o que Buber denomina de "problemas de limites" em uma psicoterapia dialógica, é a da verdadeira mutualidade entre terapeuta e cliente no decorrer dos vários estágios da terapia. Quando o cliente entra no consultório do terapeuta, pelo menos inicialmente, existe uma situação dialógica desequilibrada. Nesse estágio, não há, nem poderia haver, plena mutualidade entre terapeuta e cliente. Pela própria natureza da relação, há uma certa desigualdade necessária. De fato, essa desigualdade e a humildade que decorrem de o cliente reconhecê-la, pode ser essencial para que a relação de cura ocorra. É exigida uma abertura por parte do cliente, antes que qualquer cura genuína possa acontecer.

Há também limites ao lidar com determinados tipos de neuroses e psicoses (Tobin, 1983). Os limites dialógicos específicos são diferentes quando se trabalha com personalidades narcisistas ou com uma pessoa obsessivo-compulsiva. Há também diferenças significativas no trabalho com neuróticos comparado àquele com pessoas com traços psicóticos. Eles são significantemente diferentes em sua relação dialógica perturbada com o mundo. "Posso conversar com um esquizofrênico na medida em que está disposto a incluir-me no mundo que lhe é próprio... Mas no momento em que ele se fecha nesse mundo, não posso entrar" (Buber, 1965b, p. 175).

Mesmo com indivíduos saudáveis, há certos níveis além dos quais eles não estão prontos para ir no momento. Intuitivamente, alguma parte deles sente que ainda não têm suporte para entrar em um diálogo mais pleno com os outros. É necessário um tremendo sentido de segurança para se arriscar em uma relação dialógica genuína. Até mesmo a melhor terapia não pode violar o princípio dialógico básico de que há, no mínimo, dois lados na interação, e que o cliente (ou o terapeuta) pode impor limites a quanto estão disponíveis para penetrar no entre. O terapeuta não pode se encarregar dos dois lados do diálogo.

> Um ponto muito importante em meu pensamento é o problema dos limites. Isso significa que faço algo, tento algo, desejo algo e dedico todos os meus pensamentos existentes a esse fazer. E então, em determinado momento, chego a uma parede, a uma fronteira, a um limite que não posso, *não posso* ignorar. Isso é verdadeiro, também, em relação ao que mais me interessa: o diálogo humano efetivo (Buber, 1965b, p. 175).

2. REVA: IMPASSE E INCLUSÃO DUAS PERSPECTIVAS

Rich Hycner e "Reva"

Às vezes, o terapeuta não sabe o que realmente está acontecendo.
"Reva"

... este dom não consiste apenas em olhar para o outro, mas é um impulso audacioso — *que exige uma mobilização muito intensa do próprio ser — para dentro da vida do outro.*
(Buber, 1965b, p. 81, grifos do autor)

Introdução

Na tentativa de entender a relação terapêutica, sempre acreditei que é essencial conhecer a experiência fenomenológica do cliente e não apenas a perspectiva do terapeuta. Quando a terapia com "Reva" (um pseudônimo) terminou, eu estava muito intrigado com o impasse causado por perspectivas radicalmente diferentes e pelo processo de sua eventual resolução; então, pedi a ela que gravasse em fita ou escrevesse um sumário da terapia. Ela gravou em fita suas reflexões e incluiu breves notas escritas. A transcrição da fita original de Reva e de suas notas foram editadas quando se tornou necessário dar um contexto ao leitor. Foram deixadas de lado informações que não eram essenciais na questão central do impasse e na experiência da inclusão. Nada de substancial que fosse relevante para a compreensão do impasse e da inclusão foi alterado. Minhas recordações procedem de notas, assim como de um sentido consistente que permanece comigo até hoje. Durante sete anos fiz diversas tentativas de escrever esta experiência. Somente no contexto de escrever este livro é que estava pronto para fazê-lo. Depois de escrito, foi mostrado à cliente. Sua concordância foi total com o texto, recomendando apenas algumas pequenas mudanças que foram incorporadas. Sou grato a ela por sua coragem e disponibilidade em compartilhar essa experiência com os outros.

Antecedentes: Reva veio a mim dizendo que queria trabalhar a questão da intimidade, particularmente com os homens. Ela afirmou ter um medo real da intimidade. Estava com mais ou menos trinta anos de idade, foi casada duas vezes e teve diversas relações significativas com outros homens. Manteve também um relacionamento íntimo com uma mulher. Contou, entretanto, que impedia que os homens se aproximassem muito dela. De fato, com freqüência, ela escolhia homens que a entendiam. Mais tarde, na terapia, afirmou que: "Meu problema crucial é que, quando me apaixono, tenho medo de que eles me deixem. Depois de três a cinco anos com alguém, fico apavorada ao pensar em ser abandonada".

Reva tinha uma "ferida paterna". Descreveu um pai indiferente e sentia-se abandonada por ele. Acreditava ter se desligado dele por volta dos dois anos de idade. Ela nunca permitiu sentir-se mobilizada por ele depois disso. Já que não podia compartilhar suas coisas com ele, guardou também seus segredos emocionais dos outros membros da família. Esta era extremamente dissimulada na comunicação e assim descobriu que se sentia bastante justificada quanto a sua honestidade. (Minha experiência posterior sobre sua "honestidade" é que, às vezes, ela chegava a ser brutal e unilateral — honestidade quase como um princípio abstrato, sem o reconhecimento do impacto que pode causar na outra pessoa.)

O tema do abandono atravessou pelo menos duas gerações. Quando a família de sua mãe deixou a Europa, ela foi deixada para trás até a idade de oito anos. Reva descreveu sua mãe como passiva-agressiva, e tinha muita raiva da figura materna. Na terceira sessão, ela contou um sonho no qual ela entrava na cozinha e sua mãe estava lá com uma faca imensa. A mãe começou a cortar a própria perna em sua presença, e Reva reportou ter se sentido enojada com o que vira. Ela sentia que sua mãe estava *tão* carente que precisava recorrer ao masoquismo para obter atenção. Reva sentia-se esmagada pela carência da mãe (sentir-se de outra forma nesse estágio de desenvolvimento teria podado seu senso de *self*, que tinha sido anteriormente suprimido a serviço da identidade de sua mãe). No passado, tinha sido muito difícil para ela estabelecer fronteiras com sua mãe e, conseqüentemente, ela era bastante sensível às questões de limite com os outros, inclusive comigo.

Reva tinha em torno de trinta anos e era estudante de graduação em psicologia. A terapia durou vinte meses e ocorreu durante os anos de 1985/86. Minha postura na primeira fase da terapia era consideravelmente diferente do que é agora. O impasse que se formou em torno de perspectivas polarizadas aconteceu aproximadamente durante a fase intermediária da terapia. Essa terapia foi essencial para mim no desenvolvimento de uma compreensão mais profunda do conceito de inclusão de Buber — esta é uma experiência verdadeiramente sincera e uma *postura existencial.*

A experiência de Reva

Um pouco antes de iniciar a terapia, tive uma série de sonhos sobre a mutilação de meu bichinho de estimação, assim como também a respeito das tentativas de automutilação de minha mãe! Em um dos sonhos, meu gato estava desmembrado. Quando descobri isso, havia ainda um pequeno lampejo nos olhos do gato, o que indicava que ele ainda estava vivo. Enquanto lavava seu sangue, meu relógio caiu dentro da pia da cozinha. Olhei novamente e o relógio estava alojado na abertura do cano de esgoto. Percebi que teria de levar o gato ao veterinário, pois, caso contrário, ele morreria. Por volta da mesma época, eu estava tentando decidir quando iniciar a terapia. Senti, então, que estaria iniciando brevemente.

Nos últimos três anos tenho trabalhado muito para me tornar mais consciente dos "arcos e flechas" que carrego.[1] Apesar de serem úteis porque me ajudam a parecer forte externamente, o problema é que eles funcionam e, freqüentemente, convenço a mim mesma, assim como aos outros, de que *não tenho necessidades.* Tenho a habilidade de mostrar suavidade e vulnerabilidade suficientes que servem como um disfarce — o disfarce significando que "sou genuinamente vulnerável" — enquanto estou completamente consciente de quão seletivas são as minhas revelações. Eu queria trabalhar minha insegurança existencial.[2]

Por outro lado, essa proteção não é por si só seletiva, mas uma reação *generalizada* contra a rejeição e o abandono. Ela aparece sob a forma de "arcos e flechas". Algumas vezes, minha proteção é sutil, tão sutil que é difícil me dar conta de que a estou utilizando. Outras vezes, é acurada; posso sentir intensamente sua presença clara num piscar de olhos. Ela não apenas me proteje contra a dor emocional, mas também contra estar "verdadeiramente vulnerável".

Estar verdadeiramente vulnerável é estar em sofrimento no presente e compartilhando essa experiência com o outro, desconhecendo as conseqüências. É *raro*, para mim, estar verdadeiramente vulnerável. Eu queria que isso ocorresse *na terapia com você* e que me ajudasse a experienciar isso mais freqüentemente com os outros. Queria alguém que fosse capaz de estar *comigo,* que me tocasse. Queria alguém que *tocasse a minha alma, sentisse o meu deses-*

---

1. Reva foi fortemente influenciada por um curso recente da graduação em mitologia, especialmente no que estava relacionado com certas deusas que eram habituadas a lidar com situações difíceis.

2. Como mencionei na Introdução, Reva era estudante de graduação em psicologia e fez um curso de psicoterapia existencial.

pero, entendesse o que estou passando, mesmo que às vezes isso seja aterrador. Uma das principais questões na terapia foram meus relacionamentos anteriores com os homens, particularmente um com quem eu estava envolvida. Mais tarde, senti que essa não era uma relação saudável, porque estávamos muito misturados. Quis rever esse antigo e tumultuado relacionamento, no qual me sentia tão inconsciente. Sentia-me como se estivesse no inferno (apesar de parecer que precisava estar lá). Tive de ir tão fundo para entender algumas das questões mais profundas e, também, o que estava acontecendo comigo. Foi extremamente difícil. Não era essa a maneira típica em que costumava viver; mas me trouxe muita informação boa a ser aprendida.

Eu também estava consciente de muito material complexo não resolvido em relação a pai e mãe. Relatei um sonho em que tinha sido convidada para um jantar em que a anfitriã aparecia como minha mãe e empunhava uma faca de modo assustador. Senti-me muito amedrontada. No sonho, minha mãe começava a cortar sua própria perna e outros membros.

Escolhi fazer terapia com você porque queria um terapeuta existencial — alguém que pudesse "estar" comigo durante meu caminho por essa metamorfose na qual embarquei. Eu não queria ser "sensata" na terapia. Queria estar centrada mais no aqui e no agora. Uma das principais razões de ter entrado na terapia com você foi por sua reputação e por seus escritos. Senti que você poderia fazer esse tipo de conexão comigo, como se estivesse fazendo um esforço muito grande ao deixá-lo saber o que estava acontecendo comigo e como me sentia.

Entretanto, senti como se não estivéssemos conectados. Senti que você estava sendo "objetivo" comigo — tão objetivo, que não estávamos fazendo contato — e isso me fez ficar muito triste. Minha experiência foi como se você estivesse em um canto bem alto da sala, olhando para mim aqui embaixo. Senti-me muito objetificada e isolada, como se você estivesse tentando arduamente me classificar, vendo o problema como *crônico* e tentando descobrir o que se passava comigo. Enquanto isso, eu via tudo muito mais como uma situação crítica. Senti que você estava se esforçando demais, ou então estava preocupado com alguma outra coisa.[3] Você estava impotente. Era *como se eu estivesse lá sozinha*.

Minha fantasia ao iniciar a terapia era de que você seria capaz de contatar comigo *imediatamente*. Senti que você não estava me encontrando no lugar

---

3. Por volta dessa época, minha mãe tinha sofrido um ataque cardíaco e um derrame cerebral ameaçadores. Sua condição ficou instável por vários meses (o que para mim significou uma série de viagens transcontinentais). Eu *estava* preocupado. Ela também estava consciente de que eu trabalhava em um livro sobre a relação terapêutica e a forte necessidade de experienciá-la ao lado do cliente. Ela me "abordou" dizendo que como conseqüência dos meus escritos, eu deveria apreciá-la como experiência. Mais tarde, dei-me conta de que, ironicamente, minha concentração na edição e no trabalho de escrever podem ter influenciado no não estar disponível emocionalmente para ela tanto quanto eu gostaria.

potencialmente transformador em que eu estava. Senti que você estava vendo o caos, mas não as possibilidades de mudança. Tive um sonho onde não havia intimidade na minha terapia. De fato, eu me pergunto se algum contato ocorrerá *alguma vez.*

Enquanto dirigia, indo para as sessões, descobri que estava ficando bastante mobilizada e me sentindo pronta para o "trabalho". Na verdade, pensei comigo mesma, achava que você devia me considerar uma "pessoa mutilada", porque eu estava transbordando de emoções. A terapia atingiu um nível cognitivo e isso me pareceu condescendência para comigo. Eu ansiava por alguém que estivesse lá comigo.

Decidi confrontar a situação concordando em realizar o trabalho da "cadeira vazia", em que eu me imaginava sentada na cadeira ao mesmo tempo em que estava presente na sala "observando". Isso foi bastante esclarecedor. Ao fazê-lo, dei-me conta de que parte da dificuldade era o meu desejo de ser uma "boa cliente" e não desapontá-lo. Senti, então, que talvez pudéssemos trabalhar apenas aquelas coisas que *você* era "capaz de" e desistir da possibilidade de um contato mais profundo. Subestimei a ambos: a mim mesma, por não tornar importantes minhas necessidades mais profundas, e a você, porque como em relação a meu pai, senti que eu não era importante. Sentia-me *só na terapia.* Eu estava com raiva. Contei a "mim mesma" sobre o meu desapontamento e minha falta de contato com você. Eu o havia escolhido porque você tinha escrito e ensinado sobre a relação terapêutica. Tinha todas essas expectativas e esperava que você fosse como Jim Bugental.[4] Dei vazão à minha raiva e à minha crítica. Fiz isso com vigor e até me senti antipática ao fazê-lo, pois você estava confuso. Imaginei que você sentia que eu tinha me voltado contra você. Na verdade, sentia que era você quem estava contra mim. Percebia que, semana após semana, eu tentava ser simpática e verbalizar o que se passava comigo. Já que isso não mudava nada, vi que o único recurso era act out* os meus sentimentos. Senti que se lhe dissesse isso diretamente, você poderia "explodir". Entretanto, isso não parecia justo ou terapêutico para nenhum de nós.

As coisas íam bem por um tempo, mas de vez em quando eu tinha explosões como essas — de fato, me lembro de três. Você quase não confiava em mim porque você nunca sabia quando eu poderia explodir. Tornei-me *consciente* de que esse tipo de rancor precisava ser dirigido contra meu pai — definitivamente, estava ocorrendo transferência. Senti que havia também contratransferência.

---

4. Conhecido terapeuta existencial.

* "Termo usado em psicanálise para designar as ações que apresentam, quase sempre, um caráter impulsivo, relativamente em ruptura com os sistemas de motivação habituais do sujeito, relativamente isolável no decurso de suas atividades e que toma muitas vezes uma forma auto ou hetero-agressiva. Para o psicanalista, o aparecimento do *acting out* é a marca da emergência do recalcado." (Definição retirada do *Vocabulário de psicanálise* de Laplanche e Pontalis, Martins Fontes, 1995.) (N. do T.)

Eu oscilava entre ser compreendida por você e ficar com raiva, porque não me sentia em *contato com*. Então ocorreu-me a falta de confiança, pois senti que não poderia *esperar* um contato. Era como se você estivesse falando com minha "cabeça" e eu queria que você falasse com minha alma. Fiquei *ao mesmo tempo* triste e com raiva.

Sentia como se eu oscilasse entre ser arrogante e me esforçar arduamente. Eu não gostava disso porque me lembrava dos homens que se esforçavam demais comigo. Algumas vezes, em encontros, os homens não estabeleciam quaisquer limites para si próprios e se esforçavam demais. Algo parecido aconteceu em meu antigo relacionamento problemático—não havia fronteiras entre nós e eu sabia que aquilo não era saudável. Entretanto, *aquele* não era o meu jeito usual de ser. Havia também essa parte profunda em mim que estava *imensamente entristecida* pelo abandono e pela rejeição.

As questões ligadas a meu pai também vieram à tona, inclusive o fato de sentir-me abandonada por ele quando tinha dois anos — não esperando que fosse diferente e "aceitando" o fato. Assim, estava "tudo bem" com a minha infância. De alguma forma, abstrata, pareceu-me que isso estava se repetindo mais uma vez na terapia, porque eu não me sentia *ouvida* e *atendida*. Por um lado, senti que precisava deixar que as minhas expectativas fluíssem e tudo estaria "bem", mas isso foi o que fiz com meu pai. Não queria magoar você, portanto não lhe falei.

Foi o que senti com você — eu simplesmente *não esperava ser compreendida*. Não esperava que você estivesse lá para mim, porque você não estava. Se fosse esperar isso de você, me tornaria até mesmo *mais* irada e magoada. Eu mesma precisava cuidar disso e estava prosseguindo sozinha nessa luta. Eu contava com minhas amigas mulheres para dividir esses problemas, mas queria um homem, um "pai" para compartilhar isso comigo. Queria sentir esse contato.

Assim como não queria ser experiente, também não gostei da relação que efetivamente tive com você, mas era o que eu *precisava* experienciar e onde eu precisava estar. Lembro-me de uma noite em que fiz o experimento da "cadeira vazia" em casa, com meu pai imaginário. No diálogo ele era um menininho, com sete ou oito anos de idade. Ele me contou como trabalhava arduamente, como amava a família e por que se comportava daquele modo. Foi realmente muito doce. Chorei e desejei que pudesse fazer isso na terapia e não em casa. Muitas vezes, coisas parecidas com essa ocorriam e eu queria dividi-las com você; mas me sentia triste, desapontada e irada porque isso não acontecia na terapia — acontecia comigo quando estava só. (Percebi que esse é o meu lado da história e que muito aconteceu no seu também, porém estou tentando focalizar o que estava ocorrendo comigo.)

Lembro-me de uma vez em que eu estava indo para uma sessão de terapia e me senti realmente mobilizada, querendo trabalhar algumas coisas, e decidi que *não* teria nenhuma expectativa, apenas me deixaria ir e ver o que poderia acontecer — sem esperar o contato, entrando lá sem qualquer expectativa. O que aconteceu foi que *fizemos contato*! Na verdade, estávamos fazendo pequenos contatos aqui e acolá e estávamos construindo, formando a nossa relação. Talvez não estivessem tão profundos como eu gostaria, mas eles estavam lá. Dessa vez, quando deixei minhas expectativas de lado, fizemos um contato forte. *Senti como se você estivesse lá, junto de mim, no meu âmago.* Você estava falando comigo e eu sabia que você entendia. Estávamos falando sobre meu tema de abandono — não intelectualmente —, você estava lá *comigo* e eu me senti bem, realmente tocada, alegre e animada.

Então *você* me *assustou*. Foi um momento íntimo e você simplesmente compartilhou comigo uma imagem daquilo que intuitivamente sentia que eu precisava (enquanto tornava cristalinamente claro que isso *não* aconteceria sob quaisquer circunstância) — que você era meu pai, que eu me sentaria em seu colo como uma menininha e seria abraçada, da forma que tenho tão desesperadamente desejado ser abraçada por meu pai. Fiquei assustada (mesmo sabendo que isso não iria *realmente* acontecer). Senti-me recuando fisicamente, com um movimento súbito, afastando-me e colocando-me na defensiva. Era como se eu tivesse um escudo à minha frente, ou um arco e flecha pronto para me defender caso necessitasse. Não queria chegar *tão* perto. E estávamos *realmente perto*. Afastei-me e não lhe contei, porque não queria magoá-lo. Eu estava assustada demais para lhe contar. Nunca voltei para onde precisava. Não confiei no que aconteceu.

Talvez isso tenha trazido à *consciência* o quanto você ficou mobilizado e tocado por nossa comunicação. Senti que se eu pudesse ter ficado com o que estava ocorrendo, poderia ter saído com os mesmos sentimentos. Mas o que aconteceu foi que me retirei de lá e fiquei assustada — *assustada com a intimidade*.

O tema que mais trabalhamos na terapia foi minha "grandiosidade". Era o que precisava equilibrar, porque posso ser muito grandiosa, quase eufórica — as coisas vão indo bem e vou sentindo que, por estar fazendo as coisas certas, elas acontecem. Mas esse é um sentimento grandioso. Não está baseado na realidade. Sentia como se estivesse trabalhando nisso de modo indireto, por intermédio dos outros. Era o equilíbrio que estava trabalhando em mim mesma, mas tratava de minhas críticas às pessoas — homens e mulheres — principalmente quando tinha expectativas que não eram satisfeitas. Quanto a colegas — vistos criticamente — sempre tenho pena de alguém que percebo como o *underdog** porque nós (terapeutas) estamos lá para ajudar. E, então, pessoas que são iguais a mim, eu realmente espero que elas sejam curadoras dinâmicas em todos os

---

* *Underdog* — termo usado por Fritz Perls na Gestalt-terapia, significando a parte instintiva da pessoa (oposto a *topdog*, parte que censura). No texto é usado no sentido de pessoa que está sofrendo, precisando de ajuda. Atualmente, o termo *underdog*, em seu sentido primitivo, é pouco usado devido aos novos caminhos da Gestalt-terapia. (N. do T.)

casos, em todas as situações, durante o tempo todo, com todo mundo. É provável que eu também faça isso comigo mesma. Eu *realmente* faço isso comigo mesma. Eu estava aprendendo a esse respeito — apenas *estar* com as pessoas onde elas estão, encontrá-las, evitando meu lado crítico —, essa parte crítica que me separa dos outros e que me separa de mim. Faço isso comigo mesma e com os outros. Em nossa terapia aprendi sobre a verdadeira humildade — ser humilde e estar realmente firme. Foi isso que aconteceu. Sinto que ocorreu uma mudança.

Não estou completamente curada. Não estou toda perfeita. Nem que nunca mais seja grandiosa, ainda tenho um senso mais desenvolvido para saber o que fazer a esse respeito, mais do que tinha anteriormente. Tenho estado consciente de minha grandiosidade há muito tempo, porém não sabia o que fazer a respeito, exceto que eu podia me fazer calar. Agora estou olhando para isso, junto com coisas de outro tipo: olhando para fora de mim mesma, para dentro e provavelmente também para as *grandiosas expectativas a seu respeito.* Tenho expectativas grandiosas que me ajudaram em minha própria humildade — isso me ajudou a olhar para *mim mesma* e para meus clientes que virão; não serei capaz de realizar o "milagre" que eles desejam.

Porém, o que aconteceu é — outra nova mudança, quando digo a palavra "milagre" — outra cura, a cura do que precisa realmente estar acontecendo. Esta *aconteceu de verdade. Algumas vezes o terapeuta não sabe o que realmente está se passando* — ele fica verbalizando todo aquele material em que está vendo mudanças e eu, como cliente, que estou passando por elas, vejo que não é o que realmente mudou em mim; mas é *isso* o que realmente mudou. Você sabe que não me sinto grandiosa. Sinto contato e um real carinho por você. Sinto-me fora de minha depressão ou, após uma transformação, animada a respeito do futuro, sabendo que o mundo não é perfeito e que também não é o inferno. Nunca me senti tão feminina em anos. Cheguei me sentindo mais masculina e agora me sinto mais feminina. Gosto disso.

Sei agora como colocar limites para meus pais. Sinto-me diferenciada de minha mãe e de meu pai, apesar das inúmeras resistências por parte deles. Pensando a respeito do que aconteceu com meus pais, isso me ensina que às vezes a energia pode vir só de um lado. Você sabe, quando alguém está tentando soltar e o outro está tentando segurar de qualquer jeito — esse tipo de coisa; ou quando uma pessoa está realmente investindo em alguém e esse outro está completamente desinteressado; ou algumas vezes se torna difícil, quando alguém está solicitando demais, guardar suas fronteiras e dizer "não", em função da enorme energia que isso demanda. Não que seja difícil dizer "não"; mas quando alguém está solicitando demais e coloca uma energia muito intensa, então a energia que se gasta para repelir e dizer "não" é enorme. Isto é um pouco do que acontece na dança entre meus pais e eu. Estou realmente orgulhosa de mim mesma, por causa de minha habilidade em dizer "não" e o que sei é que isso vai contra uma enorme quantidade de energia que vem especialmente da parte de minha mãe. Você sabe sobre aquele sonho em que ela corta minha perna. Em outras palavras, se me abro para ajudar minha mãe, ela tenta me machucar de alguma forma. Você sabe, o tipo de coisa de complexo de mãe.

Tenho pensado a respeito de meu relacionamento com minhas filhas como uma indicação para mim mesma. Sinto-me orgulhosa de poder escutá-las como uma amiga e perceber que não tenho que tentar melhorar tudo. Sinto que as escuto como faço com amigos. Não tenho que correr e fazer algo para resolver a situação. Posso permitir que elas sigam seus processos e passem por seu próprio crescimento e dor.

É realmente difícil fazer isso com meus pais e talvez com os pais dessa geração. Você sabe, minha mãe ainda gostaria de ver todo mundo incorporado em suas opiniões, pensando do jeito que ela pensa, estando lá quando ela nos quer, esse tipo de coisa — não nos permitindo crescer por nós mesmos. Mas, como no sonho em que ela corta sua própria perna, se eu chegasse mais perto para tentar fazê-la parar ou ajudá-la, ela cortaria fora minha perna. De alguma maneira meu desejo (apesar de ela não ser assim) é que ela veja que essa é, definitivamente, uma forma melhor. Sei que é o melhor para mim e que há uma parte de minha mãe que tambérm sabe que isso é bom para mim. Constantemente, isso se torna mais claro e sinto que se resolve quando estou aqui na Califórnia. Quando volto para uma visita, sei que tenho de colocar fronteiras e limites e dizer "sim" e "não", prestando atenção realmente em mim mesma, no que estou necessitando e querendo fazer; e aquilo que estou ou não disponível para fazer. Isso continua acontecendo.

Pensar em deixar a terapia é meio duvidoso. Há uma parte em mim que está aliviada e sente alguma *liberdade* nesse alívio, alguma alegria; e há outra parte que me deixa triste. Seria ótimo continuar... continuar, continuar o relacionamento como uma relação terapêutica e não deixar isso se perder. Tenho aguardado ansiosamente por isso toda a semana; tenho aguardado por minhas sessões. Não tem sido difícil, de forma alguma, entrar no carro e ir.

O que fiz intermitentemente por um período de tempo *foi abandonar minhas expectativas* — o que foi realmente útil em nosso encontro, em nossa ligação e em nosso contato. É algo que preciso prestar atenção em termos de terapia. Eu *subestimei* a terapia porque sabia que quando queria muito alguma coisa, precisava abandonar as expectativas e elas aconteciam mais naturalmente. Se estou esperando e quero demais uma coisa e ela não acontece, o desapontamento é maior. Na maioria das vezes esse tipo de energia não é saudável. Preciso somente deixar fluir, deixar fluir as relações e ver o que acontece. Para mim é importante *lembrar de ter expectativas*; se elas não estão sendo atendidas, lembrar de deixá-las fluir ou mudá-las, caso alguma coisa boa e profunda vá acontecer. Entretanto, esse sentido de intensidade nem sempre precisa existir numa sessão terapêutica. Aquilo que acontece, acontece. Esta é a relação que está se desenvolvendo.

Nós *realizamos muito juntos*. Vou sentir saudades suas. Você *é* tenaz. Você me disse que era. Você é! Vou sentir saudades suas e estou triste por isso. *Vou sentir saudades suas.* Estou feliz que você tenha sido tenaz — direi isso novamente. Você deixou fluir quando necessário. *Você realmente deixou fluir* quando disse que talvez não fosse o terapeuta certo para mim. Foi isso — quando eu "cheguei" (sic),* quando eu "cheguei" (risada),[5] isto é, quando a terapia... estava acontecendo o tempo todo, mas foi aí que eu realmente percebi como estava progredindo. Foi quando você disse: "Talvez eu não seja ou não possa lhe ser útil — talvez eu não esteja fazendo aquilo que você precisa que façam". E o paradoxo disso tudo foi que eu estava *consciente* de que havia um paradoxo acontecendo. Existia uma parte em mim que era rebelde o suficiente para estar *consciente* e, apesar disso, a terapia funcionou. Isso me fez sentir bem. Penso que tinha mais liberdade de escolha então, pois eu não queria partir dizendo que isso não prestou. Não queria fazer isso — e talvez precisássemos percorrer mais vezes o caminho. Fomos e estou feliz por isso. Você me perguntou sobre o ponto de mudança — este foi bem grande.

Outro ponto de mudança aconteceu quando pensei que estava ocorrendo contratransferência: você falou de sua frustração e raiva a meu respeito — isso me impactou fortemente. Senti-me realmente viva naqueles momentos juntos. Aquilo realmente, *realmente* me impactou e deixou uma impressão positiva. Você precisou ter coragem, não apenas tenacidade. Lembro-me da sessão em que falamos e compartilhamos a emoção sobre meu "PONTO DOLORIDO" — meus sentimentos *de dor "em brasa" pelo abandono*. Nós tocamos este lugar. Penso que no global o que mais me impactou foi a sua maneira de ser verdadeiro, *ser verdadeiro comigo*. Você parou de ser tão desgraçadamente terapêutico e tornou-se apenas um ser humano, relaxado — e isso foi verdadeiro e curador.

A experiência do impasse de Rich

A maior dificuldade na terapia girou em torno do sentimento de Reva de que eu estava sendo insuficientemente compreensivo e emocionalmente indisponível para ela. Ela *exigia*, de forma bastante crítica e agressiva, que eu entendesse intuitivamente o que ela estava sentindo (isso me parecia "mágica"); mesmo que às vezes ela tivesse dificuldades consideráveis um articular seus sentimentos. Ela contou que tinha tido algumas "experiências empáticas

---

* *"When I came"* (quando eu cheguei) no original, tem um segundo sentido. A nota acima se refere ao sentido de quando a mulher atinge o clímax sexual. (N. do T.)

5. O riso estava gravado na fita cassete de sua retrospectiva da terapia e claramente foi em resposta a seu reconhecimento da nuance sexual de seu "deslize". Eu vejo mais como uma afirmação sobre a *força* da emergência de seu "jovem *self*" oculto e à cura que contém.

intuitivas profundas" com amigos chegados e tinha escutado de outros clientes que, em terapia, tiveram tais experiências com seus terapeutas. Como conseqüência, ela sentia que eu não estava sendo suficientemente empático com ela, pois essa compreensão intuitiva profunda não estava ocorrendo entre nós. Ela continuava a me criticar e a implorar que eu estivesse mais disposto a compreender o impasse terapêutico do seu ponto de vista. Eu sentia que estava disposto — mas discordava da interpretação dela a respeito da *minha* experiência da situação. Senti-me atraído a apreciar sua perspectiva, mas parecia que, ao aceitar a interpretação dela, eu poderia liberá-la de *sua* responsabilidade na situação, ao mesmo tempo em que abdicava de minha responsabilidade de lhe dar *feedback*, o que era essencial na compreensão de seu impacto nos outros, conforme havíamos discutido anteriormente. Assim, ela não se sentia suficientemente compreendida por mim, nem que eu estava em contato com ela. Estávamos *empacados*.

Diante desse impasse, acrescido do fato de eu ser homem e de que, em sua história, ela havia relatado algumas dificuldades significativas com homens, tentei em nosso contato explorar a possibilidade de ela estar interagindo comigo de forma similar ao modo como ela se relacionava com outros homens. No começo, acreditei ingenuamente que se ela se tornasse mais *consciente* de como podia se comportar com distanciamento e críticas, ultrapassaríamos o impasse. Quanto mais eu focalizava nisso, mais problemáticos se tornavam nossos encontros. Por mais que eu tentasse, em nossos contatos, fazê-la *"assumir"* o que eu percebia como sua responsabilidade na situação, mais ela se afastava de mim. Ela começou a considerar prematuramente o término da terapia. Sentia que não podia confiar em mim. Eu continuava tentando demonstrar a ela que a razão da falta de confiança se devia a algo que *ela* estava fazendo. Ela sentia que era *eu*. Estávamos ambos certos — mas ela estava *mais* certa!

Eu não tinha conseguido perceber o quanto ela precisava de mais empatia sincera, compreensão, vulnerabilidade, interesse e carinho. Era mais do que eu estava sendo capaz ou, talvez, estivesse disposto a experienciar e dar a ela naquela terapia em particular, *naquele momento* de meu desenvolvimento profissional e pessoal. Estava me segurando porque acreditava ser dela a responsabilidade existencial de mudar; assim como me sentia constantemente desconcertado com suas críticas — descobri que queria proteger-me, em vez de arriscar-me a ficar vulnerável em meus encontros com ela (inconscientemente estava experienciando uma falta de confiança no outro similar à dela). Senti-me magoado com suas críticas: senti como se uma suspeita que sempre tive a meu respeito fosse confirmada: que havia algo *fundamentalmente* errado comigo como terapeuta e, algumas vezes, que estivesse menos disponível ou capaz (comparando-me com minha percepção de outros terapeutas) de experienciar um contato empático profundo com minha cliente. Senti-me desmascarado!

Da mesma forma, ela também estava se segurando até que sentiu profundamente que havia alguém lá — particularmente um homem — que estava disposto a ser verdadeiramente vulnerável com ela, assim como a apreciar seu lado de uma situação "suspeita", sem considerar o certo ou o errado e sem perder seu próprio terreno. De forma inconsciente, percebi corretamente seu desejo por um *homem forte* (ela havia me contado no começo, muito tímida, que não podia suportar homens "molengas"), mas fracassei em não apreciar e experienciar a mais importante dimensão de estar *consciente* — apreciar e valorizar genuinamente sua experiência fenomenológica, em especial quando isso não correspondia à minha própria experiência. Era ameaçador para mim, ou talvez viesse de encontro a meu entendimento de então, de alguma regra abstrata sobre responsabilidade individual na Gestalt-terapia. Minha postura estava de fato *desconfirmando* a pessoa dela — e sua sincera experiência existencial de justificada desconfiança nos homens — da mesma maneira como ela havia experienciado antes com vários homens significativos. Em certo sentido, eu a estava abandonando psicologicamente — uma experiência com homens com a qual ela estava bastante familiarizada.

Duas desconfianças individuais se tornaram uma desconfiança mútua. Um muro espesso estava se formando *entre nós* e tornando-se rapidamente impenetrável. A partir da atitude "inconsciente" de minha cliente, deixar cair este muro protetor poderia expô-la perigosa e imprudentemente à recorrência de uma ferida muito dolorosa de seu desenvolvimento. Ninguém em seu juízo perfeito faria isso. Minha suspeita era de que ela havia aprendido a intensificar a distância entre nós, mas não sabia, com *discriminação*, deixar um homem entrar em seu mundo de forma duradoura, consistente e numa relação digna de confiança. Apenas quando pude apreciar genuinamente seu medo, a partir do *ponto de vista existencial dela*, foi que pôde ocorrer a base para uma maior confiança terapêutica posterior.

Embora até este ponto ela não tivesse sido capaz de expressar nenhuma raiva diretamente contra mim, sobre sua frustração em torno do nosso impasse aparentemente insolúvel, era um dado inevitável o que estava ocorrendo entre nós. Eu intuía que a raiva era parte do seu "centro dinâmico". Em face das sérias frustrações que sofrera com seu pai e outros homens depois dele, essa raiva era a marca registrada de sua ambivalência — o desejo profundo de contato íntimo com um homem, que acabava na frustração quase inevitável desse desejo e a raiva resultante dessa falta de contato: como ficar zangado diretamente com aquilo que você mais deseja? Desde que ela se mostrava incapaz de expressar sua raiva diretamente a mim, sugeri que ela trabalhasse com a "cadeira vazia", estabelecendo uma interação entre ela e *eu*. Senti verdadeira empatia por sua frustração comigo e por nossa inabilidade de contato na forma que ela desejava. Tornou-se muito claro, ao observá-la interagindo "comigo", que mesmo neste formato relativamente protetor, ela ainda assim me protegia. Encorajei-a a tornar-se mais irada comigo e a expressar todas as formas pelas quais eu havia falhado com ela. Ela pareceu entrar nisso e apreciou que eu (o "verdadeiro" eu) fosse capaz de me colocar de lado e não ficar pessoalmente ofendido com suas

61

colocações iradas. Este foi um dos acontecimentos que nos ajudou a liberar nossas interações.

É difícil, mesmo tantos anos depois, descrever como comecei a olhar de outra forma para o nosso impasse. Queria genuinamente superá-lo, e era óbvio que o que fizera até então não estava funcionando. O que aconteceu em nosso contato foi que comecei a experienciar uma empatia sincera pelo seu sentimento de desespero em relação a *mim*! Senti que para ela nosso contato era extremamente doloroso. Dei-me conta, num nível mais profundo que o anterior, que ela havia vivido essa dor com outros homens, inúmeras vezes. Comecei a *sentir* o quanto esse tipo de contato deveria ser prejudicial para ela e fortemente desconfirmador. Comecei a sentir *sua dor*. Desenvolvi uma percepção existencial profunda de que, por nenhum esforço de imaginação, isso era uma *repetição compulsiva*, mas, sim, seu esforço maior para fazer contato comigo, por seus ferimentos anteriores com outros homens. Era *eu* que não conseguia apreciar a dimensão de seu contato comigo em função da aspereza (o arco e a flecha) que parecia resultar.

Compreendi que, para sentir existencialmente o impasse pelo lado dela, era necessário um esforço maior meu. Ironicamente, parte da mudança em minha atitude deveu-se à intuição (assim como a seus relatos) de que eu não tinha caminhado suficientemente até seu lado do encontro — eu não o tinha experienciado totalmente do seu ponto de vista. Naquela época, lutava para compreender de modo consistente o que Buber queria dizer com inclusão. Por volta dessa mesma época, estava também lendo extensivamente a respeito da psicologia do *self* e da teoria da intersubjetividade e começando a pensar sobre suas implicações para a Gestalt-terapia. Essa leitura me deu uma perspectiva intersubjetiva mais profunda quanto à autoproteção adequada no desenvolvimento de minha cliente (muito menos da minha). Não se tratava de uma questão de evitação da responsabilidade existencial, mas sim de ser *adequado ao seu desenvolvimento* por meio da *desconfiança*. Tornei-me *consciente* de uma forma clara de que no aqui e agora da terapia estávamos reexperienciando juntos um grande desafio em seu desenvolvimento, já enfrentado anteriormente, mas não *atendido* por outros na vida de minha cliente. Estávamos ambos tendo a oportunidade de nos *encontrar* neste lugar dolorosamente ferido, de crescer e transcendê-lo.

Para que isso acontecesse, eu precisava abandonar minhas expectativas do que ela "deveria" fazer na terapia (sem que eu soubesse nessa época que ela estava começando a abandonar suas expectativas em relação a mim!).[6] De fato, precisava desistir até mesmo da possibilidade de continuar a trabalhar com ela. Nessa época, nosso impasse estava tão polarizado que lhe disse que,

---

6. Essas ocorrências sincrônicas na terapia freqüentemente mostram uma conexão inconsciente profunda *entre* terapeuta e cliente — "um entre inconsciente" que transcende o inconsciente individual de ambos.

mesmo estando genuinamente interessado em superá-lo, talvez eu não fosse o terapeuta certo para ela. Efetivamente, reconheci que eu era parte do problema. Comecei a fazer cada vez mais esforços conscientes para experienciar "nossa" situação por intermédio de sua perspectiva existencial. Entrava na sessão de terapia mais *consciente* de estar tentando "sentir" e "ser" como era para ela sentar-se na cadeira oposta a mim. Tentei sentir o que eu poderia necessitar do meu terapeuta se fosse Reva. Algumas vezes senti como se estivesse realmente sentado bem ao lado dela (algumas vezes *em* sua própria pele), experienciando nosso encontro a partir de sua perspectiva. Nessa posição, dei-me conta de quão assustado eu estava de vivenciar mais intimidade com meu terapeuta — quão temeroso eu estava de que ele não me atendesse e não conseguisse sentir minhas necessidades mais íntimas. Em sua posição, senti a desesperança de que algum homem fosse capaz de verdadeiramente me encontrar. Senti como se estivesse esperando por trás do meu muro protetor até que um homem demonstrasse claramente que aceitaria correr o risco maior de apreciar a minha posição e, então, finalmente, provasse ser digno de confiança. Quando relatei a Reva minha compreensão de sua experiência, ela relaxou visivelmente e comecei a sentir que tinha permissão para entrar em seu mundo interior, muito mais vulnerável.

Por volta dessa época, quando alguma confiança e intimidade verdadeiras estavam se desenvolvendo entre nós, ocorreu um acontecimento importante. Várias sessões focalizaram seus sentimentos de abandono por seu pai. Como me sentia mais profundamente empático, apreciando e valorizando sua experiência por ter de tomar conta de si mesma sem o suporte emocional de seus pais, tive um sentimento paterno maravilhosamente caloroso e amoroso para com ela.[7] Enquanto eu estava lá, na sessão, *consciente* desse sentimento profundo, considerei a possibilidade de compartilhar essa *consciência* com Reva. Percebi que corria um risco considerável: certamente, havia o perigo de que a expressão de meu carinho pudesse ser mal interpretada, como algum tipo de abertura sexual indefinido. Em meu coração não havia o menor sentimento sexual, mas um verdadeiro carinho por sua "alteridade", pela "menininha" ferida e pela necessidade mais profunda que não tinha sido satisfeita por seu pai e por nenhum outro homem até então — algo que ela buscava *desesperadamente.*

Realmente, compartilhei com ela minha "intuição": seu pai foi incapaz de abraçá-la emocionalmente e eu, às vezes, gostaria de poder voltar atrás no

---

7. Esse "paternalismo" surgiu do sentimento atual bastante protetor e cuidadoso em relação a ela (mesmo contra minhas intervenções anteriores), assim como da suspeita de ter sido "intuitivo" (inclusive inconscientemente) em relação a seus desencontros com seu pai verdadeiro. Suspeito de que naquela ocasião, como eu estava tão em contato com essa experiência profundamente perturbadora, que aquela minha parte que cuida queria inconscientemente dar a ela uma nova possibilidade de cura. Tive uma intuição (em retrospecto parecia uma "intuição ontológica") de que Reva precisava demais, num nível ontológico-psicológico, ser envolvida pelos braços de seu pai.

tempo e ser um pai para ela — dar-lhe aquilo de que ela necessitava. Ambos reconhecemos a irrealidade. Mesmo assim, ela sentiu que essa foi uma afirmação do meu carinho genuíno por ela e do meu desejo de dar-lhe algo que ela queria desesperadamente e tão tristemente não conseguiu. Ainda assim isso a assustou. Ela recuou. Imediatamente pensei que tinha cometido um sério erro. A isso se seguiu uma série de sessões em que ela estava emocionalmente retraída. Apenas muito mais tarde, quando falamos a esse respeito, nos tornamos conscientes de que era *necessário* que ela ficasse assustada. Isso a forçou a se tornar consciente de como ficava assustada e evitava a intimidade que tanto buscava, disponível para ela. Essa foi uma experiência valiosa, em que todos os meus esforços anteriores para que ela assumisse sua autoproteção tinham falhado. Correspondeu realmente à sua experiência fenomenológica e iluminou profundamente sua participação em tudo que se passava. Eu não era mais o inimigo. Tornei-me o aliado de seu *self* emergente.

Seguiram-se várias experiências de inclusão. Foram experiências de sentir profundamente o que imaginava que ela sentia, algumas vezes até mesmo em seus sentimentos mais sutis. Havia um sentimento genuíno de que estávamos *juntos* nisso. Não existia mais a sensação do "ela *versus* eu". Era um sentimento de "ela e eu" juntos enfrentando o mundo. Havia um "nós". Havíamos ensinado muito um ao outro. O que havia sido um impasse tornou-se uma "dança" de cura.

Epílogo

Essa experiência terapêutica foi um marco em minha compreensão da inclusão. Na época, não foi a única terapia em que isso ocorreu, mas foi nela que essa questão se cristalizou. Uma parte importante na mudança da terapia foi me dar conta de que a inclusão não é, de maneira alguma, um ato cognitivo, mas sim uma *postura existencial* que incorpora paradoxalmente a experiência do outro (o "não-eu-como-vivido-por-mim")[8] sem perder a minha experiência. Não é necessário experienciar ambos os lados tanto simultânea quanto seqüencialmente. É preciso uma *fluidez existencial* entre a minha experiência, e minha experiência no lugar do meu cliente — em *especial* quando sua experiência é radicalmente divergente da minha.

A *alteridade* da outra pessoa deve estar sempre no primeiro plano da *awareness*. Nessas ocasiões, minha própria experiência se torna o pano de fundo. Comecei a me dar conta de que, para o sentir dialógico, essa inclusão significa que um certo tipo de generosidade é necessária e deve estar em primeiro

---

8. A linguagem às vezes pode parecer desajeitada, porém não sei mesmo de que outra forma articular a separação desses paradoxos *inerentemente* existenciais e dialógicos. Essencialmente, isso *é* impossível de ser dito.

plano no encontro terapêutico. Quando minha própria experiência é demasiado preciosa para mim, isso se torna uma barreira inquebrantável para o contato com as partes mais profundas e machucadas da outra pessoa. A verdadeira cura existencial ocorre apenas quando aquelas facetas do nosso ser mais dolorosamente feridas e desestruturadas são abraçadas respeitosa e amorosamente e trazidas de volta para o contato humano. Então, nos tornamos inteiros.

Parece tolo de minha parte, em retrospecto, mas no começo da terapia eu tinha medo de perder o meu *self* caso concordasse com a experiência de Reva a meu respeito (apesar de estar fazendo terapia havia muitos anos e removendo camadas de autoproteção). Eu não tinha consciência de como isso era profundo para mim. Grande parte do desenvolvimento de minha personalidade estava baseada no ser forte e independente (muito semelhante à experiência de Reva); e também em resistir veementemente ao "empurrão" do outro para aceitar sua experiência de mim, quando isso era significantemente divergente da minha própria. Sem que eu mesmo soubesse, tinha passado muito tempo da minha vida erguendo barreiras contra ser invadido e invalidado por outros. Isso significa, invariavelmente, guardar meu *self* com demasiado cuidado, de modo que ele se torne uma barreira e impeça uma abertura para a experiência da outra pessoa.

Se guardo minha própria experiência e sentido de *self* como muito preciosos, então estou focalizado demais internamente e preocupado demais comigo mesmo e, portanto, não consigo *ver* genuinamente a outra pessoa em sua singularidade, muito menos nossa interconexão humana. De forma semelhante ao Zen, é *somente quando esvazio meu* self, *que a cristalina claridade ontológica do outro pode realmente ser vista.* Quando esvazio meu *self* permito que um vazio criativo se instale, o que me permite ser *preenchido* pela experiência do outro. Essa abertura ontológica é essencial para o verdadeiro encontro. Somente com essa abertura transindividual consigo colocar de lado minhas próprias necessidades, vulnerabilidades e feridas, e sou capaz de tocar as partes machucadas e negadas do outro. *Se estou cheio de mim mesmo, não há lugar para o outro. Se não há lugar para o outro, não há cura.*

O paradoxo nessa terapia foi o paradoxo de todos os encontros humanos: a situação foi tanto compartilhada quanto experienciada de forma radicalmente diversa por ambos. Minha ênfase na diferença criou um abismo. Isso assegurou a emergência de um abismo que aparecia freqüentemente no horizonte toda vez que Reva tentava alcançar os outros. Ocorreu um desencontro.

Talvez isso não pudesse ser diferente.[9] Desencontros são *inevitáveis.* Desde que somos pessoas muito diferentes, algumas vezes com realidades existenciais radicalmente divergentes, eles são inevitáveis. De fato, eles são neces-

---

9. Ver também os capítulos "O problema é a resposta" e "A sabedoria da resistência" em meu livro *De pessoa a pessoa: psicoterapia dialógica.*

sários para que o trabalho terapêutico existencial e dialógico mais profundo ocorra verdadeiramente. O desencontro nessa terapia foi necessário para clarear completamente a desconfiança que ela experienciava com os outros.[10] Foi um desafio procurar uma solução para esse impasse aparentemente insolúvel. A verdadeira questão na vida não é se há desencontros — eles são inevitáveis —, mas o que fazemos com eles.

---

10. Obviamente, experienciei uma desconfiança similar com ela, porém esse não era nosso foco.

3. O DIÁLOGO NA TEORIA E NA GESTALT-TERAPIA*

Lynne Jacobs

Existem duas grandes ênfases usadas para descrever a natureza da relação em qualquer terapia: o *papel* da relação e as *características* da relação. O papel se refere à importância da relação como fator de cura em face de outros fatores, assim como o grau em que a relação *per se* se torna o foco da terapia. As características de uma relação se referem à gama de comportamentos considerados válidos e permissíveis pelo terapeuta e à estrutura da relação paciente-terapeuta.

A relação terapêutica na Gestalt-terapia não é definida com clareza nem é simples de descrever. Entretanto, parece haver um acordo geral sobre as características dessa relação. Em consonância com os valores existenciais, as características incluem uma relação não-hierárquica e uma ênfase no compromisso pleno e genuíno entre paciente e terapeuta.

---

* Este capítulo foi baseado em um artigo (1989) com o mesmo nome e representa meus primeiros pensamentos sobre um tema que ainda está evoluindo. Em um artigo reflexivo e estimulante sobre o conceito de diálogo na Gestalt-terapia, Hycner (1985) pedia por mais debates públicos numa tentativa de elucidar as implicações da filosofia do diálogo de Martin Buber para a teoria e prática da Gestalt. Seu artigo sobre essa questão deu-me o estímulo necessário para contribuir com minha opinião. Ele descreveu de forma simples e clara as premissas básicas da filosofia do diálogo de Buber. Pretendo elaborar neste ensaio conexões entre a filosofia do diálogo e a teoria e prática da Gestalt-terapia.

Sou profundamente grata a Richard Hycner e a Gary Yontef por suas críticas sérias e cuidadosas aos rascunhos do primeiro artigo. A base e a maior parte daquele ensaio foi extraída de minha tese de doutorado "I-Thou relation in gestalt therapy" (1978). Para referências adicionais relacionadas com o assunto, ver também Enright (1975), Friedman (1985a), Hycner (1985), Kempler (1973), Naranjo (1975), Yontef (1975-76), Zinker (1975). O conteúdo do artigo original foi mantido, porém algumas modificações editoriais foram feitas de forma a focalizar os temas com mais clareza para este livro. Foram acrescentados alguns subtítulos e realizadas pequenas alterações no conteúdo.

Infelizmente, deu-se pouca atenção ao *papel* da relação na literatura publicada, apesar de existirem inúmeras opiniões na tradição oral. No passado, havia duas ênfases principais: a mais divulgada, representada por Perls, Hefferline e Goodman, focalizava a *awareness*; e a outra, exemplificada por Isadore From e Erving e Miriam Polster, focalizava o *contato*. Em minha opinião, quando as implicações das expressões-chaves "Eu e Tu, Aqui e Agora" forem totalmente apreendidas, descobriremos que a restauração da *awareness*, da qual falam Perls, Hefferline e Goodman, *só pode ocorrer quando a terapia se desenrola a partir do contexto Eu-Tu*, em que o processo descrito por Buber como diálogo é encorajado e aperfeiçoado.

Eu-Tu e Eu-Isso

No diálogo descrito por Buber, todo viver é encontro. Não há um "Eu" que permaneça só, mas somente o Eu do *Eu-Isso* e o Eu do *Eu-Tu*. Existe uma alternância entre esses dois modos de existência. O modo Eu-Isso é vitalmente necessário para a sobrevivência e o Eu-Tu para a realização da condição de pessoa. Como Buber afirmou, "o ser humano não pode viver sem o Isso. Mas quem quer que viva somente com ele não é humano" (1970, p. 85).

O modo Eu-Isso pode ser considerado o modo do "ego" (Farber, 1966). Ele compreende funções tais como o discernimento, a vontade, a orientação e a reflexão (Farber, 1966) e também uma autoconsciência e uma *awareness* de separação (Friedman, 1976b). É no modo Eu-Isso que uma pessoa organiza sua existência no tempo e no espaço. Significativamente, o mundo do Eu-Isso abarca as idéias e os sentimentos, assim como o esforço que ele ou ela fazem para serem entendidos.

Em contraste com a separação necessária do Eu-Isso, a relação Eu-Tu é integrativa e afirma a pessoa em sua totalidade: "A palavra princípio Eu-Tu somente pode ser dita com a totalidade do ser. A palavra princípio Eu-Isso nunca pode ser dita com a totalidade do ser" (Buber, 1958a, p. 3). A relação Eu-Tu tem as qualidades de proximidade e franqueza, presença e mutualidade (Farber, 1966). É um voltar-se para o outro plenamente, de corpo inteiro, uma entrega ao "entre", com confiança nele. A relação Eu-Tu é considerada "... não como uma dimensão do *self*, mas como a realidade existencial e ontológica na qual o *self* passa a existir e pela qual ele se realiza e se torna autêntico" (Friedman, 1965a, p. xvii).

Quando duas pessoas se rendem ao entre — chamado de *confiança existencial* —, emerge a possibilidade da relação Eu-Tu. Mas será sempre um estado temporário: ambos retornarão necessariamente ao mundo do Eu-Isso. *A existência em um ou outro modo é um processo em movimento na relação dinâmica com o outro modo.* Cada um se alterna como fundo para o outro. A marca do viver saudável e criativo está na busca do equilíbio apropriado entre esses dois modos (Hycner, 1985).

A seguir, descreverei como a filosofia do diálogo de Buber nos dá um contexto para os conceitos de contato, *awareness*, atitude fenomenológica e teoria paradoxal de mudança.

Contato, *Awareness*, Atitude Fenomenológica e Teoria Paradoxal de Mudança

A Relação Eu-Tu e a Teoria do Contato

Essencialmente, a relação Eu-Tu, ou diálogo, pode ser considerada como uma forma específica do processo de contato entre duas pessoas, por meio da qual cada pessoa realiza sua humanidade distinta mais completamente. A humanidade de uma pessoa somente se manifesta numa relação dialógica com os outros: ela surge da *self-awareness* e exige uma característica unicamente humana. Essa forma específica de contato requer a presença de certos *elementos do inter-humano* para que o diálogo ocorra (Buber, 1965b). Esses elementos — presença, comunicação genuína e sem reservas, inclusão e confirmação — serão descritos mais adiante, neste capítulo.

Buber diz que a relação Eu-Tu é vivida tanto na *realidade* como em *latência* (1970, p. 69). Isto é importante porque, apesar de darmos maior valor à experiência *momentânea* da relação Eu-Tu, o termo Eu-Tu se refere tanto a um momento especial como a um processo subjacente. Essa distinção, embora relativamente insignificante para a compreensão do fenômeno e do significado de um encontro Eu-Tu, é de particular importância para a prática da terapia, pois existem muitas terapias sendo conduzidas no modo Eu-Isso com a atitude Eu-Tu no plano de fundo. Assim, enquanto Buber não faz nenhuma distinção entre essas duas formas, assinalo a diferença entre o *momento* Eu-Tu e o *processo* Eu-Tu.

Hycner (1985) prefere o termo *dialógico* para descrever e diferenciar o processo Eu-Tu do momento Eu-Tu. O termo *diálogo* é utilizado tão comumente em nossa língua, que temo pela perda do significado específico de Buber. Porém concordo com sua necessidade em diferenciar os dois empregos do Eu-Tu e sua preferência pela desenfatização do *momento culminante* a favor da discussão do processo em andamento. Utilizarei alternadamente os termos processo Eu-Tu, dialógico e diálogo.

No prefácio do livro *I and Thou* Kaufmann afirma que existem muitas formas de relação Eu-Tu (1970, p. 16). O texto de *I and Thou* de Buber enfoca amplamente o momento mais intenso e sublime do Eu-Tu (Kaufmann, 1970). Contudo, alguns de seus trabalhos posteriores, particularmente sobre educação, dão mais atenção ao *processo* — às variações onde o Isso e o Tu estão mesclados (Buber, 1965a, 1965b). Por exemplo, um professor que deseja o desenvolvimento individualizado de cada aluno, mas para quem os alunos também são um meio de gratificação pessoal, participa de uma relação Eu-Tu. Alguém que pede orientação a outra pessoa com cortesia genuína e proveniente do apreço pela identidade pessoal do outro impregna os meios com a relação Eu-Tu (Kaufmann, 1970). Quando um indivíduo é tratado com total respeito e apreço e também usado como meio para um fim, então provavelmente haverá um encontro Eu-Tu (Kaufmann, 1970).

O Momento Eu-Tu

O momento Eu-Tu é especialmente de encontro ou iluminação em que os participantes se confirmam mutuamente com o ser único que cada um é. Tais momentos ocorrem várias vezes durante um diálogo genuíno e, freqüentemente, são pontos culminantes do processo dialógico. O momento Eu-Tu é o mais intenso, que Polster e Polster (1973) chamam de um episódio de contato. Qualquer experiência de um momento Eu-Tu é uma confirmação da possibilidade de integração e de inteireza, uma confirmação do processo de cura pelo qual podemos restaurar nossa relação com o mundo.

Algumas vezes, esse momento de iluminação ocorre entre terapeuta e paciente quando se envolvem tão abertamente um com o outro que o ser de ambos, em sua essência, é tocado. Em termos gestálticos, um episódio de contato concluído dessa forma é a realização do processo de formação de gestalt dentro do contexto específico que Buber chama de evento inter-humano. Eis exemplo clínico proveniente de minha própria experiência:

A cliente era crítica e argumentativa. Ela alegava estar desesperada por ajuda, mas depreciava meus esforços para compreendê-la e ser-lhe útil. Minha tendência era reagir com uma defensividade inconsciente ao dirigir-me a ela, adotando uma atitude particularmente superior e autoritária. O encontro — o Eu-Tu momentâneo — somente ocorreu depois que percebi que estava na defensiva e decidi prestar mais atenção a isso.

Durante a sessão seguinte, me descobri mais uma vez reagindo defensivamente. Comecei a revelar isso à cliente, mesmo atuando ainda com uma atitude defensiva e autoritária. De repente, percebi que, naquele momento, eu ainda estava me protegendo ao pressioná-la. Animei-me e exclamei: "Veja! Oh, meu Deus, estou fazendo isso agora mesmo! Droga, 'fulana', você é boa demais nisso. Desisto!". Comecei a rir de minhas tentativas absurdas de coagir a cliente. Ela, surpresa, também riu com gosto. Admitiu ser muito boa no que estava fazendo e se deleitar com isso, apesar de sempre sair da terapia sentindo-se amarga e insatisfeita. Disso resultou nossa primeira troca de idéias autenticamente cooperativa. Ambas conquistamos um respeito renovado pelas ansiedades que nos impeliram a estilos defensivos em prejuízo da presença de uma com a outra.

No exemplo acima, o episódio de contato transformou-se num momento Eu-Tu. Isso foi possível porque num instante de *awareness* imediata e espontânea experienciei uma aceitação total do nosso estar-em-situação, ou seja, tanto da minha quanto da defensividade da cliente. Essa aceitação e, em seguida, a disposição da cliente em se mobilizar e responder com *sua* aceitação permitiram à nós duas sermos o que éramos plenamente.

Existe uma outra forma em que o momento Eu-Tu penetra na terapia. Quando o cliente diz "Tu" para o terapeuta, dando-lhe assim liberdade para entrar na relação Eu-Tu. A vertente da Gestalt-terapia que enfatiza o encontro entre terapeuta e cliente estimula tais momentos. Comigo, esses momentos acontecem, freqüentemente, quando estou presa à minha própria defensividade ou frustração e o cliente reconhece isso e aponta para o que está ocorrendo dizendo coisas do tipo "É uma pena que estejamos tão atrapalhados agora. O que podemos fazer?". Recentemente, uma cliente me disse: "Posso distinguir quando você está na defensiva comigo. Você se torna sarcástica. Fiz alguma coisa que a pressionou?". Senti-me aliviada por ser capaz de recuar por um momento. Percebi que me sentira pressionada por suas mensagens conflitantes em relação a mim e estava tentando coagi-la a ser mais direta. Deste modo, não me sentiria tão pressionada.

Conforme Polster e Polster (1973) observaram ao se referirem a episódios de contato, esses momentos "dotam a terapia de substância e drama". São os momentos críticos que unem todo o processo, lhe dão significado e liberam possibilidades para seus participantes.

A noção de Farber de que as "funções de ego" do Eu-Isso fornecem uma base para o momento Eu-tu corresponde à visão da Gestalt-terapia de que as ações dirigidas e intencionais do modo intermediário de contato são importantes para o sucesso da resolução de um episódio de contato (Farber, 1966; Perls *et alii*, 1951, p. 402). Esse uso não faz totalmente justiça ao conceito de Eu-Tu de Buber, pois nem todos os episódios de contato são dialógicos. Estes últimos implicam o "vir a ser" mais intenso de duas pessoas. Episódios de contato que impliquem, digamos, perceber a própria fome e satisfazê-la adequadamente não implicam o desenvolvimento de nossa pessoa e, portanto, não são processos dialógicos. Contudo, as referências ao Eu-Tu podem ser consideradas como uma tentativa de capturar o sabor deste momento particular de contato: "O objetivo vívido é a figura e estar em contato. Toda deliberação é relaxada e há uma ação unificada da percepção, do movimento e do sentimento. A *awareness* está em seu ponto mais vivo na figura do Tu" (Perls *et alii*, 1951, p. 402).

O momento Eu-Tu contém alguns dos horrores do impasse. Há o perigo de morte simbólica. No impasse, isso ocorre quando o indivíduo desiste de sua auto-imagem para contatar seu senso de *self* emergente. No momento Eu-Tu o perigo é que as fronteiras da pessoa se dissolvam permanentemente. *Há* um relaxamento das fronteiras do indivíduo e, algumas vezes, a intensidade do momento parece explosiva. Tanto Buber quanto a Gestalt-terapia sustentam a crença de que se entregar à experiência levará o indivíduo, através da morte simbólica, ao renascimento simbólico (Farber, 1966).

Na Gestalt-terapia, o contato tem as polaridades do isolamento e da confluência. O perigo no encontro é a confluência. O risco de mover-se em direção a um vínculo pleno de contato é ser engolido pela união com o outro. Além do medo de ficar aprisionado na confluência, há o medo de que, terminada a intensidade irresistível do momento, a solidão e o isolamento do indivíduo sejam ainda maiores do que antes. A pessoa que se acomodou na "segurança" do isolamento teme o diálogo como uma ruptura desse estado. Para esse tipo de pessoa,

> A relação Eu-Tu não é um benefício incondicional. Em sua falta de limite, continuidade e ordem ela ameaça ser destrutiva para a vida. Os momentos do Tu são "episódios estranhamente líricos e dramáticos, sedutores e mágicos, mas que nos arrastam a perigosos extremos, desagregando nosso contexto já experimentado, deixando atrás de si mais dúvidas do que satisfação, quebrando a segurança" (Friedman, 1976b, p. 60).

Farber assinala que quanto mais alienado for o indivíduo, menos ele poderá estar bem no Eu-Isso ou no Eu-Tu (1966, p. 148). Quando separado do âmbito do Eu-Tu, o mundo do Eu-Isso fica empobrecido, solitário e tão separado de sua relação dinâmica com o Eu-Tu que não fornece suporte algum para a entrada na relação dialógica. O perigo é de que o momento de graça deixe a pessoa ainda mais profundamente solitária quando ele se for. Farber chama a atenção para o exemplo mais óbvio e doloroso do esquizofrênico, que não tem continuidade e ordem alguma e não pode assimilar o "lírico e o drama" do Eu-Tu. Esses momentos intensos tendem a levar esse tipo de cliente para um recolhimento, isolamento e desespero ainda maiores.

Assim, os dois perigos, do isolamento e da confluência, aguardam em ambos os lados do momento Eu-Tu — o momento do contato mais pleno de um ser com outro. O problema é que o contato não pode tornar-se estático. As fronteiras do *self* e do outro se deslocam e há uma influência mútua que não pode ser prevista. Se uma pessoa perambular muito longe e por tempo demais, ela corre o risco de ficar tão afastada que perderá de vista o caminho de volta. As fronteiras dessa pessoa podem tanto desaparecer no processo de fusão com o outro como podem explodir pela intensidade. Uma pessoa nunca conhece por antecedência o equilíbrio, mas o fato de guiar-se por ele permite que ela viva plenamente no presente e venha a descobrir suas próprias possibilidades.

A importância do contato para a nossa identidade enquanto seres humanos — o que faz com que isso seja ao mesmo tempo tão irresistível e tão complexo — é a maneira como é *diferente* do contatar entre todos os outros organismos. O processo de contato inter-humano é aquele por meio do qual conhecemos a nós mesmos e aos outros, apreendemos nossa existência humana e a dos outros.

Da perspectiva de Buber, o contato adquire importância não apenas para a auto-regulação organísmica, mas também para nossa existência especificamente humana.

Todos os indivíduos têm um anseio de crescimento. Na Gestalt-terapia isso é descrito sob a orientação do holismo, como uma *tendência de fechamento* sempre que se formam as *gestalten*. Quando um episódio de contato é iniciado, o indivíduo é motivado a terminá-lo de modo que produza mais crescimento, consideradas as condições atuais do campo organismo-ambiente (Perls *et alii*, 1951).

Penso que *esse mesmo princípio motiva o indivíduo em direção ao diálogo*. O contato que ocorre dentro da relação dialógica envolve uma parte maior do ser da pessoa do que qualquer outro tipo de contato. O momento Eu-Tu é aquele no qual estamos totalmente absorvidos pela outra pessoa, o que de forma paradoxal nos coloca profundamente em contato com nossa *humanidade*, com o conhecimento do *ser*. Neste momento, o significado da existência humana é revelado.

O Processo Eu-Tu

O diálogo estabelece a importância ontológica do contato. O contato é o meio pelo qual nos nutrimos, pelo qual compreendemos, nos orientamos e atendemos às nossas necessidades. *Mas, sob a luz do Eu-Tu, o contato se situa no centro ôntico do desenvolvimento único, psicológico e espiritual de nossa existência humana*. Buber enfatizou muitas e muitas vezes que somente por meio da relação dialógica podemos conhecer os aspectos unicamente humanos de nosso *self* (Friedman, 1976a), e que este diálogo genuíno entre pessoas é fundamental para a realização do potencial pleno da pessoa (Friedman, 1976b, p. 61).

Creio que muitos Gestalt-terapeutas trabalham a partir de uma apreciação do significado ôntico do contato e, de fato, a maior parte da literatura clínica a esse respeito (em oposição à teórica) focaliza-o *como ocorrendo entre pessoas* (Latner, 1973; Polster e Polster, 1973-76). Comparem a seguinte citação de Polster e Polster com a afirmação de Buber de que o "momento" de encontro no processo dialógico é "ontologicamente completo" em simultaneidade com o conhecer e ser conhecido pelo outro e que, em tal momento, são liberadas as "possibilidades mais profundas" de uma pessoa (1965b, p. 71):

> O contato não é apenas um estar juntos ou uma associação. Só pode ocorrer entre seres separados, requer sempre independência e implica o risco de aprisionamento dentro da união. No momento de união, o sentido mais pleno de uma pessoa sobre si mesma é arrebatado para uma nova criação. Não existe mais somente eu, mas eu e tu formamos o "nós". Apesar de eu e tu formarmos um "nós" apenas

no nome, é por meio dessa nomeação que arriscamos a dissolução tanto do eu quanto do tu. A menos que eu tenha experiência em conhecer o contato pleno, quando te encontro com os olhos e com o corpo inteiro, em plenitude de espírito, é possível que você se torne irresistível e absorvente. Ao contatá-lo, arrisco minha existência independente, mas somente por meio da função do contato a realização de identidades pode se desenvolver completamente (Polster e Polster, 1973, p. 99).[1]

O diálogo descrito por Buber é também um processo transcendental. Assim, quando o contato se realiza sob a forma de diálogo, o processo, por si só, se desenvolve, se desdobra e evolui. Para Buber, esse desenvolvimento em direção a regiões mais elevadas da existência era um produto de sua confiança básica e profunda na esfera do "entre". Ele acreditava na relação dialógica quando esta se desenvolvia e se aprofundava. Na linguagem usada pela teoria da Gestalt-terapia, à medida que o processo de contato desabrocha, a pessoa precisa acreditar nas suas "soluções que estão por vir", se o processo de contato se resolve bem por si só. Em ambos os casos há mais uma entrega ao momento em formação do que uma tentativa de controlar o que acontecerá em seguida. Quando o episódio de contato é um evento inter-humano, a confiança nas soluções que estão por vir traduz uma confiança no entre. O contato com outra pessoa implica travar um diálogo sem controlar a outra parte do diálogo.

Em suma, na teoria da gestalt a importância ôntica do contato é salientada por alguns autores, como por exemplo os Polster. Buber enfatiza ainda mais que a forma específica de contato — o diálogo — torna-se a base para a auto-realização. No ponto de vista de Buber, o contato se situa no centro do desenvolvimento, do psicológico ao espiritual. Para os seres humanos, a *raison d'être* do contato é que este leva a pessoa a passar da mera sobrevivência para o âmbito da humanidade.

A Atitude Fenomenológica

Buber diz que a relação dialógica unifica a alma do indivíduo, tornando-o inteiro* (Friedman, 1976b, p. 97), ao passo que para a Gestalt-terapia, a inteireza provém da *awareness* (Latner, 1973, p. 55). Na verdade, Perls, Hefferline e Goodman enfatizam o contato com a *awareness* como um subconjunto; porém para muitos praticantes da Gestalt, a *awareness* se tornou o

---

1. Tanto Erving quanto Miriam Polster são amplamente considerados pela sensibilidade dialógica que carregam para o seu trabalho clínico. Em seus textos eles se referem ao "contato" para descrever a relação existencial entre terapeuta-cliente. De fato, parte do interesse pelo diálogo na Gestalt-terapia surgiu, provável e diretamente, da influência deixada por eles em seu livro *Gestalt therapy integrated* (1973), o qual trata extensivamente das questões de contato. Curiosamente, num artigo posterior (1976), tratam somente do contato; a consciência não é sequer mencionada.

* *Whole* no original. Também significa integral, completo, são, sadio. (N. do T.)

foco central enquanto o contato permaneceu em segundo plano. Para mim, as três posições estão intimamente ligadas. Quando se considera a abordagem fenomenológica da *awareness* na Gestalt-terapia, tanto *o contato, como a* awareness *e o diálogo se tornam aspectos compatíveis de um todo único.* Hycner (1985) acredita que uma Gestalt-terapia dialógica não adotaria a *awareness* como objetivo, mas sim a restauração do diálogo pleno. Contudo, ele também reconhece que não podemos *visar* o diálogo *como alvo.* Concordo com ele. De fato, ter como objetivo da terapia a restauração do diálogo vai contra a postura dialógica, em que o paciente é o único que pode escolher sua existência. Espero demonstrar que o enfoque no diálogo não muda a ênfase da Gestalt-terapia na *awareness* como objetivo da terapia, *quando as implicações ônticas da awareness são completamente compreendidas.* O processo de *awareness* postulado pela Gestalt-terapia é um "voltar-se para" a existência de corpo inteiro, o que implicitamente é uma precondição ao diálogo.

Para Perls, "o critério de um tratamento bem-sucedido é a obtenção daquela quantidade de integração que facilite seu desenvolvimento ulterior" (citado em Stephenson, 1975, p. 53). Yontef define a *awareness* integrativa na Gestalt-terapia como "o processo de estar em contato vigilante com o elemento mais importante no campo indivíduo/meio ambiente, com total suporte sensório-motor, emocional, cognitivo e energético" (1976, p. 67). A *awareness* permite que o indivíduo responda a uma situação de forma apropriada às suas necessidades e às possibilidades da situação. A *awareness* é integrativa. Quando alguém está *consciente*, não aliena aspectos de sua existência; ele é inteiro" (Yontef, 1976, p. 67).

Para viver essa integração ou inteireza, uma pessoa não deve julgar seu processo de experiência nem desprezar ou alienar aspectos de si mesma. A abordagem fenomenológica na Gestalt-terapia fornece a disciplina para esse tipo de *awareness* (Yontef, 1976). Na abordagem fenomenológica, terapeutas e clientes suspendem ou colocam de lado seus preconceitos sobre que tipo de experiências são relevantes e permitem que seus sentidos processem e descubram o que quer que seja revelado pelo *self* e pela situação (Yontef, 1976).

Essa atitude fenomenológica implica aceitação. Clientes que aceitam a si próprios não terão necessidade de julgar ou condenar sua experiência. Na relação terapêutica a aceitação do terapeuta parece abrir a possibilidade de auto-aceitação do cliente, e isso lhe permite aprofundar sua própria *awareness.* "Nossos movimentos mais íntimos e profundos de auto-apreciação, amor-próprio e autoconhecimento vêm à tona na presença daquela pessoa que experienciamos como sendo totalmente acolhedora" (Zinker, 1975, p. 60). A partir da postura da atitude fenomenológica, o indivíduo se desloca no *continuum* de *awareness* para o momento de integração, assim como a experiência do Eu-Isso pode se converter no momento Eu-Tu.

Polster e Polster descrevem muito bem a crença dos Gestalt-terapeutas, de que a integração deriva do processo de seguir o *continuum* de *awareness* tanto do terapeuta quanto do cliente:

Quando o terapeuta está absorto no que está ocorrendo no presente e chama a atenção do cliente para a experiência atual, é iniciado um processo ressuscitador que traz vivacidade a eventos muito simples...

A ampliação da experiência emerge organicamente quando prestamos atenção àquilo que realmente está acontecendo. Um dos grandes reconhecimentos da Gestalt-terapia é que estar atento à própria experiência pessoal, de momento a momento, mobiliza o indivíduo no sentido de um crescimento da sensação e de uma urgência para a expressão pessoal. Enquanto esse momento ganha maior amplitude de um instante a outro, ele impele a pessoa a dizer ou fazer aquilo que ela precisa. Essa progressão leva ao fechamento, à completude de uma unidade de experiência. Com o fechamento vem um sentido de clareza, assim como uma absorção de acontecimentos novos sem a preocupação que as situações inacabadas suscitam (1976, p. 260).

Quando a *awareness* de uma pessoa evolui a partir do embasamento da atitude fenomenológica, as características do processo dialógico estão presentes. A *awareness* é mutável e transcende a si mesma (Yontef, 1976), da mesma forma que o processo dialógico. O mais importante no processo de "pôr entre parênteses" é que a pessoa, ao colocar seus conceitos entre ela e a situação, permite que ocorram a franqueza e a mutualidade inerentes ao diálogo. A situação, seja ela como for, afetará a pessoa. E, no final, a pessoa inteira estará envolvida e plenamente presente. Assim, poderíamos argumentar que a *awareness* plena, validada pela Gestalt-terapia, é uma expressão da relação dialógica.

A Teoria Paradoxal da Mudança

Não se exige a aceitação da atitude fenomenológica somente do cliente. A fim de promover a *awareness* do cliente, o terapeuta também precisa compartilhar da atitude fenomenológica. A sugestão de Beisser (1970), quanto à postura do terapeuta no "paradoxo da mudança", implica a aceitação inerente à atitude fenomenológica. Beisser afirma que o terapeuta deve aceitar e permanecer com o cliente onde ele estiver. Ele expressa a crença de que se a pessoa investir em si mesma plenamente na forma em que estiver, então ela poderá mudar, porque *todo viver é um processo*. Polster e Polster (1976) afirmam que um Gestalt-terapeuta acredita em dois axiomas: *o que é, é*; e *um momento resulta no próximo*. A aceitação do que Buber descreve na relação Eu-Tu — "o reconhecimento" — inclui essa crença no processo.

A apreensão verdadeira da atitude dialógica defendida por Buber proporciona uma base para o terapeuta que deseja atuar de acordo com o paradigma de Beisser. Se os terapeutas trabalharem a partir da perspectiva do Eu-Tu, eles não terão o desejo de "mudar" o cliente, mas somente de compreender sua existência e *encontrá-lo*. Não serão seduzidos a se tornarem agentes coercitivos confrontando um cliente indefeso. Estarão livres para estar simplesmente com o cliente como uma-pessoa-em-conflito. O diálogo proporciona suporte ao terapeuta, para seguir o paradigma de Beisser da teoria paradoxal da mudança.

Em suma, a mudança ocorre com a *awareness* suportiva do que é. A *awareness* se desenvolve quando a pessoa investe na experiência atual, sem exigências para mudá-la e sem julgamentos de que não deveria ser o que é. A aceitação da relação Eu-Tu permite um aprofundamento do processo de *awareness* e é, por si só, a concretização do pré-requisito para a mudança — a aceitação daquilo que é. Deste modo, *awareness* e relação Eu-Tu estão integralmente relacionadas.

O Diálogo no Processo Terapêutico

Eu havia sugerido que os processos básicos de contato e de *awareness* são precondições para o diálogo e que este é uma forma específica do processo de contato relacionado à iluminação do vir-a-ser inter-humano. A relação dialógica serve como modelo interpessoal da abordagem fenomenológica da *awareness* valorizada pela Gestalt-terapia. Devo agora tentar integrar essas implicações à prática da Gestalt-terapia, discutindo a relação dialógica (processo Eu-Tu) e a atitude dialógica (atitude Eu-Tu) nessa prática.

A Relação Dialógica

Buber afirma que para que o diálogo ocorra, certos "elementos do inter-humano" devem estar presentes (Buber, 1965b). Os elementos do que Buber chama de "diálogo genuíno" (o *processo* Eu-Tu) são: 1) a presença, 2) uma comunicação genuína e sem reservas e 3) a inclusão. Na terapia, essas condições se tornam pré-requisitos para a relação dialógica terapeuta/cliente. Cada elemento será discutido a seguir, em termos de sua aplicação na Gestalt-terapia.

Presença

O elemento básico e o mais difícil é a *presença*, em oposição ao "parecer". Uma pessoa está presente quando não tenta influenciar a outra a vê-la somente de acordo com sua auto-imagem. Embora nenhum de nós esteja livre da falsa aparência — o desejo de ser visto de um certo modo —, a presença deve predominar no diálogo genuíno. Por exemplo: o terapeuta deve desistir, entre outras coisas, do desejo de ser validado como um "bom terapeuta" pelo cliente.

77

Quando um terapeuta "cura" *primordialmente* para ser apreciado como aquele que cura, o processo dialógico é interrompido. O outro se torna um objeto, somente um meio. A paixão de curar do terapeuta precisa ser "desinvestida" — não deve ocorrer apenas para satisfazer suas necessidades de determinada auto-imagem.

A presença não está sujeita a leis. Entretanto, a resistência a ela pode ser examinada. Buber e a Gestalt-terapia valorizam a autenticidade e encorajam terapeuta e cliente a estarem em contato com a condição de pessoa um do outro.

> Numa terapia em que o contato é visto como o órgão essencial da personalidade, a condição de pessoa do terapeuta detém importância fundamental na criação de uma mudança comportamental... O que é mais crucial do que [uma lista] das características desejáveis é o fato inevitável de que (designações sociais à parte) o terapeuta é, apesar de tudo, um ser humano. Enquanto ser humano, ele ou ela nos afeta (Polster e Polster, 1976, pp. 267-8).

Se a "aparência" predominar mais do que a presença, então só será possível um contato de má qualidade. Quando a presença é difícil, muitos Gestalt-terapeutas investigam demoradamente quais são as dificuldades de forma a melhorar a habilidade de estar presente. Por exemplo, quando me torno defensiva, assumo uma postura de superioridade, autoprotetora. Minha terapia melhorou muito depois que aprendi a reconhecer, com antecedência, meus sentimentos defensivos. No mínimo, posso fazer contato com meu cliente a respeito desta questão.

A presença implica trazer para a interação a plenitude de nós mesmos. Os terapeutas devem estar dispostos a permitir que os clientes os comovam e mobilizem. O Gestalt-terapeuta também tende a usar a gama completa de emoções e comportamentos disponíveis. Tanto o contato visual como o toque físico e o movimento falam a respeito da presença de uma pessoa.

Estar presente também significa estar disposto a ser potente e impotente. O terapeuta pode ter uma poderosa influência de cura. Em momentos cruciais, sua atitude amorosa parece proporcionar ao cliente uma experiência de receber uma graça. Em última instância, contudo, o terapeuta é impotente para *mudar* o cliente e, às vezes, o sofrimento de querer que a vida do cliente melhore, mas sendo impotente para fazê-lo, é sentido intensamente. O terapeuta presente também traz essa dor para o encontro.

Comunicação Genuína e sem Reservas

Um corolário desse princípio da presença é o requisito de que a participação da pessoa no diálogo seja genuína e sem reservas. Por "sem reservas" Buber não quer dizer que tudo que ocorra com alguém deva ser dito. Palavras ditas impulsivamente, mas não relevantes para a tarefa à mão, podem obscurecer o diálogo genuíno. O que precisa ser "sem reservas" é a disposição de se envolver honestamente; dizer o que acredita que servirá para criar condições para o diálogo ou para promover o diálogo em andamento, mesmo temendo a forma como isso será recebido.

Uma comunicação sem reservas não exclui o silêncio. O silêncio, entretanto, deve ser um responder genuíno e não estar baseado na proteção de si mesmo ou do outro, da auto-expressão. A pessoa deve assumir responsabilidade pela expressão franca daquilo que ocorre com ela no processo do diálogo.

Na Gestalt-terapia a comunicação franca, que se origina da presença autêntica do terapeuta, amolda-se às circunstâncias especiais da relação terapêutica. A necessidade de comunicação sem reservas não é uma licença para o comportamento impulsivo; as comunicações precisam ser relevantes à tarefa à mão. Como exemplo, Laura Perls e Walter Kempler discordam bastante quanto ao valor que cada um atribui ao encontro existencial na terapia; contudo, ambos concordam que uma *comunicação franca deva estar vinculada à tarefa da terapia*. Ela afirma:

> Compartilho verbalmente apenas o tanto de minha *awareness* que possibilitará ao cliente dar o próximo passo em sua *awareness* por conta própria e fornecer-lhe suporte para arriscar-se no contexto de sua efetiva disfunção presente... Descreverei para o cliente alguns problemas e experiências de minha própria vida ou de outros clientes, se espero que isso dê suporte a este cliente em particular, no sentido de uma percepção mais completa de sua própria posição e potencialidades. Em outras palavras, somente se isso o ajudar a dar o próximo passo (Laura Perls, 1970, p. 127).

A auto-expressão descrita por Laura Perls é uma forma de compartilhar conteúdos de vida, um relato a respeito da vida do terapeuta como pessoa. Kempler emprega uma outra forma de auto-expressão, talvez mais imediata. Ele freqüentemente responde com uma reação direta, baseada em como está se sentindo em relação ao cliente no momento. Ele e outros se referem a isso como um "encontro existencial". Ele valoriza a espontaneidade e a proximidade da interação, mas também dentro do contexto da tarefa:

> Tampouco a auto-expressão plena significa dizer tudo o que vem à cabeça do terapeuta. A expressão pessoal plena não está livre de críticas. O terapeuta é instado a dizer tudo o que vem à sua mente, *que ele espera que seja valioso ou que iria diminuir sua habilidade de participar caso ele o guardasse* (Kempler, 1973, p. 271, grifos da autora.)

A última parte da afirmação de Kempler é crucial: Os terapeutas devem dizer tudo aquilo que poderia diminuir sua participação, caso tivessem de ser guardados. Os terapeutas não podem saber sempre quando sua expressão permitirá ao paciente dar o próximo passo. Porém, eles *podem* saber o que precisam fazer para permanecer disponíveis para o contato. Esta é uma responsabilidade de qualquer pessoa que deseje se engajar num diálogo genuíno ou de qualquer um que ouse considerar o outro como um Tu.

A afirmação de Kempler também é um aviso contra os abusos da auto-revelação que têm se mostrado comuns na prática da Gestalt-terapia. Os terapeutas freqüentemente, tendem, dizer o que lhes vem à mente, presumindo que sua corrente de associações deva ter algo a ver com o que está transpirando e, por isso, deve ser importante. Mesmo que só perifericamente, o que acontece com uma pessoa está vinculado ao que está ocorrendo, mas *sua expressão pode ou não promover o diálogo* ou a tarefa terapêutica. A auto-revelação resultante do servir à tarefa terapêutica — pela promoção do diálogo (como diria Buber) ou pela permissão do próximo passo na *awareness* (como diria Laura Perls) — abre caminho para o aprofundamento da experiência dos participantes.

Com a "presença" e com uma comunicação genuína e sem reservas, o papel do terapeuta alcança grande amplitude, limitado apenas pela criatividade e estilo pessoais e pela própria tarefa terapêutica. Os Gestalt-terapeutas não estão confinados a uma gama limitada de respostas, de modo que uma transferência possa se desenvolver como nas terapias psicodinâmicas mais tradicionais. Têm liberdade para rir e chorar, para dançar, berrar ou sentar-se quietos. São livres para estarem plenamente presentes com o cliente, de maneira adequada a seus estilos, para estarem a serviço da relação dialógica, para refletirem o clima do momento e para promoverem a tarefa terapêutica.

A Gestalt-terapia espera que o terapeuta influencie o cliente ao estar presente e ao comunicar-se de forma genuína. A arte está em *equilibrar a presença do terapeuta em relação às necessidades do cliente*. Afastar-se é tão antiético para a "cura através do encontro" quanto tornar-se dominador (Perls, 1973, p. 105). Em algum ponto da interação entre cliente e terapeuta, mesmo nas terapias mais tradicionais, é exigido do terapeuta:

> Sair de sua superioridade profissional protegida para a situação elementar entre aquele que chama e aquele que é chamado. O abismo no cliente invoca o abismo, o *self* real e desprotegido do médico, e não a segurança de desempenho deste, que funciona confiavelmente. O analista retorna deste paradoxo... como alguém a quem se revelou a necessidade de um encontro pessoal genuíno entre aquele que precisa de ajuda e aquele que ajuda (Friedman, 1976b, p. 190).

Este paradoxo — a cura por meio do encontro — expõe o que possivelmente não esteja curado no *self*. É apenas um dos muitos paradoxos da terapia, porém é especialmente dominado pela ansiedade, tanto para o terapeuta quanto para o cliente. Ele é também crucial em um encontro que cura de maneira dialógica genuína.

Inclusão

Buber define a "inclusão" na terapia desta forma: "o terapeuta deve sentir o outro lado, o lado do paciente na relação, como um toque corporal, para saber como o paciente a sente" (1967, p. 173). Trata-se de imaginar concretamente a realidade do outro em si mesmo, ao mesmo tempo em que mantemos nossa própria identidade. No momento Eu-Tu, o processo subjacente cresce e atinge o momento máximo, que:

> [...] é ontologicamente completo apenas quando o outro sabe que o faço presente em seu *self* e quando esse conhecimento induz seu processo mais íntimo de vir a ser. Pois o crescimento íntimo do *self* não é alcançado, como gostam de supor as pessoas nos dias de hoje, na relação do homem consigo próprio, mas na relação de um com o outro, entre homens. Isso acontece, de forma destacada, na mutualidade do fazer-se presente — no tornar presente um outro *self* e pelo conhecimento de que nos tornamos presentes em nosso próprio *self* pelo outro — junto com a mutualidade da aceitação, da afirmação e da confirmação (Buber, 1965b, p. 71).

Tanto Buber quanto Friedman acreditavam que Carl Rogers tenha exemplificado a prática da inclusão em sua abordagem terapêutica (Buber, 1965b; Friedman, 1967). Em um diálogo público com Buber, Rogers descreveu o que se poderia chamar de inclusão: "Penso que naqueles momentos sou capaz de sentir com bastante clareza o modo como sua experiência lhe parece, observando-a realmente de dentro dele, mas sem perder minha própria condição de pessoa ou minha separação" (citado em Buber, 1965b, p. 170).

Tanto Buber quanto Rogers parecem concentrar-se *no que* o cliente está experienciando, enquanto a Gestalt-terapia tende a focalizar o *processo de experienciar* ou em *como* o cliente está experienciando. Acredito que essa diferença se derive da ênfase da Gestalt-terapia no processo de *awareness*. A Gestalt-terapia tem, o que nem Buber ou Rogers tinham, uma tecnologia para incrementar a *awareness*. A suposição é de que os clientes possam aprender muito com *o que* estão experienciando, se puderem aprender *como* experienciam e *como* interferem em sua própria experiência. Erving Polster descreve essa ênfase:

> O primeiro passo, portanto, é o próprio terapeuta entrar em contato com o paciente num encontro face a face, no qual a autenticidade de expressão e de comunicação são primordiais. A função psicológica básica implícita é que o indivíduo encontre a alteridade por meio de seus sentidos e suas atitudes, de forma semelhante àquela como essa função é vista nos textos de Buber sobre a interação Eu-Tu. O segundo passo é o terapeuta ser autêntico; embora dificilmente só isso baste. O paciente está realmente se comportando autodefensivamente e o terapeuta deve dar atenção específica aos modos característicos pelos quais se levantam obstáculos ao contato (Citado em Stephenson, 1975, pp. 156-7).

Penso que Buber pendia mais para o lado da inclusão. Ele fez declarações ocasionais no sentido de que um terapeuta não poderia atuar sem técnicas (Buber, 1967, p. 164) ou sem prestar atenção à estrutura defensiva do paciente (Friedman, 1976b, p. 90), mas na verdade não parecia valorizar os aspectos técnicos do processo de cura. Sua atenção principal estava "na cura através do encontro" (Friedman, 1976a). Para ele, o fundamento necessário para o encontro é a inclusão.

Porém a capacidade para o diálogo e seus efeitos de cura são inacessíveis ao cliente cujas estruturas defensivas o proíbem de entrar no diálogo (Friedman, 1976a). Ainda que seja considerado um ponto de partida absolutamente necessário, a *prática da inclusão talvez não seja suficiente*. Os pacientes podem ser auxiliados em seus esforços para travar um diálogo por meio do aumento da *awareness* de suas estruturas defensivas.

Por outro lado, também penso que a Gestalt-terapia se *incline mais para o lado da atenção ao processo de awareness*. A experiência de "tornar-se presente" ou ser incluído aos olhos de outro possui um potencial de cura poderoso em si mesmo. Tenho percebido, ao longo dos anos, uma mudança na prática dos Gestalt-terapeutas em relação à inclusão. Tem havido um aumento da valorização do evento interpessoal da inclusão como ponto de partida para o diálogo na terapia. Este é também um evento que pode contribuir eficientemente na restauração de um processo de auto-regulação desequilibrado.

Buber diz que o terapeuta: "Deve situar-se não somente em seu próprio pólo do relacionamento bipolar, mas também no outro pólo, experienciando os efeitos de suas próprias atitudes" (1970, p. 179). Esta parte da inclusão é bem respeitada na Gestalt-terapia. Em seus últimos anos, Perls escreveu:

> Se o terapeuta se retrai na empatia, privará o campo de seu instrumento principal, sua intuição e sensibilidade no processo em andamento do paciente... Ele deve ter uma *awareness* relacional da situação como um todo, deve ter contato com o campo total — tanto de suas próprias necessidades e reações às manipulações do paciente quanto das necessidades do paciente e de suas reações ao terapeuta. E ele precisa sentir-se livre para expressá-las (1973, p. 105).

Os Gestalt-terapeutas tendem a estar altamente sintonizados com os efeitos de suas próprias atitudes com seus pacientes e a responder a isso sensivelmente. Isto é particularmente verdadeiro para aqueles terapeutas que enfatizam o contato. Contudo, mesmo esses terapeutas tendem a negligenciar a outra parte da inclusão: *a disponibilidade para entrar no mundo fenomenológico do paciente* (Erving Polster, comunicação pessoal). Cito um exemplo tirado de minha própria experiência como paciente:

> Um dia eu estava pintando uma imagem triste da humanidade e especialmente de mim mesma. Sentia que qualquer impulso ou ação "decente" era uma fraude e uma mentira, porque eu também tinha sido "indecente" e isso expunha meu *self* ver-

dadeiro. Meu terapeuta tentou demonstrar-me como o meu processo de pensar e avaliar estava confuso, "duplamente vinculado". Finalmente, eu lhe disse: "Olhe!, quero apenas ser escutada. Quero que você pratique a inclusão". (Ele também estava lendo Buber naquele tempo.) Eu estava frustrada e desesperada. Meu terapeuta começou a escutar, porém sem entusiasmo. Reclamei que ele não estava realmente escutando e ele desabafou: "Eu não quero realmente praticar a inclusão". Seus olhos se encheram de lágrimas ao dizer-me: "É uma experiência muito triste e atormentada". Ver essas lágrimas e saber que ele tinha experimentado alguma coisa de minha existência presente causou em mim uma sensível mudança de experiência. Senti-me momentaneamente em paz e inteira e fui capaz de abandonar a imagem triste e seguir adiante.

A prática da inclusão, neste caso, foi como um toque curativo.

Não advogo que a Gestalt-terapia se reoriente por completo, focalizando-se totalmente na inclusão, mas realmente acredito que a atenção e a prática maiores da inclusão seriam de grande auxílio. Penso que a falta de inclusão espontânea seja uma interrupção da relação dialógica e somente a atenção à inclusão pode restabelecê-la neste caso.

O Paradoxo da Inclusão, Confirmação e Confronto

No diálogo há um *insight* especial ou uma iluminação na confirmação personalizada que é experienciada por um *self* por meio de outro. A confirmação significa que a pessoa é apreendida e reconhecida em todo o seu ser (Buber, 1965b). O ato da confirmação requer que a pessoa entre no mundo fenomenológico da outra pessoa sem julgamentos e, ao mesmo tempo, permaneça com seu próprio ser.

Uma palavra precisa ser dita a respeito da relação entre a inclusão e a confirmação, de um lado, o confronto e a frustração que freqüentemente fazem parte do processo de Gestalt-terapia, de outro. Buber dizia que o confronto não é antagônico à relação dialógica e que, de fato, algumas vezes, a relação precisa de confronto (Buber, 1965a). Porém, algumas de suas idéias sobre o confronto se originam de uma visão da natureza humana com raízes na psicanálise tradicional e que divergem da visão da Gestalt-terapia de auto-regulação organísmica. Impregnado pelo Velho Testamento, ele tinha uma visão polarizada do bem e do mal que não se adequa satisfatoriamente à Gestalt-terapia (Hycner, comunicação pessoal). Contudo, sua visão da relação dinâmica entre o bem e o mal parece ter sido influenciada pela teoria tradicional da psicanálise, com a qual estava bastante familiarizado. Buber fala da necessidade de se batalhar com as defesas do paciente, como se estas fossem *apenas* meros impedimentos ao diálogo, da forma já descrita acima. Sob a perspectiva privilegiada do holismo, é melhor considerar as defesas como tentativas de forjar qualquer tipo de relacionamento em condições de campo difíceis. As defesas fazem parte do todo, são aspectos do sistema de auto-regulação do paciente a serem contatados e revitalizados e não jogados fora.

Acredito que essa mesma diferença de visão da natureza humana possa ter levado Buber e Friedman a distinguir tão firmemente entre *aceitação* e *confirmação*. Friedman insiste na diferença entre mera aceitação e confirmação: a confirmação enfatiza que o cliente está sendo afirmado *pelo que poderá vir a ser*, mesmo que em seu estado atual assuma inumeráveis comportamentos defensivos e desvitalizantes.

> Tudo se modifica no verdadeiro encontro. A confirmação pode ser mal compreendida e vista como estática. Encontro-me com o outro — eu o aceito e o confirmo do jeito que ele é agora. Porém, confirmar uma pessoa como ela é constitui apenas o primeiro passo. A confirmação não significa que eu tome sua aparência neste momento como sendo a pessoa que quero confirmar. Preciso considerar a pessoa em sua existência dinâmica, em sua potencialidade específica. Encontra-se oculto no presente o que pode vir a ser (Friedman, 1985a, p. 135).

Friedman afirma, posteriormente, que Rogers e Buber discordavam a respeito da difereça entre aceitação e confirmação. Rogers igualava as duas, dizendo que quando o indivíduo se sente aceito e, por meios disso, diminui suas barreiras defensivas, "os processos de vida para o crescimento assumem o comando. É precisamente esse pressuposto — de que os processos de vida sempre caminharão para o crescimento — que Buber questiona" (Friedman, 1985a, p. 135).

Acredito, a esse respeito, que a Gestalt-terapia se encontre mais perto de Rogers do que de Buber. Não há necessidade de apelar para o inefável "vir a ser futuro" do paciente. Quando você o encontra genuinamente, agora, está encontrando alguém que está vivendo e mudando.

De qualquer forma, os Gestalt-terapeutas tendem, *realmente*, a confrontar e a frustar aqueles comportamentos que impedem o paciente de experienciar o momento presente. Porém, quando o terapeuta entra no mundo do paciente tão plenamente como requer o ato de inclusão, tanto o estilo como a atitude do confronto são afetados. Por exemplo, a noção antiga de "pegar a pessoa numa armadilha"* deve ser posta de lado. Essa era uma idéia pejorativa, originada muito provavelmente da frustração do terapeuta. Quando o terapeuta pode olhar o mundo *a partir da perspectiva do paciente*, não haverá tanta manipulação quanto *conflito entre desejo e medo*.

Os pacientes usam comportamentos manipulativos quando não acreditam em seus próprios processos de auto-regulação. Contudo, manipulação é um termo que surge quando os terapeutas focalizam o modo como o comportamento do paciente os está impactando. Esse comportamento poderia ser

---

* A expressão utilizada pela autora foi *bear trapping*. (N. do T.)

descrito como *uma tentativa assustada de conseguir a satisfação de uma necessidade*, quando visto da perspectiva do paciente. Ambos os pontos de vista são válidos. Ao praticarem a inclusão — entrando no mundo do cliente — os terapeutas podem se descobrir comentando sobre o dilema necessidade/medo que está sendo desempenhado, em vez de confrontar o comportamento em si. Ou a confrontação será plena de aceitação compreensiva obtida pela prática da inclusão.

Para mim, a noção de inclusão tornou-me menos confrontativa do que antes, a despeito da insistência de Buber de que a confirmação que emerge da inclusão requer, algumas vezes, a realização de batalhas com o paciente. Sua crença na necessidade de batalhas está baseada, acredito eu, em sua visão errônea da natureza humana.

Às vezes, praticar a inclusão e ao mesmo tempo confrontar exige paciência e confiança na elasticidade das fronteiras do próprio terapeuta. Talvez eu não goste do que o paciente está fazendo. Posso até ficar zangada. Mas tento guardar esses sentimentos no pano de fundo da *atitude dialógica global* que estou mantendo. Muitas vezes, essa atitude dialógica não é comunicada em palavras. Ela se desenvolve com o tempo e é mantida mais freqüentemente pelo comportamento não-verbal ou pelo tom de voz, do que por qualquer palavra dita. Em algumas ocasiões recentes, quando eu confrontava os pacientes, podia sentir realmente minha habilidade de estar com eles na minha raiva e ainda assim estar aberta e receptiva. A vibração nesses encontros foi extraordinária, muito diferente de outras vezes em que coloquei limites por causa de minhas próprias frustrações, ficando psicologicamente isolada das experiências dos pacientes e querendo que fizessem algo para que eu me sentisse melhor.

A Atitude Dialógica

Buber sustenta que a atitude dialógica é necessária para qualquer um que pretenda se tornar educador ou terapeuta (1970). A atitude dialógica do terapeuta é diferente da relação dialógica de amizade e é aquela assumida pelo professor ou pelo terapeuta que está voluntariamente empenhado no desenvolvimento do aprendizado de outro indivíduo. Enquanto a amizade é definida pela confirmação total mútua, a *atitude* dialógica do terapeuta pode ser assumida independentemente das inclinações do paciente.

Quando ambas as pessoas adotam uma atitude dialógica, então a relação dialógica mútua pode ocorrer plenamente; mas podemos apreciar outra pessoa no diálogo sem mutualidade. Uma pessoa, o terapeuta, pode estar presente e "imaginar a realidade" da outra. *Essa é a atitude dialógica*. Ela é uma expressão do estado latente do Eu-Tu. Assim, a fase Eu-Isso, dentro do contexto da atitude dialógica, está embutida no processo que permite a possibilidade do momento Eu-Tu entre duas pessoas.

Buber concorda com a maior parte da literatura psicoterápica de que a posição do psicoterapeuta é paradoxal. Um terapeuta deve "viver em confronto e ainda assim estar afastado": a responsabilidade do terapeuta é encontrar genuinamente a outra pessoa — porque é no encontro que a cura ocorre — e ainda assim o terapeuta não pode tentar coagir ou exigir tal encontro sem violar a base do próprio encontro. O terapeuta não pode exigir que o cliente mude.

Para Buber, a terapia é um processo de mudança, mas o terapeuta sempre confirma primeiro a existência do indivíduo como *ele é*. Acredito que a posição da Gestalt-terapia seja ainda mais radical. Se o terapeuta está somente *iniciando* de onde o paciente está, num esforço para removê-lo dessa posição, então o terapeuta não o está confirmando realmente. O paciente não é um Tu e a afirmação de sua potencialidade não pode ser liberada.

Quando a visão que o terapeuta tem do paciente se desloca do Eu-Isso para o Eu-Tu, o paradoxo se torna irrelevante e há somente a comunicação genuína do momento. Na Gestalt-terapia os terapeutas mantêm uma atitude dialógica que lhes possibilita tentar desenvolver esta relação tanto quanto as condições o permitirem. Trata-se de *uma dança delicada*. O terapeuta permanece "agressivamente no Eu-Tu" (Yontef, 1976, p. 183) com alguém que tem somente habilidade limitada para permitir o momento Eu-Tu e muito menos entrar em uma relação dialógica mútua.

Os Gestalt-terapeutas não exigem que seus pacientes entrem em relação semelhante. Só podem ser autênticos e estar presentes e, por meio da atitude dialógica, se recusarem a renunciar ao seu próprio *Eu* ou ao *Eu* potencial do outro, ao mesmo tempo em que preservam o respeito pela realidade do outro. Lembrando a afirmação de Enright: "... a estratégia é pressionar sempre de maneira suave e contínua em direção à orientação Eu-Tu direta e responsável, mantendo o foco da *awareness* nas dificuldades do paciente ao experimentar fazer isso e ajudando-o a encontrar seu próprio caminho por meio dessas dificuldades" (1975, p. 25).

A Tarefa como "Tu"

Buber assinala que a atitude dialógica deve estar presente em todos os terapeutas que trabalham para "curar por intermédio do encontro" e para liberar as potencialidades do paciente. Os terapeutas não estão a serviço somente daqueles pacientes que encontram, mas também a serviço da tarefa que causa o encontro. Seja ela curar, ensinar ou aperfeiçoar, é crucial; define a relação e o terapeuta deve acreditar na importância inestimável da tarefa a fim de encontrar o paciente sem reservas no contexto da relação terapêutica.

Com efeito, a Gestalt-terapia mantém *uma atitude dialógica em relação à tarefa*. No momento Eu-Tu não há intenção alguma, a atitude é simplesmente parte do momento. Contudo. o diálogo flui entre a confirmação mútua momentânea e fase do Eu-Isso. Neste último, a pressão do envolvimento paradoxal estimula o terapeuta a abandonar a atitude dialógica em favor de uma relação mais coercitiva. A pressão origina-se da necessidade do terapeuta (ou de qualquer um) durante o encontro — o desejo de ser confirmado pelo outro. *Participar no nível do Eu-Tu sem a exigência de que a outra pessoa o confirme é a essência da atitude dialógica do terapeuta.*

O objetivo da Gestalt-terapia é a *awareness*. Estar a serviço desse objetivo é participar da descoberta do paciente, de seu próprio caminho. A *awareness* na Gestalt-terapia emerge na fronteira do encontro *entre* terapeuta e cliente. Ocorre no contexto da relação Eu-Tu, dos ritmos alternados do Eu-Tu e do Eu-Isso. Este é o dilema do terapeuta: ele encontra o paciente com a atitude e o envolvimento do diálogo, mas não procura ser confirmado por meio do encontro humano direto. *A confirmação do terapeuta vem pela expressão de si mesmo a serviço da tarefa.* Friedman sugeriu, e eu concordo que, embora os terapeutas não busquem a confirmação pelos seus pacientes, devem estar abertos para essa possibilidade, como inerente à relação dialógica. De fato, o terapeuta é confirmado quando o paciente se permite receber ajuda (Friedman, 1985a, p. 19). Em última instância, a própria aceitação do terapeuta, sua auto-estima e fé na "verdade" da tarefa, na liberação de ambos proporcionada por esta tarefa, lhe possibilitarão conter o desejo de ser confirmado pelo outro; em vez disso, ele é confirmado pelo fato de saber que a tarefa será cumprida mais criativamente desta forma.

Aceitar a tarefa como *Tu* exige uma atitude dialógica: o terapeuta é confirmado ao realizar a tarefa, o que inclui a confirmação do paciente como Tu e a criatividade a serviço da tarefa na relação com este outro único do paciente. Para ilustrar esse aspecto, vejamos um exemplo apresentado por Yontef:

> As técnicas surgem do diálogo entre o Eu-Tu e este, algumas vezes, exige uma intervenção técnica. Exemplo: O paciente fala sem olhar para o terapeuta. O diálogo foi interrompido porque o paciente fala, mas para ninguém em particular. Um diálogo verdadeiro, agora, exigiria uma resposta vigorosa do terapeuta. Possibilidades: 1) "Você não está me olhando", 2) "sinto-me excluído", 3) "sugiro um experimento: pare de falar, fique só olhando para mim e veja o que acontece" (1976, p. 72).

A situação comporta numerosas respostas, e os terapeutas responderão de acordo com seus estilos, sentimentos e apreciação intuitiva do outro naquele momento. É importante que a resposta surja da atitude dialógica em relação ao paciente e que esteja a serviço da terapia. Por exemplo, na resposta "sinto-me excluído", o terapeuta confronta diretamente o cliente. Porém, a resposta é enunciada com uma autenticidade que nada exige, porque o terapeuta a oferece como um envolvimento criativo com a pessoa e com a tarefa; não é necessário que o paciente responda de determinada maneira para cuidar do sentimento de "exclusão" do terapeuta. O terapeuta não necessita ou *não deveria* necessitar e exigir a reciprocidade Eu-Tu do paciente; em vez disso, o terapeuta é confirmado por ter-se *empenhado ativamente a serviço da tarefa* — a satisfação suprema de sua posição como "ajudante" ou como aquele que é solicitado.

O Lugar da Técnica no Diálogo Genuíno

Os terapeutas existenciais, em geral, desaprovam o uso da técnica como sendo um reducionismo ou uma objetificação do ser do paciente (Dublin, 1976). Entretanto, essa atitude resulta numa limitação lamentável da prática terapêutica. A relação dialógica não é limitada aos encontros interpessoais, em que a figura de interesse é o próprio relacionamento. Freqüentemente, ocupar-se com uma questão externa é a relação dialógica mais verdadeira do momento, porque o diálogo, assim como a *awareness, estão assentados no interesse dominante da pessoa naquele momento*. Buber parece não ter sido a favor do uso de técnicas. Talvez em função da fase precoce da psicoterapia na época, ele não tenha percebido as implicações de sua própria afirmação de que "sem Isso um homem não pode viver" (Buber, 1970, p. 85).

As funções de ego, assim como o momento máximo do contato são danificados na neurose. A restauração das habilidades do ego por meio de técnicas de *awareness* torna possível o processo dialógico na vida do paciente. Existem dois tipos de *awareness* na Gestalt-terapia: o momento integrativo e o *continuum* de *awareness* ou a *atenção à awareness*. É por meio dessa atenção à *awareness* que se iniciam correções no processo de contato.

Assim, quando se trabalha com as funções de contato ou com as defesas, muitas vezes há um lugar para o Eu-Isso no processo terapêutico. De certo modo, quando o terapeuta trabalha com defesas, ele está aceitando o paciente exatamente onde ele está — no estado Eu-Isso — e trabalhando para capacitá-lo a usar seus próprios processos de *awareness*, para que recupere um estado mais integrado. Dublin nos fornece um exemplo:

> Um jovem paciente do sexo masculino, recém-casado, queixa-se de uma sensação embotada... de quase nenhuma sensação ao ejacular. Ele não usa a palavra "Eu"; e não tem nenhuma queixa partindo de si mesmo ou de sua mulher, ele se queixa de seu pênis como um "isso", rejeitando qualquer responsabilidade pelo funcionamento *dele*... O terapeuta pede ao paciente que se separe de seu pênis e dialogue com ele. Se o paciente protestar, dizendo que isso é uma bobagem, que não faz sentido, que não é o que realmente quer, o terapeuta salienta que ele (paciente) já o está isolando, separando-o do resto de sua pessoa e que o terapeuta está pedindo para fazê-lo totalmente, para que experiencie de forma mais plena. Enquanto técnica, essa separação funcional do pênis toma a forma de um diálogo experimental entre a pessoa-menos-o-pênis e o pênis isolado; o paciente assumindo ambos os papéis de modo vivencial, verbal e, talvez, até mesmo comportamental. Como é bem conhecido pelos Gestalt-terapeutas experientes, o resultado final... não é um distan-

ciamento ou uma alienação maior [...] mas sim a recuperação por meio da experiência ou um assumir o que é seu (1976, p. 132).

Quando está trabalhando com as funções de contato, o paciente pode adquirir habilidades para usar as funções do modo Eu-Isso para dar um suporte mais profundo ao processo dialógico. O paciente que aprende a permitir que seu tom de voz expresse emoções, em vez de falar sempre de maneira inexpressiva, será mais livre para dialogar com os outros. A expressividade pode requerer prática e parecer inicialmente enganosa, mas pela experimentação o paciente encontra seu estilo expressivo apropriado (Polster e Polster, 1973, p. 239).

O ponto importante é que as técnicas de *awareness* se originam organicamente do diálogo em andamento. Quando o momento é adequado para o paciente explorar exatamente como ele se interrompe, então um experimento baseado no que está aparecendo é apropriado no processo terapêutico. Algumas técnicas intensificam e clarificam a experiência atual, como por exemplo, quando o paciente exagera a contração muscular do maxilar. Outras técnicas focalizam o processo de *awareness* em evolução, como quando o paciente "suspende" as críticas ou permite que as sensações corporais ditem a postura corporal e os movimentos. Outras técnicas ainda, como representar os papéis das polaridades, podem lidar com os bloqueios na *awareness* ou com a *awareness* alienada.

Uma precaução fundamental para atuar a partir de um contexto de atitude dialógica é o terapeuta não esperar *resultado* algum da experimentação. Possivelmente, o mau uso mais freqüente das técnicas ocorre porque os terapeutas são tentados a empregá-las sempre que se sentem entravados. A técnica se torna uma maneira de "fazer algo acontecer" ou de empurrar o paciente para determinada direção — digamos, para a direção de uma expressão mais plena — de modo a satisfazer a frustração do *terapeuta*.

O experimento deve ser oferecido sem investimento num resultado em particular, porém *com* investimento no foco da *awareness*, para qualquer coisa que o paciente faça. Quando os experimentos são propostos com essa atitude, o processo de experimentação se torna um modelo da abordagem fenomenológica da *awareness*. Objetivos e críticas são postos de lado e a atenção é dirigida simplesmente para aquilo que está acontecendo.

Há momentos no processo terapêutico em que a atenção à *awareness* leva a uma *awareness* em evolução e transcendente, que se move para o famoso "aha!" da integração. A arte do terapeuta está em saber, pela atenção e pela confiança que surgem, quando abandonar o enfoque dirigido e premeditado na *awareness* e simplesmente se colocar presente para o paciente. A integração que ocorre é a confiança existencial (Buber, 1967): é a fé na auto-regulação da pessoa e no processo do diálogo. Muito do trabalho terapêutico é dedicado à maneira como os pacientes interrompem o contato e a *awareness* em tal extensão, que perdem a fé.

A Terapia vista como uma Instância Particular do Diálogo

Buber descreve a relação de cura na psicoterapia como uma forma específica da relação dialógica (1965b, 1970). Considera-a como uma tragédia necessária nos relacionamentos de ajuda que, diferentemente das amizades, não podem ser inteiramente mútuos (1965b, 1970). Sustenta que, embora o terapeuta, em certos momentos, possa experienciar uma mutualidade plena com o paciente, a terapia, pela natureza de sua tarefa, envolve uma relação limitada. Retornando a uma afirmação anterior de Buber e desenvolvendo-a: "O terapeuta deve sentir o outro lado, o lado do paciente na relação, como um toque corporal, a fim de saber como o paciente o sente. *Se o paciente pudesse fazer isso, não haveria necessidade de terapia e nem de relação*" (1967, p. 173, grifos da autora).

É possível que, a fim de clarear seu ponto de vista, Buber tenha exagerado a diferença entre terapia e um diálogo mútuo pleno. Certamente, alguns pacientes são capazes de uma inclusão mútua mais plena com o terapeuta. Porém, mesmo esses pacientes não estariam servindo a seus próprios e melhores interesses ao entrarem em uma relação terapêutica predominantemente mútua. A tarefa da terapia requer que o foco esteja primariamente no paciente e não no terapeuta.

Em função da natureza da tarefa, a relação terapêutica é limitada. Buber a descreve como uma *inclusão unilateral* em lugar de uma inclusão mútua (1970). Na inclusão unilateral, aquele que ajuda se esforça para imaginar a realidade do outro; contudo, o contrário não acontece necessariamente e não é o que se pretende. Se a relação for mutuamente inclusiva, então não poderá ser terapia. A diferença essencial entre inclusão mútua e inclusão unilateral não está baseada na suposição de que a pessoa do terapeuta seja diferente da do paciente. A diferença vem do fato de que a tarefa coloca as duas pessoas em relações diferentes uma com a outra, e com a tarefa. O terapeuta colocou voluntariamente de lado seus investimentos pessoais, de forma a servir ao aprendizado do paciente. Os pacientes estão interessados em sua própria aprendizagem, não na do terapeuta. Em momentos da relação Eu-Tu tal definição de papéis é irrelevante, porém a alternância entre as fases do Eu-Isso e do Eu-Tu (ou as fases de um episódio de contato) ocorre dentro do contexto da atitude dialógica unilateral. Logo, se uma relação dialógica totalmente mútua se desenvolver, apesar de a relação ser terapêutica para ambos os participantes, o contrato terapêutico não mais existirá.

O segundo ponto de vista de Buber é que, na terapia, é responsabilidade do terapeuta encontrar o paciente e não vice-versa (Buber, 1967). Em um diálogo plenamente mútuo, pode-se esperar que cada participante assuma a responsabilidade para encontrar o outro. Na terapia não existe essa expectativa. A disponibilidade e receptividade do terapeuta à esfera do "entre" é a estrutura de apoio para a formação da confiança existencial do paciente.

Frederick e Laura Perls fazem afirmações semelhantes a respeito da responsabilidade do terapeuta quanto à terapia: "Nesses casos de 'fracassos', ou me falta habilidade para mostrar-lhes convincentemente a necessidade de mudar e de reorientar-se, ou estou eu mesmo insuficientemente integrado para estar *aware* da resistência crucial" (F. Perls, citado em Stephenson, 1975, p. 59). Laura Perls afirma: "Até onde estou *aware*, quero que meus pacientes melhorem. Se não melhoram, então tenho que procurar o que faltou em minha *awareness* ou na dos pacientes na relação em andamento" (L. Perls, 1970, p. 126).

Erving Polster (1975) sugere que cabe ao terapeuta estabelecer um clima interativo no qual o contato de boa qualidade seja uma possibilidade para o cliente. Os terapeutas não impõem o modelo do Eu-Tu a seus clientes (Yontef, 1975), mas eles próprios mantêm a atitude dialógica, na crença de que tal atitude é o meio pelo qual os pacientes liberam suas potencialidades. Sentindo-se responsáveis pela criação de um clima interativo para essa liberação, os terapeutas precisam, às vezes, iniciar o contato, empenhando-se para encontrar um paciente gravemente limitado em que ele esteja no momento (Polster e Polster, 1976, p. 157).

Isso significa que as exigências do diálogo na terapia são diferentes. A inclusão é unilateral, assim como a confirmação também o é, em grande parte. O terapeuta confirma o paciente, mas o inverso só ocorre em raros momentos. Em essência, torna-se responsabilidade do terapeuta estabelecer as condições para o diálogo (Friedman, 1976a). O terapeuta deve fazer todo o possível para entrar plenamente na relação: estar presente, engajar-se no diálogo sem reservas e, talvez, o mais importante, praticar a inclusão.

Com essa finalidade, Hycner observa um aspecto interessante sobre a personalidade do terapeuta. Ele afirma que a individualidade do terapeuta é importante somente enquanto estiver a serviço da tarefa. Diz:

> Numa abordagem genuinamente dialógica, parece-me que o terapeuta é um servo do dialógico. Quero dizer com isso que, num sentido muito profundo, a individualidade do terapeuta subordina-se (pelo menos momentaneamente) *a serviço do dialógico*, que é uma gestalt totalmente terapêutica e na qual estão incluídos os indivíduos... Isso pressupõe que a singularidade genuína surge das relações genuínas com os outros e com o mundo. A individualidade é somente um dos pólos dentro de uma alternância rítmica global entre nossa separação individual e nossa participação em algo maior que nós, isto é, o *Ser* (1985, p. 33).

Uma exigência especial da relação terapêutica é que o terapeuta não deve somente estimular o vir-a-ser do paciente por meio da relação dialógica — em particular a inclusão —, mas deve também colocar "diante do paciente a reivindicação do mundo" (Friedman, 1976a, p. 201). Isso significa que o terapeuta não deve ver a individualização do paciente como algo que possa ser realizado separadamente dos relacionamentos verdadeiros do mundo real.

91

A pessoa neurótica é alguém que se retirou do diálogo, e a cura envolve a retomada do diálogo em sua existência diária concreta (Friedman, 1976a). Sugiro que por meio do trabalho de *awareness* feito dentro de um contexto dialógico, *recuperamos a possibilidade do diálogo*. O envolvimento do paciente neste ponto baseia-se numa escolha consciente entre intensificar o diálogo ou afastar-se. Não acredito que um terapeuta possa restabelecer um diálogo mútuo com o paciente. Um terapeuta pode apenas se esforçar para encontrar o paciente. A mutualidade é uma escolha que o paciente tem de fazer.[2]

Finalmente, a contribuição mais importante de Buber para a psicoterapia é seu princípio fundamental de que, para curar "as verdadeiras raízes do ser do paciente", a terapia precisa incorporar o encontro genuíno. Porque é por meio da relação dialógica que ocorre a cura (Buber, 1967, p. 169).

> A realidade decisiva é o terapeuta, não os métodos. Sem métodos se é um diletante. Sou a favor dos métodos, mas apenas para usá-los, não para acreditar neles. Embora nenhum médico possa trabalhar sem uma tipologia, ele sabe que, em determinado momento, a pessoa incomparável do paciente está à frente da pessoa incomparável do médico; tanto quanto puder, descarta-se de sua tipologia e aceita essa coisa imprevisível que acontece entre terapeuta e paciente (Buber, 1967, p. 165).

Na Gestalt-terapia, a tipologia utilizada é a do contato e da *awareness*, com atenção à interferência do paciente nesses processos. Trazemos essa tipologia e nossa intenção para a relação dialógica quando iniciamos o encontro com o paciente. Em certos momentos, as exigências do diálogo impõem que a tipologia seja abandonada; nesses momentos, de acordo com Buber, a cura essencial pode ocorrer (1970, p. 179).

Resumo e Implicações

Este capítulo defende uma ênfase maior na relação terapeuta-paciente no processo terapêutico da gestalt. A Gestalt-terapia está cada vez mais *aware* de que a relação é um importante fator de cura; ainda mais, de que essa relação deveria ser um encontro genuíno e amoroso, descrito por Buber como a relação dialógica. Tentei mostrar que o emprego do modelo Eu-Tu é uma extensão apropriada e lógica do enfoque da Gestalt-terapia para o processo de contato e que a própria relação dialógica é um veículo para a restauração da *awareness* — o objetivo da Gestalt-terapia.

---

2. Sou agradecida aqui a uma conversa que tive com Maurice Friedman, na qual ele me sugeriu que num *continuum* de meios, fins, meios e fins, em passos seqüenciais, talvez o *fim* da *awareness* em Gestalt-terapia seja um *meio* para o diálogo no contexto maior da vida da pessoa.

A relação dialógica é um modelo de contato vivido no seu potencial máximo. O processo de auto-regulação organísmica, refletido no contato e na *awareness*, está envolvido em um processo de desenvolvimento: o desenvolvimento do vir-a-ser próprio e único da pessoa humana. Não é suficiente dizer que o contato e a *awareness* satisfazem nossas necessidades biológicas e emocionais. Parece haver uma espécie de *imperativo ontológico*, uma urgência em direção ao crescimento, de modo que esses processos atuem em níveis cada vez mais sutis de complexidade e abstração a partir da biologia. O contato e a *awareness* não são meramente processos que expressam a relação dinâmica entre a *estase* e o crescimento, mas sim processos de desenvolvimento progressivo, sempre emergindo e transcendendo. A epítome de seu desenvolvimento é vivida por meio da relação dialógica.

A relação dialógica também é um modelo para o tipo de relação terapêutica que é consistente com a teoria da mudança da gestalt. Um terapeuta que atue a partir de uma orientação dialógica estabelecerá um diálogo centrado no presente, não crítico, que permita ao paciente tanto intensificar a *awareness* como obter contato com outra pessoa. A terapia se torna uma chance para que o *self* do paciente se revele na presença de uma outra pessoa.

Na Gestalt-terapia, a *awareness* é empregada para restaurar a *awareness*, e essa restauração pode ser facilitada pela criação de um contexto dialógico. Nesse contexto, o contato pode ser utilizado para restabelecer o contato. O terapeuta, ao *encontrar* o paciente numa relação dialógica, torna-se um modelo para o restabelecimento de contato e de *awareness* e, como conseqüência, para a possibilidade de crescimento. A Gestalt-terapia é considerada uma "disciplina do crescimento" (Latner, 1973; Polster e Polster, 1973). O crescimento e a cura pelo restabelecimento da *awareness* são uma expressão das possibilidades transcendentais da existência humana.

Contudo, a linguagem do contato e da *awareness* da Gestalt-terapia não evoca a sensibilidade de Buber para as possibilidades de totalidade. Enquanto o conceito de contato satisfaz o embasamento da Gestalt-terapia nos ritmos biológicos naturais de todos os organismos, a *atitude Eu-Tu transforma o contato no domínio do singularmente humano*: o relacionamento inter-humano e o desenvolvimento da pessoa.

A implicação terapêutica mais importante é que a terapia deve se desenrolar dentro de uma relação dialógica, se quisermos ser fiéis às possibilidades ônticas do contato. Os pacientes devem ter a oportunidade de "encontrar" uma outra pessoa, caso queiram conhecer a si próprios. A terapia composta unicamente de técnicas de *awareness*, sem o envolvimento pleno de contato do terapeuta/pessoa com o paciente/pessoa, limita paradoxalmente as possibilidades de *awareness* para o paciente e interrompe o processo do vir-a-ser de ambas as pessoas!

Não quero dizer que as técnicas não deveriam ser utilizadas. Concordo com Erving Polster (citado em Stephenson, 1975) que o contato não é suficiente. Sem incrementar também a *awareness* dos pacientes, de como evitam exatamente o contato, a terapia corre o risco de tornar-se uma "Dança de Orfeu"; os pacientes serão capazes de responder e de engajar-se somente quando o terapeuta estiver presente para iniciar o contato. As técnicas de *awareness* ensinam os pacientes a corrigir seu contato interrompido. Elas são uma metodologia eficaz. Porém, precisam surgir organicamente do processo dialógico. Ao fazê-lo, refletirão a próxima etapa no processo do vir-a-ser do paciente.

O paradigma de Buber da relação dialógica fornece ao Gestalt-terapeuta algumas marcas concretas, assim como uma visão para que se estabeleça uma relação com o paciente que, ao mesmo tempo, conduza ao seu crescimento e seja gratificante para o terapeuta. Quando iniciamos uma relação dialógica, mesmo que às vezes ela não seja recíproca na terapia, experimentamos a liberação do nosso próprio potencial assim como o do paciente. A prática da arte terapêutica torna-se não somente uma expressão do nosso ser, mas uma etapa do nosso vir-a-ser.

4. SIMONE: CONFIANÇA E DESCONFIANÇA EXISTENCIAIS

Lynne Jacobs

A história a seguir é o relato de um diálogo entre uma pessoa judia e uma não-judia. Ela ocorreu em um *workshop* para terapeutas avançados, em Jerusalém, em maio de 1989. Simone foi a quarta pessoa com quem trabalhei lá, no meu primeiro dia. De início ela chamou minha atenção. Tinha atitudes de uma mulher com grande firmeza. Sua maneira de vestir indicava que era uma judia tradicionalista. Ela estava pouco à vontade comigo; sentiu-se inclinada a trabalhar porque gostou do que viu. Contudo, via-me como uma não-judia e ela temia e odiava os não-judeus. Disse-me que, na verdade, nunca em sua vida tinha mantido uma conversa íntima com um não-judeu. Seus pais são sobreviventes do holocausto. Ela começou o trabalho usando algumas imagens que tinha trabalhado anteriormente, a imagem de um peixe no aquário:

S: Sinto-me sufocada. Como um peixe que não ousa abrir a boca; poderia engolir água e me afogar.

L: Antes, você perguntou a David se os pais dele tinham sofrido muitas perdas. Imagino se isso não significa um pouco do que você está sentindo agora. Há muitas perdas em sua família? (Ela assentiu com a cabeça.) Foram no holocausto?

S: Sim. E agora não estou mais em um aquário. Estou num oceano imenso e preciso lutar, senão me afogarei! Se outro peixe entrar na minha área, lutarei com ele.

L: Por que lutar?

S: Porque então me sentirei grande e forte.

L: Então, o oceano não poderá afogá-la.

S: Sinto-me forte quando luto com você. E estou com raiva de você. Sinto-me muito desconfortável quando quero me aproximar. Insisto em que não representa todos os não-judeus. Você é diferente. Porém, mesmo assim, tenho medo, sinto raiva e a invejo.

L: Com inveja porque não vivo sob a sombra do holocausto como você?

Nesse ponto, nossa conversa gira sobre o desejo dela de que eu entre na água e sinta o gosto do que ela vive. No decorrer do diálogo, saliento que apesar de poder sentir algum gosto, o fato de pular na água e depois pular de volta, enquanto ela vive na água, muda a experiência. Portanto, existe ainda uma distância entre o que ela quer que eu conheça e aquilo que posso conhecer.

S: Você é livre para viver num mundo de sol. Por que eu não sou? Isso nem mesmo aconteceu comigo. Aconteceu com meus pais antes de eu nascer. Por que carrego tanto esse peso? (dito num tom de voz autocrítico).

L: Havia perdas demais para seus pais assimilarem. Havia degradação demais para qualquer pessoa suportar. Não me surpreende que o holocausto projete essa imensa sombra. As perdas e humilhações se filtram em você quase que por osmose. (Estou falando com lágrimas nos olhos. Uma ou duas escorrem pela minha face.) E você nada num oceano de lágrimas que ameaça afogá-la.

S: (Angustiada.) Como pode chorar quando estou tão congelada!

L: (Dito muito delicadamente.) Eu dou conta.

S: (Dito suavemente e com um leve suspiro.) Agora posso confiar em você.

Ela sentiu-se tocada e apreciou minha tentativa de ficar em seu lugar, assim como o reconhecimento dos limites de minha habilidade para fazê-lo. Agora, ela fala do desejo de ser capaz de ir a algum lugar diferente e brincar comigo, como se o oceano não tivesse nenhum domínio sobre ela. Sugiro que ela imagine a linha em que o oceano encontra a praia. Poderíamos iniciar nosso encontro juntas na beira da água. Ela começa a me contar o que existe em seu oceano. Isso inclui a primeira família de seu pai: a mulher e quatro filhos haviam sido mortos nos campos de concentração. Então, com voz trêmula, ela fala da primeira família de sua mãe. Seu marido foi morto e logo após seu bebê, em seus próprios braços. Simone vê mais lágrimas em meus olhos e se surpreende.

S: Por que minha história a afeta tanto? Por que chora quando falo dessas coisas? Você, uma não-judia.

L: Receio que não possa lhe dar uma resposta satisfatória. Tenho trabalhado com a segunda geração de pessoas do holocausto nos Estados Unidos e suas histórias sempre me afetam profundamente. Como pode alguém escutar sua história e não se sentir emocionado? (estou chorando bastante agora — muitas lágrimas).

Começamos a "brincar" mais com a idéia de dar uma caminhada juntas, para longe da água. O que surge é que ela não pode brincar comigo enquanto os outros a vêem, pois não consegue lhes dar a certeza de que voltará logo e isso faz com que ela se sinta desleal a eles. Ressalto que nada que desse a eles faria justiça a sua situação. Ninguém consegue fazer justiça à situação de outros. Ela só pode dar o que é justo a sua própria vida. E, mesmo assim, é claro, ela gostaria de honrar a memória deles de alguma forma, embora nada fosse bom o bastante. (Eu ainda tinha lágrimas nos olhos.)

S: Quero negociar. Quero te dar duas libras de minha angústia e você me dá duas onças de suas lágrimas. (Aproximei-me dela para que pudéssemos negociar.) Minha angústia vem à garganta, não... a minha boca, e pára aí. É feia demais e provoca aversão. Não posso lhe mostrar.

L: Posso entender o seu medo. O holocausto foi revoltante. Sua angústia não me causa aversão. Contudo, compreendo seu temor, pois em minha própria vida tive uma experiência que julgava aversiva demais para ser trazida à luz.

S: (Suavemente.) Talvez seja por isso que confio em você.

Mais algumas frases são suavemente trocadas por nós. Falo a respeito do meu desejo de caminhar a seu lado, a água batendo em nossos pés. Ela diz, então, que o oceano havia desaparecido agora e que ela está de volta ao aquário. Espiando através do vidro, via-me olhando para ela. Sente-se grata por eu não ter me afastado e, *com lágrimas nos olhos*, agradece-me por ficar com ela. Chama minha atenção no sentido de que seu medo a faz querer lembrar a todos nós, que não me vê como uma representante dos não-judeus em geral.

Na manhã seguinte, segundo e último dia de nosso *workshop*, eu disse a ela que decidira contar-lhe algo que tinha me acontecido no dia anterior; mas que, por medo de ser presunçosa, havia guardado só para mim (percebi também que Simone estava usando cores vivas — opostas ao preto do dia anterior — e que parecia mais animada). Falei-lhe de minha experiência quando visitei Dachau.* Em síntese, contei-lhe que durante toda minha vida sentia uma culpa vaga por estar viva e não me sentia fortemente energizada para estar viva. Então, visitei Dachau e, da angústia da experiência, emergi com uma afirmação de vida. Decidi que a única rejeição verdadeira a Hitler era viver o mais vitalmente possível e não permitir que sua destruição de outras pessoas aniquilasse minha vida cheia de significados. Ela ficou espantada. Em resposta, disse-me que tinha chegado à mesma conclusão após o diálogo de ontem. Havia escolhido, propositalmente, cores vibrantes para hoje, para dizer que estava viva novamente!

No final do *workshop* contou-me que sua visão de mundo havia mudado, apesar de sentir-se desconfortável pelo tanto que me deixou entrar (o que para mim foi experienciado como um presente). Disse-me ainda que estava feliz

---

* Dachau foi um campo de concentração nazista para judeus, na Segunda Guerra Mundial. (N. do T.)

com minha volta para os Estados Unidos, para que pudesse se sentir confortável outra vez. Mas seu "globo" ainda é diferente. Antes, era todo preto, exceto pelas luzes brilhantes de Israel. Agora, Israel ainda é brilhantemente iluminado e o resto do mundo é que está no escuro, exceto por uma cabeça de alfinete de vida do outro lado do mundo, longe de Israel. Fiquei profundamente emocionada e disse a ela:

L: (Com lágrimas nos olhos — novamente!) Um dos legados da experiência a que me referi ontem é o medo de que eu seja tóxica para os outros, em vez de ser nutritiva. Sempre carregarei como um tesouro o presente que você acabou de me dar. Que antídoto para minhas próprias dúvidas!

S: (Chorosamente.) Considero-me uma pessoa tão machucada, tão ferida, que não poderia trazer luz alguma para os outros. Estou surpresa de ter-lhe causado esse efeito. E, humilhada. Talvez sejamos mais parecidas do que diferentes.

5. CONSIDERAÇÕES FINAIS: O ESPÍRITO DO DIÁLOGO*

Rich Hycner

Há muitos mal-entendidos quanto ao "dialógico". Naturalmente, isso ocorre em função da natureza sutil e complexa do que estamos tentando tratar; também porque é uma maneira muito diferente de se ver o mundo. Certamente, se opõe à supervalorização do individualismo que domina nossa sociedade. Tenho esperança de clarificar brevemente alguns desses possíveis mal-entendidos, assim como acrescentar novas reflexões.

Em primeiro lugar e o mais importante: desejo reiterar o ponto de vista de que o dialógico é primeiramente uma *abordagem*, uma atitude, uma orientação, uma perspectiva. No fundo, é uma mudança radical de paradigma. Quando levamos essa mudança a sério, o modo de abordar a terapia muda completamente. É uma *reversão de figura/fundo* em nosso pensamento usual. Coloca o relacional no centro de nossa existência e do trabalho como terapeutas. Altera conceitos do nosso entendimento sobre o desenvolvimento humano e a "psicopatologia".

Em segundo lugar, desejo reiterar que o dialógico abarca *ambos* os momentos: Eu-Tu e Eu-Isso. O encontro Eu-Tu *não* é um estado absoluto ou o "objetivo" técnico na terapia. O dialógico é uma abordagem de estar aberto à alteridade, à singularidade da outra pessoa, junto com o desejo de me trazer mais plenamente para o "encontro" com essa outra pessoa. É a disponibili-

---

* O fundamento para este capítulo veio de um artigo intitulado "The I-Thou Relationship and Gestalt Terapy" (1990). O artigo surgiu de um desejo meu de responder a muitas questões e comentários levantados na XI Conferência Anual da Teoria e Prática da Gestalt-terapia (1989), assim como nas conferências anuais sobre a psicoterapia dialógica em San Diego. Sensibilizei-me pelo espírito e pelas trocas que aquelas conferências proporcionavam.

dade (depois de todo meu esforço individual) de me submeter ao "entre" — de reconhecer que o encontro genuíno só pode ocorrer por meio de alguma coisa além de meu controle. Assim como afirmou Martin Buber tão poeticamente: "O *Tu* é encontrado por meio da graça — não por meio da procura" (1958a, p. 11).

É uma abertura para uma *awareness* expandida, uma *"Gestalt* mais ampla" (Schoen, 1989). Requer que *ambas* as pessoas estejam abertas para a possibilidade de um encontro genuíno. Mesmo assim, o encontro Eu-Tu pode não ocorrer, a despeito de nossas melhores intenções pessoais. A abordagem dialógica reconhece, com exatidão, que o momento Eu-Tu acontece em interação com encontros Eu-Isso. Eles são figura e fundo um para o outro. Em certo sentido, o dialógico pode ser visto como o contexto, o fundo que abrange ambos os momentos: Eu-Tu e Eu-Isso. O dialógico exige uma alternância rítmica de conexão entre o Eu-Tu e o Eu-Isso.

Para os gestaltistas tem havido alguma confusão quanto ao "diálogo" poder ser equiparado ao termo "contato" em gestalt. A maneira mais simples de colocar isso é que *todo diálogo é contato — nem todo contato é diálogo.* Existem inúmeras maneiras de se fazer contato, mas é raro termos um momento de diálogo genuíno e mútuo com o outro.

O diálogo não está centrado em apenas uma das pessoas, mas se origina em ambas. É o reconhecimento, profundo em meu ser, do mistério e do valor da outra pessoa como pessoa, que existe independentemente das minhas necessidades. Paralelamente, há a *awareness* de que estamos misteriosamente conectados. Durante todo o tempo, uma experiência similar está acontecendo com a outra pessoa. Eu olho para dentro do outro e ele olha para dentro de mim. Algo acontece no entre. Há um momento de encontro. Cada um de nós é tocado por algo além de nosso *self* — por essa outra pessoa. É simultaneamente um momento de união e de separação. Depois, nenhum de nós é exatamente o mesmo que éramos momentos antes. Nosso encontro é "algo maior" que a soma total do que trouxemos separadamente para esta situação.

Alguns gestaltistas descreveriam o encontro como "confluência". Não vejo isso como confluência, nem mesmo como uma confluência "positiva". Para mim, a confluência implica a fusão de dois seres *totalmente separados.* O diálogo não é uma confluência, no sentido de que há uma fusão com a conseqüente perda do *self.* O diálogo toma como ponto de partida o reconhecimento de nossa natureza inter-relacional. Até mesmo o momento de conexão do Eu-Tu reconhece a separação e a relação no mesmo momento.

Muitas questões têm sido levantadas a respeito de esta ser uma abordagem "espiritual". Ao discutir a filosofia do diálogo, falar sobre o "entre" e mencionar a "graça", coloco meu pensamento explicitamente em um contexto espiritual. Entendo como espiritual o reconhecimento de uma realidade maior do que a soma total de nossas realidades individuais e do mundo físico e visível. Para mim é inconcebível me situar numa abordagem dialógica sem reconhecer uma dimensão espiritual ou transpessoal.[1] Sinto cada vez mais que nos meus melhores momentos terapêuticos estou diante de uma realidade espiritual e, algumas vezes, sou seu instrumento.[2]

É por isso que, ao falar de uma abordagem dialógica, entendo que ela "requer" que o terapeuta se coloque a serviço do seu trabalho. Levar a sério tal abordagem implica a disposição de colocar de lado suas próprias necessidades e intenções orientadas para o ego. É preciso fazê-lo pelo menos momentaneamente (incluindo a boa intenção de "curar"), para estar *a serviço do diálogo no entre* e, conseqüentemente, atender às necessidades mais profundas, até mesmo *mais ocultas*, do outro. Estar "a serviço de" implica escuta profunda para ouvir o que não tem sido escutado até agora, permitindo que o não-dito seja pronunciado, o oculto revelado, o invisível tornado visível.[3]

O entre é a realidade que envolve tanto o terapeuta quanto o cliente; ambos se aproximam dele em maior ou menor grau. De fato, a psicopatologia pode ser vista como um afastamento significativo ou uma solidificação do entre. Vou mais longe: defino a psicopatologia como o resultado de um *diálogo abortado* prematuramente (Hycner, 1991). Isto é, nessa imensa busca para alcançarmos o outro, essa pessoa nunca foi escutada; sua voz se tornou um monólogo, tragicamente voltado para o interior (Trüb, 1952/1964b). Isso se ajusta à crença de Lynne Jacobs de que "nós somos 'fios condutores' em direção ao dialógico".[4] Acredito que essa expressão tão criativa aponta para nossa orientação mais básica.

Tal concepção implica colocar menos ênfase no indivíduo como entidade e mais ênfase na relação e na habilidade relacional do cliente. Conseqüentemente, não há o foco exclusivo na auto-realização (Friedman, 1976a), na qual a psicologia humanista muitas vezes se prende. Em vez disso, o foco está na "realização relacional", que envolve a auto-realização. *A auto-realização surge como um subproduto da conexão relacional intensificada.* Existem muitos "eus" dos quais fazemos parte, assim como existe um *self* que perdura em todas essas relações. À primeira vista, essa parece ser uma afirmação contraditória. Acredito que seja muito mais uma afirmação de natureza paradoxal inerente de nossa existência.

O *self* em si não é uma entidade: *Referimo-nos sempre à relação do* self *com o outro, e do outro com o* self.[5] Precisamos tomar cuidado para não empre-

---

1. Tenho o maior respeito pelo ponto de vista de meus colegas, como Lynne Jacobs e Charles Brice (informação registrada por comunicação pessoal em abril de 1989), que sustentam que essa conexão é desnecessária.

2. Korb, 1988.

3. Veja também o trabalho pioneiro de Maurice Merleau-Ponty, *The visible and the invisible* (1968).

4. Afirmação dita numa apresentação de um *workshop* da "Relação Eu-Tu em Gestalt-terapia" na XI Conferência Anual da Teoria e Prática da Gestalt-terapia, em maio de 1989, em Chicago.

5. *Self* e "meio", na linguagem de Perls, Hefferline e Goodman (1951). É interessante observar que Fritz Perls parecia focalizar mais a metáfora biológica, enquanto Laura Perls parecia ser mais influenciada pelos conceitos dialógicos e existenciais de Buber e Tillich (informação obtida por comunicação pessoal com Laura Perls em setembro de 1987).

garmos o *self* e o outro" como entidades dicotomizadas que se juntam somente em reflexões posteriores (Friedman, 1989). Nós *somos* a inerente atuação recíproca do *self* e do outro. Talvez, para sermos mais fenomenologicamente exatos, deveríamos falar de uma *interexistência*.[6] Termos tais como interexistência e inter-relacional podem soar como inadequados e desnecessários. Talvez esse aspecto de incomodar seja justamente o que *é* necessário. Penso que devemos começar a utilizar uma linguagem que de forma mais acurada, mesmo que ainda inadequadamente, evidencie o *entrelaçamento inerente* de nossas existências. Nossa pele não é uma barreira. É o lugar de encontro físico e simbólico tanto para a união como para o isolamento. Estamos inextricavelmente entrelaçados com os outros e eles conosco.

Mais uma vez, senti-me tocado por essa *awareness*, quando estava à mesa de um painel, diante dos participantes de uma conferência.[7] Assim que iniciei minha fala, as palavras que me vieram inesperadamente foram: "Enquanto estou, aqui sentado, olhando para vocês, olhando para mim, olhando para vocês..." — à medida que falava, eu ficava intensamente consciente do mesclar de nossas percepções. Estava *aware* de que era parte do público, assim como o público era parte de mim — nossas percepções e existências se interpenetravam. Tornei-me *aware* de como normalmente ignoramos nossa interexistência. Do ponto de vista interpessoal, com freqüência, isto é uma tragédia. Do global, pode ser fatal. Se posso colocar algumas idéias simples sobre nossa situação global, parece-me que enquanto a atitude do monólogo dominar a consciência do mundo, continuarão a existir conseqüências trágicas e catastróficas. A predominância da atitude do monólogo precede à megalomania.

Sempre existirão conflitos humanos. Uma abordagem dialógica reconhece sensivelmente que no centro de nossa interexistência residem profundas diferenças de pontos de vista. Isto é ao mesmo tempo nossa "maldição" *e* nossa esperança. Pontos de vista diversos, quando considerados como complementares dentro de uma gestalt maior, criam novas possibilidades e uma riqueza infinita para o desenvolvimento humano. Esse desenvolvimento seria sufocado sem as diferenças. Este é o cerne da compreensão dialética da existência humana. Como afirmou sucintamente Sreckovic: "A dialética está baseada na diferença. Sem diferenças, não há dialética".[8] O desenvolvimento saudável ocorre quando há uma integração criativa das diferenças e das semelhanças entre duas pessoas ou entre os seres humanos.[9] Em um mundo que está constantemente se tornando menor, a *awareness* do diálogo sempre presente e a habilidade para engajar-se nele serão essenciais para a sobrevivência emo-

---

6. Talvez a melhor demonstração clínica disso esteja no livro de Irving Yalom, *Love's executioner and other tales of psychotherapy* (1989).

7. XI Conferência Anual da Teoria e Prática da Gestalt-terapia, em 1989.

8. Comunicação pessoal em 5 de agosto de 1989.

9. Milan Sreckovic, comunicação pessoal em 5 de agosto de 1989.

cional e física. À medida que cada um de nós fica aprisionado no monólogo, ameaçamos nossa própria sobrevivência: em termos de evolução psicológica, uma ênfase dialógica pode ser o próximo passo necessário para sobrevivermos. Em termos mais concretos, parece-me que o "abismo" entre homens e mulheres experienciado em nossa sociedade é, em grande medida, uma conseqüência do monólogo baseado no gênero. Transformamos as diferenças de gênero em separação monológica. Isso cria isolamento. Consignamos a nós mesmos em categorias, em vez de atravessarmos o aparente abismo e sermos enriquecidos pela singularidade e diferença do outro gênero. *As diferenças se tornam uma barreira em vez de um convite.*

Sem dúvida, sempre existirão ambos, o que não é trágico em si mesmo. A tragédia reina quando predominam em tão grande medida a diferenciação e a separação, que a conexão polar inerente aos gêneros fica esmagada (Downing, 1987; Gilligan, 1982). Continuamos a criar um mundo para nossas crianças que enfatiza essa divisão, em vez de saná-la. Precisamos constantemente nos lembrar de perceber nossas diferenças inerentes como estando dentro do contexto de nossa conexão ontológica. Mais uma vez, entramos na arena do paradoxo.

Nos limites da consciência normal está a sempre presente *awareness* do paradoxo. Nossa mente conceitual tem grande dificuldade em sustentar a tensão entre duas idéias, pensamentos ou características aparentemente opostas. Ainda assim, como Gestalt-terapeutas sabemos que confrontamos o paradoxo incessantemente. É da natureza da tarefa terapêutica ser permeada pelo paradoxo. Como terapeutas e terapeutas-supervisores precisamos nos educar para viver no paradoxo — extrair a fonte criativa que se situa imediatamente abaixo da superfície dos paradoxos insolúveis. Estamos em uma profissão paradoxal (Hycner, 1991), muito mais do que em uma profissão "impossível" (Greenson, 1977). Entrar no âmago do paradoxo é experienciar profundamente a "verdade" da interexistência e da interexperiência. Nossas mentes precisam ser educadas para aquilo que nossos corações já sabem.

Ao participar de conferências, vejo que há alguma confusão sobre a questão da mutualidade terapêutica, ou seja, sobre a igualdade entre cliente e terapeuta. No pensamento de Buber, não existe mutualidade verdadeira entre terapeuta e cliente (Buber, 1965b). Pessoalmente, penso que existem *momentos* de mutualidade na terapia, mas que ocorrem freqüentemente dentro de uma relação unilateral. Quando acontece uma mutualidade verdadeira entre os dois, pode-se dizer que, essencialmente, é o fim da terapia.

Tenho tido repetidas demonstrações em relação à questão da mutualidade na relação Eu-Tu verdadeira *versus atitude* Eu-Tu dominante em um *indivíduo*. Em um exercício proposto por Schoen (1989) em um *workshop*, os participantes se dividiram em duplas e deveriam silenciosamente tentar ter um momento Eu-Tu com seu parceiro. Somente depois poderíamos discutir a experiência entre nós. Quando pensei que meu companheiro e eu havíamos alcançado um momento Eu-Tu, soube por ele, mais tarde, que não havia tido essa experiência! Quando ele pensou ter tido um encontro Eu-Tu comigo, não foi, necessariamente, minha experiência. Ambos pensávamos que havia existido um encontro Eu-Tu momentâneo, mas isso não se confirmou na *awareness* consciente do outro parceiro.

Ao abordarmos o outro com uma atitude Eu-Tu, não temos a garantia de que um encontro *mútuo* Eu-Tu irá se desenrolar. Posso me aproximar da outra pessoa com uma atitude genuinamente aberta à possibilidade de que tal momento ocorra. No entanto, ele só poderá ocorrer se o outro disser *"sim"* à minha aproximação. Sou impotente para "forçar" o outro a me encontrar. Não posso fazer isso acontecer unilateralmente por meio de algum esforço sobre-humano ou místico. Aqui me encontro profunda e inexoravelmente confrontado pelos limites de minha própria humanidade (Yalom, 1989). Ainda que possa sinceramente desejar a "união" com a outra pessoa, sou limitado pelo seu desejo e pela disponibilidade para participar desse entre. Cada pessoa precisa estar disponível para ser encontrada. A não-disponibilidade de uma das pessoas nega a possibilidade para ambas. Minha aproximação do outro pode ser totalmente dialógica e, mesmo assim, o encontro pode não ocorrer.

A *awareness* disso instila humildade. É um reconhecimento profundo de nossas necessidades orientadas pelo ego e dos limites de nossa individualidade. Tentar forçar um relacionamento Eu-Tu é carregar a culpa de uma *hubris** moderna. A tentativa de fazê-lo cria, paradoxalmente, uma relação Eu-Isso. Ao ultrapassarmos os limites inter-relacionais do diálogo, nos aprisionamos no monólogo. Gosto da afirmação de Friedman de que "a esfera em que o homem encontra o homem tem sido ignorada porque não possui uma continuidade uniforme" (1965a, p. 17). A despeito dos anos de teorização psicológica, penso que isso ainda é verdadeiro em grande medida, nos dias de hoje. Na maior parte das vezes, a psicologia tem olhado para o lugar errado! A psicologia tem estudado mais o indivíduo e sua psique e menos o "entre", e como o indivíduo e sua psique existem *dentro* do contexto relacional.

O que está sendo proposto aqui não significa, de forma alguma, que devamos ser idealistas ou ficarmos à procura de um ponto de vista "puro". A proposta aqui é o oposto do idealismo. É um esforço para entender cabalmente (mesmo reconhecendo que nunca é possível apreender tudo) a qualidade inter-relacional de nossa existência. Num certo sentido, é uma tentativa de ser mais empírico do que o próprio empirismo — de não reduzir nossas diferenças comuns à realidade física, mas, antes, de abraçar com esperança e alegria as múltiplas dimensões e a riqueza da interexistência humana.

Com certeza, esse é um ponto de vista de difícil alcance. Venho lutando por mais de vinte anos para trazê-lo para um foco mais claro. Contudo, experiencio apenas breves momentos de lucidez em relação a essa questão. *Uma*

---

* *Hubris:* em grego, no original, significa excesso de orgulho ou autoconfiança, arrogância, insolência. (N. do T.)

compreensão profunda e consistente do dialógico é tão efêmera quanto verdadeira. Acredito que, atualmente, a riqueza e a natureza inerentemente paradoxais de nossa existência criam o perigo de parecermos esotéricos ou idealistas na tentativa de descrevê-lo mais plenamente. As coisas são como são. Entretanto, devemos evitar cair na mistificação. Uma abordagem genuinamente dialógica está repleta de dificuldades originadas em situações práticas e concretas. Ser verdadeiramente dialógico é extremamente difícil e é uma atitude dolorosa de ser tomada (Yalom, 1989). Retirar-se para um puro idealismo ou para um empirismo comportamental simplista seria um alívio maravilhoso. Essas são drogas que entorpecem a *awareness* da riqueza da interexistência humana. Nossa tarefa é *sermos verdadeiros para com o que é.*

Tal atitude requer coragem. Coragem não apenas para mantermos nossa própria perspectiva, mas também para permanecermos resolutamente abertos à revelação do que é, independentemente de se encaixar em nossos conceitos — mesmo aqueles supostamente dialógicos. A filosofia do "que é" força os limites da teoria e da imaginação. Buber compreendeu isso muito bem quando disse: "Os limites da possibilidade do diálogo são os limites da *awareness*" (1965a, p. 10). Isso exige coragem porque precisamos estar abertos ao que quer que se revele no encontro. É como caminhar sobre uma "vereda estreita" (Buber, 1965a, p. 184). Excluir as possibilidades devido a categorias preconcebidas é sufocar o diálogo significativo. É preciso coragem para sustentar inúmeras tensões em uma relação frutífera e justaposta entre si, sem impedir sua emergência plena.

Ao falarmos sobre o dialógico, há sempre muitas perguntas a respeito da questão da técnica. Freqüentemente, digo que uma abordagem dialógica não se opõe à técnica. Antes disso, possibilita um contexto apropriado no qual as técnicas podem emergir. A técnica pode ser dialógica desde que não seja meramente técnica. Ela precisa fazer parte do esforço sempre presente para facilitar a *awareness* inter-relacional, o contato e a realidade compartilhadas. O diálogo é a interação em constante mudança dos momentos Eu-Tu e Eu-Isso. Quando adequadamente contextualizada, a técnica pode ser um componente essencial do encontro. Pode ajudar a reduzir ou remover os impedimentos ao diálogo.[10] A técnica não existe por si mesma, nem para o engrandecimento do ego do terapeuta, mas, sim, para, mais uma vez, estar a serviço da intensificação do "encontro". Como Gestalt-terapeutas temos, provavelmente, nos sentido muito culpados em "fazer" e não suficientemente em "ser" (Polster, 1987). Com freqüência, temos pressa em usar uma técnica que pode, na verdade, encerrar prematuramente a abertura tênue de um diálogo genuíno. Essas técnicas nos prendem na armadilha do monólogo; surgem de uma orientação objetificante e das necessidades egóicas do terapeuta; e, também, não são fenomenologicamente

---

10. Charles Brice, informação obtida por meio de comunicação pessoal em 16 de abril de 1989.

verdadeiras ao que são (Yontef, 1989) e nem ao que está sendo clamado pelas partes mais profundas do ser dessa pessoa.

Muitos de meus alunos e treinandos me reportam que se surpreendem quando "simplesmente" *estão com* o cliente, pois ocorre muito mais em tais situações do que se estivessem se esforçando para "fazer" algo. A atitude de estar-com exige uma confiança no que quer que emerja. Significa abandonar o autocontrole para permitir que surja uma realidade maior. Estar-com envolve uma abertura ao *que é*. Contudo, o estar-com não exclui o uso da técnica, do fazer. Na verdade, intensifica sua eficácia. Quando estamos verdadeiramente abertos ao "que está lá", podemos intervir, quando necessário, muito mais efetivamente.

A coragem para encarar o desconhecido requer muito do terapeuta. Com freqüência, o terapeuta não foi treinado para sentir-se corajoso e confiante com o "ser" que está diante de si. Este é o verdadeiro desafio, sempre presente, para o terapeuta de orientação dialógica.

II
UMA PONTE ENTRE
A PSICOLOGIA DO *SELF*
E A GESTALT-TERAPIA
UMA PERSPECTIVA DIALÓGICA

Desconheço as implicações de minhas idéias em vários campos.

Martin Buber, 1967, p. 165.

6. BREVE INTRODUÇÃO À TEORIA DA INTERSUBJETIVIDADE E À PSICOLOGIA DO *SELF*

Rich Hycner

Se existe uma lição que eu tenha aprendido durante minha vida como analista é a que diz que aquilo que meus pacientes me contam, provavelmente, é verdade. As muitas vezes em que acreditei estar certo e meus pacientes errados, resultaram, embora geralmente somente após uma prolongada busca, que minha razão era superficial e a deles profunda.

(Heinz Kohut, 1984, pp. 93-4).

Nos capítulos anteriores tratamos de algumas das questões fundamentais ao estabelecermos a abordagem dialógica na Gestalt-terapia.[1] No entanto, existe ainda uma lacuna tanto na abordagem dialógica quanto na Gestalt-terapia. A psicoterapia dialógica é essencialmente uma abordagem e não propriamente uma teoria psicológica. Seus seguidores têm estado, até este momento, necessariamente, preocupados com questões de base. Conseqüentemente, eles ainda não sistematizaram uma teoria clínica da interexistência humana (e isso é verdadeiro também na Gestalt-terapia). Neste momento, alguma sistematização e compreensão devem vir de uma abordagem relacionada. A teoria da intersubjetividade[2] pode ser essa abordagem.

---

1. Outros trabalhos recentes têm explorado a abordagem dialógica como uma fundamentação para a psicoterapia em particular e para a cura em geral (por exemplo, Friedman, M., 1985; Hycner, 1991 e Friedman, A., 1992).

2. Os adeptos dessa abordagem se referem a sua teoria como *"teoria da intersubjetividade"*. Talvez pudesse ser mais exatamente denominada de *"psicologia intersubjetiva do* self". No entanto, alguns de seus seguidores a consideram mais ampla do que a "psicologia do *self*" propriamente dita (Stolorow, 1991b), enquanto reconhecem que assimilaram o cerne da teoria da psicologia do *self* de Heinz Kohut (Stolorow et alii, 1987, p. 15; Atwood, 1989, p. 194). Até o momento, parece-me que a teoria da intersubjetividade está tão entrelaçada com a psicologia do *self* que é um erro se referir a ela somente como teoria da intersubjetividade. O termo também é um tanto confuso, já que existem algumas teorias filosóficas que poderiam ser classificadas como teorias da intersubjetividade.

Por que é importante explorar a teoria da intersubjetividade em relação à abordagem dialógica? As abordagens psicanalíticas têm a oferecer uma riqueza clínica que necessita ser incluída dentro de um modelo metapsicológico mais abrangente. Mais do que qualquer outra perspectiva de base psicanalítica, a teoria da intersubjetividade é a que mais se aproxima da abordagem dialógica.[3] Seu projeto é fornecer uma teoria clínica abrangente, enquanto se empenha numa fenomenologia da experiência humana. Essa é uma grande tarefa e seu começo tem sido excitante. Os *insights* clínicos fornecidos por essa abordagem são profundos e ricos.

Além disso, parecem existir muitos pontos naturais de encontro entre a abordagem dialógica e a teoria da intersubjetividade. Os defensores de cada abordagem vêem semelhanças marcantes entre as duas. Não é por acaso, portanto, que eles possam se mobilizar no sentido de promover um encontro. Embora isso tenha se infiltrado no pensamento de vários clínicos, foram especificamente a investigação, o trabalho clínico, os escritos integrativos e a pessoa de Lynne Jacobs que forneceram o impulso para o encontro de profissionais das duas abordagens.[4]

Há a necessidade de se estabelecer uma "ponte" entre a Gestalt-terapia dialógica e a teoria da intersubjetividade, porque existe muito em ambas as teorias que provoca ressonâncias similares, mas que ainda não foi inter-relacionado. Discutirei algumas das muitas semelhanças que, acredito, indicam uma complementaridade e até mesmo um possível entrelaçamento entre essas abordagens. Em um capítulo posterior, irei explorar, também, algumas das mais importantes diferenças entre elas.

Ao integrar os *insights* independentes da teoria da psicologia do *self* de Kohut,[5] seus defensores consideram a teoria da intersubjetividade como tendo

---

3. Lynne Jacobs salienta que dentre as abordagens de base não-analítica, a Gestalt-terapia está muito mais próxima da abordagem dialógica do que a teoria da intersubjetividade. No entanto, ela assinala: "contudo, a teoria da intersubjetividade desenvolveu a 'inclusão' mais completamente, mostrou seu significado clínico e é muito mais desenvolvida como uma teoria clínica *per se*" (Jacobs, comunicação pessoal em outubro de 1991).

4. Isso ocorreu na VII Conferência Anual de Psicoterapia Dialógica, em San Diego, Califórnia, em 1991. Essa conferência trouxe Robert Stolorow, um dos principais teóricos da teoria da intersubjetividade, e Sanford Shapiro, um analista de orientação intersubjetivista, em diálogo com representantes da abordagem dialógica — incluindo Charles Brice, James DeLeo, Aleene Friedman, Maurice Friedman, Rich Hycner, Lynne Jacobs e David Tansey.

Meu próprio interesse na psicologia do *self* provavelmente começou por volta do início de 1984, ao ouvir falar sobre a psicologia do *self* em geral e ao ler o capítulo inicial manuscrito sobre a psicologia do *self*, do que mais tarde se tornou o livro de Maurice Friedman intitulado *The healing dialogue in psychotherapy*. Lynne Jacobs me encorajou a ler mais sobre a teoria da intersubjetividade e mencionou quão próxima ela estava de uma abordagem dialógica. Foi ela quem me recomendou a leitura do livro *Structures of subjectivity: explorations in psychoanalytic phenomenology* de Atwood e Stolorow, 1984.

5. Em uma palestra proferida em 14 de setembro de 1991, em San Diego, Ca., intitulada "Subjectivity and self psychology: a personal odyssey", Stolorow tornou abundantemente claro

se desenvolvido além de algumas das limitações metapsicológicas da análise clássica, incluindo aquelas da teoria de Kohut. Como seu nome indica, ela enfatiza uma compreensão *intersubjetiva* do *self*. Evidentemente, essa ênfase leva a psicologia do *self* para um ponto mais próximo da abordagem dialógica. O relato clínico mais abrangente sobre essa abordagem é o *Psychoanalytic treatment: an intersubjective approach* (Stolorow, Brandchaft, Atwood, 1987). A obra mais recente, *Contexts of being: the intersubjective foundations of psychological life* (Stolorow e Atwood, 1992), expande seu trabalho anterior e inicia a busca de uma base mais ampla para a compreensão dessas questões.

Para compreender a teoria da intersubjetividade é necessário, em primeiro lugar, uma breve revisão de alguns princípios fundamentais da psicologia do *self* de Heinz Kohut. Isso ocorre porque a teoria da intersubjetividade assimilou as idéias fundamentais do trabalho de Kohut, ao mesmo tempo em que fornece uma base filosófica e metapsicológica diferentes. No entanto, gostaria de salientar ao leitor que a teoria de Kohut e a teoria da intersubjetividade serão apresentadas de forma bastante sucinta, que de nenhuma maneira poderão fazer justiça à complexidade e riqueza desses sistemas. A brevidade aqui é necessária, a fim de focalizar basicamente a integração dessas perspectivas com uma abordagem dialógica.

A Psicologia do *Self* de Kohut

Ao desenvolver sua teoria da psicologia do *self*, Kohut transcendeu muitos — embora nem todos — dos seus pressupostos teóricos de origem freudiana clássica.[6] Na sua maneira de pensar, era o desenvolvimento e a coesão do *self* que se tornavam o fator motivador principal da vida da pessoa e determinavam como ela reagia em uma situação específica. Como conseqüência, a experiência subjetiva do paciente se tornava o foco principal da terapia. Isso era radicalmente diferente do pressuposto analítico clássico de que o analista "sabe" o que é a realidade para o paciente. Para Kohut, a maneira de se aproximar da experiência do paciente era através da postura "introspectiva empática".

A palavra empatia, neste contexto, criou muitos mal-entendidos. O que Kohut quis dizer, basicamente, com esse termo é que o analista tinha uma atitude de investigar a experiência do paciente a partir de uma perspectiva subje-

---

que a teoria da intersubjetividade, conforme concebida por ele e seus colaboradores, desenvolveu-se de forma independente e paralela à teoria da psicologia do *self* de Kohut e não foi conseqüência dela. Stolorow mencionou, ainda, que foi muito influenciado pela "teoria da personalidade" de Henry Murray.

6. Stolorow et alii, (1987) apontam que, por exemplo, Kohut nunca rompeu completamente com a teoria do *drive*. No entanto, Detrick (1989, p. 459) afirma que, em seu último livro, Kohut se afastou da teoria do *drive*.

tiva *daquele* paciente. *Usualmente*, o sentido dado por ele a essa palavra não implicava um sentimento de compreensão mútua. Ao contrário, a atitude empática, como teorizada por ele, era muito mais a orientação cognitiva investigativa do analista. No entanto, ele usou algumas vezes o termo empatia no sentido de compreensão mútua, o que criou muita confusão. O aspecto introspectivo se referia ao compromisso do analista de também olhar sua própria experiência na situação terapêutica, no sentido de como ela poderia revelar em que estaria contribuindo para a experiência do paciente naquela situação.

Self-Objeto

Uma das principais idéias da psicologia do *self* de Kohut é a de "*self*-objeto". O *self*-objeto não se refere a pessoas reais, mas, sim, à *função* que uma outra pessoa, um objeto ou um evento servem para manter ou desenvolver mais, um sentido de *self* e de coerência do *self* (Stolorow et alii, 1987, pp. 16-7). As funções de *self*-objeto servem essencialmente para integrar os afetos na experiência do *self*. No processo de desenvolvimento, essa integração só pode ocorrer se existir "responsividade sintonizada" por parte daqueles que cuidam. É precisamente essa sintonia que dá suporte à diferenciação do *self*, das necessidades dos outros (Stolorow et alii, 1987, p. 20). Os vínculos de *self*-objeto são necessários no processo de desenvolvimento *durante toda* a vida e não somente nos primeiros anos. Isso significou realmente uma divergência radical em relação à doutrina analítica original, em que a maturidade era igualada à independência dos outros.

Kohut discutiu explicitamente três tipos de funções de *self*-objeto: 1) espelhamento, 2) idealização e 3) parceria. O espelhamento se refere à necessidade básica, em todos nós, talvez manifestada mais claramente no vínculo inicial entre a criança e os pais. Para nos desenvolvermos como seres humanos, precisamos de outros que sejam reflexo de nosso orgulho e excitação com os passos dados em nosso desenvolvimento. Um outro idealizado permite que nos sintamos protegidos; assim nos sentimos fortes e tranqüilos para lidarmos com as ocorrências diárias. As necessidades de parceria se referem ao que poderia ser chamado de sentimento de compreensão mútua — um sentimento de que somos como os outros.

Na terapia, uma transferência de *self*-objeto é um aspecto de toda transferência "no ponto em que o paciente tenta restabelecer com o analista vínculos que foram rompidos traumaticamente em fase inadequada durante os anos de formação e nos quais, mais uma vez, ele volta a se apoiar para a restauração e manutenção do sentido de *self*" (Stolorow et alii,1987, p. 40). Ocorre uma falha empática quando o terapeuta, *conforme é experienciado por aquela pessoa*, não consegue satisfazer as necessidades por ela solicitadas. O vínculo de *self*-objeto é rompido.

Ainda que sua abordagem seja muito radical comparada à teoria psicanalítica clássica, o trabalho de Kohut ainda é, por vezes, desapontador: na análise final, ele enquadrou alguns de seus *insights* radicais na tradicional metapsicologia freudiana e, por vezes, prendeu-se ao pensamento mecanicista de Freud (Stolorow et alii, 1987, pp. 16, 20-1). Ele não conseguiu assumir com bastante seriedade as implicações radicais de seu enfoque da experiência subjetiva, assim como de nossa relação com os outros, o que criou a abertura para uma abordagem especificamente intersubjetiva da psicologia do *self*.

Teoria da Intersubjetividade

Embora posteriormente tenham expandido o trabalho de Kohut, os teóricos da intersubjetividade começaram independentemente dele. O objetivo de seus defensores era ser uma "...psicologia pura da experiência humana" (Stolorow, 1991b), utilizando o método da "fenomenologia psicanalítica". Opondo-se à teoria clássica de Freud, a ênfase global dessa abordagem é "...a *realidade subjetiva* — do paciente, do analista, e o campo psicológico criado pela interação dos dois" (Stolorow et alii, 1987, p. 4). Dentro dessa perspectiva, o mundo subjetivo do paciente é o principal interesse. Este mundo é o produto de todos os encontros, que fazem o mundo dessa pessoa único, especialmente das experiências críticas em sua formação. O *self* é o centro desse mundo subjetivo. Dentro desse mundo subjetivo existem "estruturas da subjetividade" — formas consistentes pelas quais o *self* percebe o mundo.

Campo Intersubjetivo

O contexto para o mundo subjetivo é o do campo intersubjetivo; o mundo subjetivo está inextricavelmente preso às reações dos outros. Como resultado, o constructo do mundo subjetivo abrange tanto a dimensão de *self*-objeto, conforme conceituada por Kohut, quanto a dimensão conflituada ou repetitiva. A dimensão conflituada surge quando uma necessidade de *self*-objeto não é satisfeita. Isso elicia sentimentos arcaicos de fracasso como *self*. Pode mesmo ameaçar sua coerência. O *self* pode, então, ficar impedido de se desenvolver.

Nesse contexto de psicoterapia, a relação terapêutica é compreendida como uma "influência mútua recíproca" entre paciente e analista. É um modelo recíproco porque cada participante influencia as reações do outro elemento dessa díade (considerando-se a psicoterapia individual). No entanto, o foco principal está no mundo subjetivo do paciente.

Nada do que o paciente diz, faz ou experiencia na terapia é somente produto de seu próprio mundo idiossincrático e intrapsíquico. O terapeuta contribui para a experiência que o paciente tem dele (terapeuta); e o paciente contribui para a experiência que o terapeuta tem dele (paciente). Existe um encontro de *self* com *self*[7] que, necessária e inexoravelmente, é formado por duas histórias individuais e povoado por inumeráveis experiências idiossincráticas de ambos. É a postura empática do terapeuta que lhe permite ecoar os significados únicos da experiência subjetiva dessa pessoa.

Vínculos de *Self*-Objeto

Stolorow (1991b) sugere que, de fato, podem existir outras numerosas dimensões de vínculos de *self*-objeto além das funções de espelhamento, parceria e idealização discutidos por Kohut. Os teóricos da intersubjetividade querem expandir o conceito original de Kohut de função de *self*-objeto, enquanto não querem tornar o conceito tão extenso que se refira a *qualquer* atividade de cuidar (Stolorow et alii, 1987, p. 66). Além disso, eles sugerem que, provavelmente, existam outras dimensões importantes de relação, além daquelas de *self*-objeto e dos aspectos conflituosos.[8] Os teóricos da intersubjetividade, expandindo o pensamento de Kohut, propõem que o *self*-objeto e as dimensões conflituadas do paciente fiquem em primeiro plano ou no plano de fundo, dependendo daquilo que estiver ocorrendo no campo intersubjetivo.

Tudo o que foi dito acima sobre o paciente em relação ao *self*-objeto e às dimensões conflituosas *é verdadeiro também para o terapeuta*. Inconscientemente, ele irá se dirigir ao paciente para atender a certas necessidades de *self*-objeto, embora, espera-se, de maneira menos arcaica (Stolorow, 1991b). O terapeuta também chegará a certos impasses com o paciente, como resultado de suas dimensões conflituosas que emergem com ele. O paciente não irá satisfazer certas necessidades essenciais, provavelmente inconscientes, do terapeuta. Isso inevitavelmente levará a um conflito entre terapeuta e paciente, especialmente se o terapeuta deixar de se tornar *aware* de como isso está ocorrendo. É aqui que a postura introspectiva do profissional é especialmente necessária. O terapeuta, por si mesmo ou com supervisão, deve tornar-se *aware* de como suas necessidades têm interferido no aparecimento das necessidades de *self*-objeto do paciente e criaram uma disjunção — talvez até mesmo um abismo — no campo intersubjetivo.

---

7. Esta é a linguagem de Stolorow e seus co-autores, já que eles não querem falar sobre "pessoas". Essa questão de "*self*" em contraste com "*pessoa*" será explorada em capítulo posterior, intitulado "Crítica dialógica da teoria da intersubjetividade e da psicologia do *self*".

8. Lynne Jacobs, em capítulo posterior: "O terapeuta como 'Outro': O paciente em busca de uma relação", vai além do pensamento sistematizado por Stolorow e co-autores e sugere que pode, de fato, existir uma dimensão de "encontro do outro".

114

Transferência

A questão da transferência na teoria da intersubjetividade é central. A transferência não é vista como um fenômeno negativo. Devido à centralidade das "estruturas da subjetividade", ela é vista como "a expressão de um esforço psicológico universal para organizar experiências e construir significados" (Stolorow et alii, 1978, p. 37). É impossível não existir transferência. É inevitável que as estruturas subjetivas não variáveis de significados do paciente sejam exauridas na terapia; não poderia ser de outra maneira. Isso não é uma "regressão", mas uma manifestação dramática da visão de mundo do paciente e de suas relações com os outros. Este fenômeno comporta uma investigação acurada no sentido de ajudar a elucidar as estruturas inconscientes do mundo da pessoa. A transferência se torna mais clara pela compreensão dos significados altamente afetivos, freqüentemente antigos, da experiência subjetiva do indivíduo.

A transferência, assim como o restante do mundo subjetivo, é bipolar — manifesta tanto a necessidade de funções de *self*-objeto "de cuidar", como as dimensões de conflito (repetitivas) das experiências do paciente. Essas duas dimensões representam os amplos aspectos de figura e fundo subjacentes à transferência. No entanto, existem muitas outras necessidades e aspectos de *self*-objeto que podem vir a um primeiro plano na exploração da transferência. Diversas facetas da transferência se tornarão manifestas em diferentes ocasiões na terapia, dependendo, em cada momento, das necessidades correspondentes de *self*-objeto do paciente.

O papel do analista é muito importante na compreensão da transferência do paciente na relação terapêutica. O analista é sempre compreendido como aquele que provoca ou contribui, pelo menos em parte, para a manifestação da transferência na terapia. Mesmo sendo vista apenas como uma manifestação intrapsíquica, como na análise clássica, a transferência é, em vez disso, rigorosamente compreendida como uma função da interação do terapeuta e do paciente. Ela é um fenômeno intersubjetivo do começo ao fim. É somente examinando o que o analista faz (ou não faz) e como isso satisfaz ou não certas necessidades de *self*-objeto, que os significados das reações transferenciais do paciente podem ser esclarecidos. As respostas do terapeuta influenciam a emergência de certas necessidades de *self*-objeto (e conseqüentemente a transferência) por parte do paciente. Ao mesmo tempo, as respostas do paciente provocam certas reações contratransferenciais por parte do analista. Isso se torna um laço intersubjetivo de ação e reação. À medida que o analista não consegue discernir as necessidades de *self*-objeto presentes em primeiro plano para o paciente, haverá uma ruptura no vínculo intersubjetivo que está sendo criado na terapia.

Essas falhas por parte do analista criam mais resistência e desviam o movimento do paciente no estabelecimento de formas mais apropriadas de interagir em seu desenvolvimento. O objetivo da exploração sistemática da transferência é abrir a possibilidade de estabelecer conexões novas, presumivelmente mais saudáveis com o terapeuta, com o próprio sentido de *self* do paciente e também com os outros.

Terminando, preciso mais uma vez lembrar ao leitor que o que foi apresentado neste capítulo é, obviamente, um resumo *extremamente* sucinto de um modelo multidimensional extraordinariamente complexo (Stolorow, 1991b). Esse resumo, embora de ajuda, corre o risco de fazer uma grande injustiça à riqueza da teoria. Aspectos adicionais desta abordagem serão explorados em capítulos posteriores, buscando as semelhanças e as diferenças entre a abordagem dialógica e a teoria da intersubjetividade, assim como as semelhanças e diferenças com a Gestalt-terapia.

7. UMA PONTE ENTRE A PSICOTERAPIA DIALÓGICA E A TEORIA DA INTERSUBJETIVIDADE

Rich Hycner

> *Só se pode conhecer a totalidade da pessoa, e através disso a totalidade do homem, quando não se deixa de fora sua própria subjetividade e não se permanece como um observador neutro.*
>
> (Buber, 1965a, p. 124)

> *O desenvolvimento do enfoque psicanalítico pode ser conceituado como um processo intersubjetivo que envolve um diálogo entre dois universos pessoais.*
>
> (Atwood e Stolorow, 1984, p. 5)

Pontos de Encontro

Existem muitas semelhanças marcantes e idéias inter-relacionadas entre a abordagem dialógica e a teoria da intersubjetividade. Penso que seria de valor inestimável explorá-las. De muitos modos, isto é apenas uma introdução ao assunto e pode proporcionar uma base para integrar esta abordagem dentro da Gestalt-terapia. Um capítulo posterior apontará algumas das diferenças mais importantes.

Raízes Filosóficas

Em um livro anterior *The structures of subjectivity: explorations in psychoanalytic phenomenology* (1984), Atwood e Stolorow discutem sua abordagem, no primeiro capítulo, explicitamente fundamentada em várias filosofias, incluindo a hermenêutica, o existencialismo e a fenomenologia. Segudo essas tradições, eles revêem de forma mais completa a influência dos pensamentos de Dilthey, Husserl, Heidegger e Sartre.[1]

Com base na tradição hermenêutica, eles mencionam que seu trabalho foi especialmente influenciado pelo pensamento de Wilhelm Dilthey. Dilthey focalizou a descoberta dos significados dos eventos a partir da perspectiva do sujeito que experiencia, ao mesmo tempo que enfatizava que isso só poderia ser feito pelo envolvimento simultâneo do investigador. Portanto, a subjetividade do pesquisador e do sujeito que está sendo investigado estão inerentemente interconectadas nessa busca por significado. Eles citam com aprovação o comentário de Dilthey de que isso leva à "...redescoberta do Eu no Tu" (citado em Atwood e Stolorow, 1984, p. 3); certamente uma linguagem que soa bem com a abordagem dialógica. Há um inter-relacionamento aqui que precisa ser abraçado e honrado pelos pesquisadores clínicos.[2] Nessa perspectiva, Dilthey conceituou o estudo da experiência humana como uma "ciência humana", contrastando-a aos assim-chamados métodos objetivos das ciências naturais.

Stolorow e outros propõem que a psicanálise intersubjetiva seja concebida como uma ciência humana, reconhecendo explicitamente o envolvimento do pesquisador clínico nos fenômenos que estão sendo clinicamente investigados. Eu diria que fazer isso de outra maneira seria tornar-se culpado de uma bifurcação abortiva da interexperiência humana.

Dilthey foi professor de Martin Buber (Buber, 1965a, p. 126) e, obviamente, influenciou seu pensamento quanto a uma abordagem holística no estudo dos seres humanos, particularmente no aspecto de que este estudo deveria ser conceituado como uma ciência humana; ou como uma "antropologia filosófica",[3]

---

1. Talvez uma indicação do valor que eles dão a esses pontos de vista seja o fato de devotarem 25 páginas, de um texto de 120 páginas, desse livro para a discussão dessas filosofias. É também interessante observar que Atwood, um dos colaboradores mais importantes de Stolorow, publicou pelo menos dois trabalhos sobre o impacto dos filósofos existencialistas Heidegger e Sartre na "fenomenologia psicanalítica" (Atwood, 1983, 1989). Stolorow mencionou que o termo "fenomenologia psicanalítica" nunca "decolou" (1991b). Em relação à psicologia do *self* em geral, é interessante observar que diversos autores dessa perspectiva apontaram para a influência que o pensamento fenomenológico-existencial teve na psicologia do *self* (Masek, 1989; Nissim-Sabat, 1989).

Há paralelos mais intrigantes no recente livro, *Context of being* (Storolow e Atwood, 1992), entre essa abordagem e a posição tradicional da análise existencial dos três modos do "mundo" subjetivo do indivíduo: o *umwelt* (o mundo biológico), o *mitwelt* (o mundo com os outros) e o *eigenwelt* (o mundo do *self*). Storolow e Atwood (1992, pp. 8-11), usando virtualmente a mesma linguagem, afirmam que o mito da mente isolada surge por causa da alienação da natureza, da vida social e da subjetividade.

2. Essa conceituação foi explorada independentemente no capítulo intrigante e pioneiro intitulado "Interpersonal (I-Thou) Knowledge as a Paradigm for Science" do livro de Maslow *The psychology of science: a reconnaissance* (1966).

3. Buber foi muito mais influenciado pelo reconhecimento de Dilthey do "único" e do "geral" no estudo da pessoa do que pela fenomenologia posterior de Husserl, que buscava as "essências" universais (Buber, 1965a, p. 159). Como uma nota histórica adicional, Wilhelm Dilthey também foi professor de Franz Brentano, que influenciou fortemente o fundador da fenomenologia, Edmund Husserl, em sua compreensão da intencionalidade.

conforme referências da época. Buber, numa citação quase quarenta anos antes da existência dos psicólogos do *self* intersubjetivo, poderia facilmente ser confundido com um deles ao discutir o ponto de vista lógico-filósofo: "Ele só pode conhecer a *totalidade* da pessoa e por intermédio disso a totalidade do *homem*, quando não deixa de fora sua própria *subjetividade* e não permanece um observador neutro" (1965a, p. 124). O pesquisador das ciências humanas deve se envolver com o "fenômeno" (com as experiências e significados únicos *dessa* pessoa) e deve reconhecer esse envolvimento como parte do fenômeno que está sendo investigado. Não há aqui a questão de sucumbir à ilusão de alguma objetividade absoluta.

Em relação ao rótulo "existencialista", deve ser observado que apesar de a filosofia do diálogo de Buber estar certamente dentro do amplo alcance do pensamento existencial, ele não rotula sua filosofia como existencialista, dentro da tendência dos enfoques de Heidegger ou Sartre. Ele criticava muito os existencialistas porque em suas filosofias a existência individual era freqüentemente superenfatizada à custa da interexistência humana — restava pouco espaço para a possibilidade do diálogo genuíno e para a relação entre pessoas. Preocupava-se primariamente com um existencialismo intersubjetivo, ou, como ele preferia chamar, com a "dimensão inter-humana" da existência. Há aqui um forte paralelo entre a filosofia do inter-humano e a psicologia do intersubjetivo. Nos próximos subtítulos vou explorar os conceitos paralelos na teoria da intersubjetividade e na psicoterapia dialógica. Não são conceitos equivalentes, porém paralelos.

O Inter-humano — o Intersubjetivo

Uma das semelhanças mais significativas entre a abordagem dialógica e a teoria da intersubjetividade é a filosofia predominante de compreender a pessoa como uma pessoa-em-relação ou em termos da psicologia do *self*, como um "*self* intersubjetivo".[4] Esta é uma mudança radical da filosofia implícita na maioria das psicoterapias (com freqüência, muito sutilmente) que consideram a pessoa como um indivíduo *totalmente* separado, cuja relação com os outros é apenas uma "reflexão posterior" de sua individualidade.

Quando Buber se refere ao inter-humano, ele está falando tanto sobre o nível ontológico como sobre o ôntico (o qual inclui o psicológico). No nível ontológico, nosso estado próprio é *estar-com*. A unidade da existência e da experiência é o *self*-com-o-outro-e-o-outro-com-o-*self*. Isso é o "entre". Buber visualizava o estar-com da pessoa como uma oscilação constante entre

---

4. Num capítulo posterior, ao criticar a teoria da intersubjetividade, discutirei a difença crucial entre o que os teóricos da intersubjetividade querem dizer com "*self*", em contraste com "pessoa".

relação e separação. A relação é uma parte *inerente* do nosso ser, não um adendo posterior.

O *"self* intersubjetivo" na teoria de Stolorow e seus colaboradores é um conceito do *self* da pessoa como inerentemente inter-relacionado com outros *selves*. A identidade do *self* e sua coerência estão integralmente entrelaçadas no vínculo com os outros e na relação dos outros conosco. A psicoterapia precisa sempre levar em conta esse entrelaçamento.

Relações Eu-Isso — Funções de *Self*-Objeto

Talvez uma das conexões mais intrigantes entre o pensamento de Buber e a teoria da intersubjetividade seja a dimensão da existência a que Buber se refere como relações Eu-Isso e que é tratata pela segunda como as funções de *self*-objeto.[5] Buber, é claro, provinha de um ponto de vista ontológico, ao se referir a uma das duas posturas mais importantes que podemos tomar em relação a outra pessoa. Na verdade, ele censurava a predominância das relações Eu-Isso no mundo moderno.[6] Não era nenhum reacionário do século XIX, mas tinha a sensibilidade e a sabedoria para reconhecer que as relações entre as pessoas pareciam estar se tornando basicamente *técnicas*. Uma vez que tinha uma perspectiva ontológica e não era psicólogo, ele não se dedicou a uma explicação psicológica dos vários modos em que a relação Eu-Isso é vivida. E nem lhe cabia, como filósofo, ter uma teoria do desenvolvimento abrangente. A teoria da intersubjetividade começou muito bem e, sem dúvida, até este momento, esta foi sua maior contribuição.

O que tem sido insuficientemente desenvolvido numa abordagem orien-

---

5. Jacobs assume a posição de que as funções do *self*-objeto não são somente Eu-Isso, mas podem ser um "...sinal da relação dialógica" (informação obtida por comunicação pessoal em outubro de 1991). Ela segue afirmando (comunicação pessoal em novembro de 1992) que: "Quando você olha para o 'outro' para encontrar uma necessidade sua de *self*-objeto, isto é um Eu-Isso, talvez interpenetrado pelo Eu-Tu, porém ainda um Eu-Isso. Contudo, quando 'encontro o outro' e me sinto bem porque uma necessidade de *self*-objeto foi satisfeita, não seria isso também um Eu-Tu?". Concordo que certas relações em expansão do Eu-Isso estão em "curso" para uma relação dialógica.

6. Está além do alcance deste trabalho discutir essa predominância com mais profundidade. É suficiente dizer que a industrialização moderna, o ritmo acelerado da vida, a obsessão pelo consumo de bens materiais e a obsessão moderna pelo "fazer" em vez de "ser" deixam a pessoa com uma sensação de que não há tempo para "ser" na relação, as relações precisam ser "feitas". Uma sociedade predominantemente materialista é aquela cujos membros não têm um sentimento de valor — esperando inconscientemente que a aquisição de bens materiais irá preencher sua ânsia desesperada de ser valorizado e amado. "Amar" se torna apenas um sentimento, uma aquisição, em vez de uma atitude originada de um engajamento profundo em direção ao outro — certamente, além dos atrativos superficiais. É um amar o ser daquela pessoa. Similarmente, estamos obcecados por nos "apaixonar" em vez de um "modo de ser". Não é por acidente que Buber disse que o relacionamento conjugal era o maior desafio para a sobrevivência da relação dialógica.

tada pelo dialógico (Trüb, von Weizsäcker, Farber) é uma fenomenologia clinicamente mais específica das *necessidades* subjacentes a pelo menos algumas das relações Eu-Isso. A compreensão desse aspecto da subjetividade do indivíduo precisa ser mapeada; e a terapia é um terrritório a ser examinado e explorado com suavidade e cuidado. *As funções de self-objeto funcionam como guias nessa jornada arriscada.* De fato, eu diria que isso é um mapeamento clinicamente específico e tangível do mundo subjetivo da pessoa, sobre o qual terapeutas existenciais e teóricos têm sempre falado a respeito (May, Angel e Ellenberger, 1958); contudo, eles não têm conseguido articulá-lo de forma significativa para muitos clínicos. Por outro lado, Jacobs (1991) afirma que as relações de *self*-objeto nos levam ao "limite" da alteridade. Ainda assim, parece-nos que a teoria da intersubjetividade não lida com a verdadeira pessoa do outro (*versus* função de *self*-objeto).[7] Uma perspectiva dialógica pode ser útil aqui.

A Psicoterapia Dialógica — a Psicanálise Intersubjetiva

> Os pacientes iniciam uma análise com esperanças de um contexto intersubjetivo, no qual esforços interrompidos no sentido de uma identidade diferenciada podem ser liberados (o vínculo que liberta); e com *medos* de que as violações experienciadas pelo *self* na infância sejam repetidas com o analista (o vínculo que prende) (Stolorow et alii, 1987, p. 65, grifos do autor).

> A regeneração de um centro pessoal atrofiado... somente pode ser alcançada pela atitude de pessoa-a-pessoa de um parceiro, não pela consideração e exame de um objeto (Buber, 1958c, p. 133).

O Entre — O Campo Intersubjetivo

Talvez o mais importante para os nossos propósitos seja a similaridade de ambas as abordagens em relação à psicoterapia.[8] Tanto a abordagem dialógica quanto a teoria da intersubjetividade consideram a cura ocorrendo *no* "entre" ou no campo intersubjetivo. Há um contraste com a filosofia freqüentemente implícita em muitas teorias que dizem que a cura estaria ocorrendo intra-

---

7. Esse assunto será melhor explorado num capítulo posterior, em que fazemos uma crítica à teoria da intersubjetividade.

8. Nesta seção integrarei o pensamento da psicoterapia dialógica com a teoria da intersubjetividade. Sendo uma integração, seria difícil especificar cada termo ou frase como derivados da psicoterapia dialógica ou da teoria da intersubjetividade. Permitirei simplesmente que o contexto da frase indique qual teoria está sendo tratada naquele momento.

psiquicamente, só *no* cliente. Quando duas pessoas entram em um diálogo, seu significado "...não será encontrado em qualquer um dos dois parceiros, nem nos dois juntos, mas somente em seu diálogo, no 'entre' que é vivido por eles conjuntamente" (Buber, 1965b, p. 25). De fato, Buber se refere a essa abordagem como a "cura por meio do encontro". O encontro é de pessoa-a-pessoa. Isso acarreta, necessariamente, uma abertura ao que quer que aconteça entre eles. Utilizando uma linguagem surpreendentemente similar, Atwood e Stolorow propõem que a psicanálise seja "... um processo intersubjetivo que envolve um diálogo entre dois universos pessoais..." (1984, p. 4).

Assim, ambas as abordagens estão vitalmente preocupadas com a relação — o engajamento humano. Ambas consideram o que surge na terapia como uma função que não é só do paciente, nem só do terapeuta; é antes uma interação entre eles: cada participante co-constitui a realidade do outro. Também ambos vêem o relacionamento terapêutico criando o contexto para facilitar que a pessoa/*self* do cliente se torne mais inteira(o). A psicoterapia pode ser entendida como dois indivíduos com realidades separadas em busca de uma base comum — o "entre curativo".

Singularidade — O Mundo Subjetivo

As duas abordagens enfatizam que o primeiro passo em direção a essa base comum, assim como o foco geral da terapia, deve ser a entrada no mundo subjetivo dessa pessoa, a exploração rigorosa dos significados desse mundo e o início da compreensão da pessoa a partir de *dentro* de sua perspectiva *experiencial* interna. Do ponto de vista de Buber, cada ser humano é agraciado com a singularidade. Nossa natureza inter-humana — o que temos em comum — entrelaçanos na comunidade. Contudo, também somos cada um existencialmente únicos, somente um desse tipo em determinado tempo, igual a nenhum outro. Esse ser único provoca uma resposta única de todos que estão ao redor e isso contribui para os significados totalmente únicos de suas experiências.

A singularidade da pessoa também apresenta a seguinte problemática: desde que é único e singular, *ninguém* será capaz de compreender, *pré-reflexivamente ou totalmente*, a experiência única dessa pessoa. Certamente, isso não é algo possível de ser conhecido com antecedência, como uma fórmula de texto. É como se cada ser humano falasse um dialeto completamente diferente de uma mesma língua e que esta língua se tornasse virtualmente incompreensível ao ouvinte. Somente pode ser entendida, mas deficientemente, com o maior dos esforços. Assim, há a necessidade de se criar uma atmosfera de confiança e abertura, de forma a explorar esse "dialeto" único — esses significados subjetivos do indivíduo. Isso é sempre feito com a compreensão de que o mundo subjetivo do cliente emerge apenas na relação com o mundo subjetivo do terapeuta e na conseqüente realidade criada entre eles.

Entrando no Mundo do Cliente — Investigação Empática Constante

O método global das duas abordagens é explorar fiel e respeitosamente o mundo subjetivo do cliente. Uma abordagem dialógica na exploração do mundo subjetivo do cliente é aquela que "entra no mundo do cliente" (Hycner, 1991). Isso requer uma "escuta obediente" (Buber, 1965b, p. 131) que implica atenção rigorosa ao mundo de significados únicos incorporados pelo cliente. O terapeuta precisa "pôr entre parênteses" seus pressupostos e significados subjetivos implícitos, de forma que estes não venham a impor-se ao cliente. A finalidade disto é estar *presente* à compreensão de mundo única do cliente — seu significado para ele.

O método global utilizado pela teoria da intersubjetividade para a exploração do mundo do cliente é uma atitude de "investigação empática constante". É uma atitude de interesse e exploração não-críticos dos princípios organizadores inconscientes do indivíduo, conforme são revelados dentro desse contexto intersubjetivo particular. A abordagem do terapeuta pode ser basicamente cognitiva, embora seja possível que essa experiência ocorra de forma bastante emocional (como na "imersão empática").

Quando há uma ressonância positiva entre a postura do terapeuta e a experiência do paciente, este se sente profundamente compreendido. Se o cliente se sente compreendido — em especial quando emergem aspectos até então inaceitáveis de sua personalidade —, sua disposição em confiar no terapeuta aumenta progressivamente; começa a acreditar que sentimentos ainda mais vulneráveis podem ser compreendidos, aceitos e talvez até validados. As intervenções do terapeuta são guiadas basicamente pelo senso clínico, o que contribuirá para aumentar o clima de confiança; isso faz com que o indivíduo se revele mais abertamente, permitindo até mesmo que emerjam significados não revelados anteriormente. Isso acontece particularmente com aquelas parcelas da experiência que resultam de feridas dolorosas, quando o indivíduo está hipersensível quanto a ser violado.

Uma investigação empática constante, levada a seu limite fenomenológico, começa a penetrar o substrato emocional entre terapeuta e paciente. No mínimo, isso balança os significados subjetivos tomados pelo terapeuta como certos, tanto assim que isso é "...como sentir a areia cedendo por baixo de nossa base psicológica" (Stolorow e Atwood, 1992, p. 93). Isso indica algo mais do que simplesmente um envolvimento cognitivo. De fato, Jacobs salienta que "a investigação empática, feita de uma maneira constante, pode se transformar de forma crescente na experiência de imersão" (comunicação pessoal em novembro de 1992). Assim, no seu máximo, *pode* levar a uma sensação "por inteiro" da experiência do cliente, como também, correspondentemente, pode tornar o paciente *aware* da posição do terapeuta. Buber chamaria isso de inclusão.

Inclusão — Imersão Empática

Chegamos agora a uma das semelhanças mais intrigantes (também a possíveis diferenças) entre Buber e os teóricos da intersubjetividade — a centralidade da inclusão e da imersão empática.[9]

A inclusão é o oposto da objetificação analítica. É "... um impulso audacioso que exige uma *mobilização muito intensa* do próprio ser — para dentro da vida do outro" (Buber, 1965b, p. 81, grifo do autor). É a habilidade humana que se expressa no movimento rítmico de ir e vir para experienciar uma situação por meio da perspectiva da outra pessoa, enquanto mantém, *no mesmo momento*, sua própria experiência. É um movimento de ir e vir, porque o indivíduo não permanece apenas no pólo da interação, mas abarca ambos. É uma imersão na postura existencial do outro sem perder a própria posição existencial. É ser inclusivo em relação ao outro, mantendo, simultaneamente, o respeito por si mesmo. Esta é a base para a possibilidade de todo diálogo. A escassez de inclusão tem reduzido a interação humana à miséria emocional e espiritual — privada da prática daquele dom que nos distingue verdadeiramente como humanos.[10]

Buber se refere à inclusão fazendo uso de diversos termos, tais como: "experienciando o outro lado", "imaginando o real" e "tornando presente". Cada um desses termos aponta para o desejo de sermos respeitosos à experiência de cada pessoa em um relacionamento. Talvez a melhor descrição de inclusão seja a experiência pessoal do psicoterapeuta Hans Trüb de como Buber o ouviu. Trüb descreveu-a poeticamente "... deixando soar e avolumar-se um tom suave e escutando o eco do outro lado"[11] (in: Friedman, 1985, p. 32).

Buber contrastou a inclusão com sua forma de compreender a empatia. Para ele, empatia implicava a "travessia" para o lado e para a experiência da outra pessoa, enquanto sua própria realidade concreta se perdia nesse esforço "estético": "... isso significa 'transpor' a si mesmo para lá, e lá dentro. Assim, há a exclusão de sua própria concretude, a extinção da situação atual de vida, a

---

9. Jacobs (por meio de comunicação pessoal em outubro de 1991) dizia que a "imersão empática", como a descrevem os teóricos da intersubjetividade, é aproximadamente equivalente ao que Buber chama de inclusão. Além disso, Jacobs (por comunicação pessoal em novembro de 1992) salienta que o termo "imersão empática" foi usado originalmente por Kohut, ao passo que Stolorow prefere o termo "investigação empática constante", porque ele não tem uma "qualidade de demanda emocional". Posteriormente, ela afirma que esses termos são "conceitos impossíveis", porque nenhuma definição estrita pode ser dada a eles. Seria desnecessário dizer que, às vezes, isso tornou muito difícil minha tarefa de comparar duas abordagens aproximadas, porém claramente não equivalentes.

10. De forma interessante, isso deve ser distinguido da consciência de si mesmo: a autoconsciência é apenas um dos pólos necessários para a existência humana; o outro pólo é a inclusão do outro. Somente com a inclusão pode existir a possibilidade do diálogo.

11. É interessante como isso soa ser paralelo ao conceito de Kohut a respeito do "eco parental" (citado em Stolorow et alii, 1987, p. 68).

absorção da estética pura da realidade na qual se participa. A inclusão é o oposto disso" (Buber, 1965a, p. 97).

Suspeito, entretanto, que ele não teria se oposto à atitude de imersão empática, conforme é praticada por alguns psicólogos do *self* intersubjetivo, que expande a compreensão usual da "investigação empática constante". Essa imersão é uma experiência de estar, o máximo possível, totalmente absorvido no mundo subjetivo emocional/cognitivo do paciente. É um reconhecimento tácito das necessidades das pessoas de serem "compreendidas emocionalmente" e conectadas profundamente com o outro. No conceito de inclusão empática está o reconhecimento implícito de que a experiência do terapeuta impacta o paciente e de que a disposição do paciente permite a entrada do terapeuta. Essa imersão empática responde, com freqüência, ao grito silencioso do paciente, que soa há muitos anos e que por si só pode, de fato, ser terapêutica.

"Coisas Perdidas e Esquecidas" — Regiões Isoladas do *Self*

Ambas as abordagens reconhecem a importância dos aspectos ocultos do *self*. A cura só pode ocorrer se for permitido que emerjam "partes" anteriormente não aceitas e desconfirmadas da pessoa. É necessária a criação de uma atmosfera de aceitação empática, de tal forma que "... regiões ainda mais vulneráveis e isoladas..." (Stolorow et alii, 1987, p. 10) do *self* possam ser exploradas. Essas regiões isoladas do *self* são precisamente aquelas mais centrais no "ser" do indivíduo. Representam o centro da pessoa que coloca nela mais explicitamente a marca da singularidade.

Somente quando o "centro da pessoa" está assistido, podem emergir "coisas perdidas e esquecidas" (Trüb, 1935/1964c) — aquelas que são mais essenciais ao *self* e, correspondentemente, mais vulneráveis. Stolorow e Atwood descrevem tais experiências como semelhantes a um quarto fechado "...no qual estão trancadas as lembranças e os desejos mais íntimos, os acontecimentos mais pessoais" (1992, p. 94).

À medida que se processa a terapia, se há aceitação e sintonia, é provável que o paciente consiga caminhar das experiências intersubjetivas/intrapsíquicas mais arcaicas para modos mais maduros de ser. Isso corresponde ao enfoque de Trüb (1952/1964b) dos dois estágios da terapia. O primeiro se focaliza essencialmente no mundo subjetivo do paciente. O segundo apresenta a realidade existencial atual do mundo — o terapeuta como uma *pessoa verdadeira*, sentado com outra *pessoa verdadeira*.[12] O foco teórico básico da teo-

---

12. Aqui a teoria da intersubjetividade, *como teoria*, parece estancar. Focaliza a função de *self*-objeto "dentro" das pessoas, em vez de um ponto mais além; a *teoria* focaliza as pessoas verdadeiras. A *prática*, como a entendo nesta questão, vai realmente além da teoria.

ria da intersubjetividade está no primeiro estágio. Seus seguidores acreditam que a predominância da atitude de investigação empática, e algumas vezes de imersão, induzem a disposição do paciente de acreditar profundamente no terapeuta e explorar as áreas de interrupções do desenvolvimento. É atrás delas que se tornaram cativas as partes mais privadas, íntimas e freqüentemente mais danificadas do *self*.

Confirmação — Sintonia de Afeto

Mais uma vez chegamos a uma *aproximação*, em vez de a uma equivalência claramente definida, entre dois conceitos essenciais dessas duas abordagens. Os seguidores do dialógico acreditam que a cura genuína requer a *confirmação* do "ser" da pessoa. Todos os seres humanos têm uma necessidade existencial profunda de serem confirmados pelos outros. É uma necessidade que está presente, durante toda a vida, mas é particularmente proeminente quando houve uma sintonia falha entre a criança e seus pais.

Com freqüência, quando um cliente procura terapia, ele vive há anos em um sistema de "falso *self*" — uma forma crônica de "parecer". O cliente entra na terapia com a esperança — algumas vezes frágil, outras vezes desesperada — de que possa ser "verdadeiro" com outro ser humano. Além disso, cada ser humano precisa ser validado por outro, por quem ele "realmente é". É somente por intermédio dessa validação pelo outro que a parte mais profunda do ser de uma pessoa pode emergir em sua maior plenitude. Somente dessa maneira pode ocorrer a cura, no sentido mais profundo de se "tornar inteiro". Se este é um retrato acurado, então a *psychotherapea* (cuidando da alma) é uma situação estruturada, na qual o cliente está procurando validar seu *verdadeiro self*.

A confirmação não é algo que acontece magicamente. É muito mais uma experiência profunda, alcançada pela sintonia passo-a-passo do terapeuta com os estados de sentimentos variados do cliente, muitos dos quais até agora não tinham sido respondidos pelos outros. Este é o objetivo da sintonia de afeto na psicologia do *self*: atender às experiências emocionais específicas do paciente, especialmente aquelas que não foram cuidadas no desenvolvimento e, conseqüentemente, levaram a desvios do crescimento emocional. Essa sintonia é uma resposta aos estados emocionais em mutação no cliente e aos danos emocionais que podem estar presentes. Além disso, cria um contexto de se sentir compreendido e, assim, incrementa uma abertura para a relação intersubjetiva. Embora não seja objetivo da sintonia que o terapeuta, com sua atividade, confirme o ser da pessoa, isso pode, de fato, ser experienciado como tal pelo paciente (Jacobs, em comunicação pessoal de outubro de 1992).

A "Sabedoria" da Resistência — Falha do *Self*-Objeto e Resistência

Tanto a teoria da intersubjetividade como a psicoterapia dialógica reconhecem o papel central da resistência[13] na interação humana. Ambas vêem a resistência como um esforço inconsciente, mas essencial, para o indivíduo proteger a integridade do *self*. Ambas as abordagens "valorizam" a resistência — particularmente sua qualidade de autoproteção.

Se levarmos a sério o "entrar no mundo subjetivo" do cliente, então é essencial compreendermos a dimensão resistente do *self* dessa pessoa. Esses aspectos resistentes não são anomalias do *self*; na verdade, são dimensões existenciais necessárias do ser-no-mundo da pessoa e precisam ser "valorizadas". A pessoa, nesse momento, não poderia ser única sem essa dimensão resistente. A dimensão resistente precisa ser reconhecida e valorizada como parte da pessoa total (em contraste com sua divisão, como está fazendo o cliente atualmente). A resistência não é algo para ser rompido; precisa, antes, ser reconhecida e genuinamente apreciada como parte essencial da pessoa. Precisa ser compreendida como o melhor esforço inconsciente (com freqüência arcaico) dessa pessoa para manter coeso um senso de *self*.

A resistência é um muro com dois lados. Por um lado, rejeita experiências novas e ameaçadoras; por outro, encerra aquelas partes do *self* que são mais vulneráveis — as feridas arcaicas do *self*. Tanto a psicoterapia dialógica quanto a teoria da intersubjetividade estão especialmente interessadas nesse aspecto de autoproteção da resistência. É somente por meio do reconhecimento profundo dessa necessidade que o indivíduo estará disposto a confiar e correr riscos na exploração de domínios anteriormente selados por esse aspecto autoprotetor.

A resistência é uma chamada dupla para o mundo. Por um lado, ela diz aos outros: "Não permitirei que você me machuque". Por outro, há o grito desesperado e abafado do *self* mais íntimo, que deseja sair de sua interioridade e ser reconhecido e valorizado pelo outro. Do ponto de vista dialógico, esta é a ambivalência ontológica inerente a cada pessoa.

Tanto a psicoterapia dialógica quanto a teoria da intersubjetividade estão muito interessadas no papel do terapeuta na resistência do cliente. Esse interesse é inerente a qualquer psicoterapia verdadeiramente orientada para o intersubjetivo. Ambas propõem um modelo interativo da resistência. Elas a vêem como parte do "entre" da existência. Não há forma alguma de entendermos a resistência do cliente sem a compreensão de como essa pessoa percebe as ações

---

13. Esta perspectiva é uma dimensão tão integral da abordagem dialógica, que no livro *De pessoa a pessoa: psicoterapia dialógica* (1991/1995) dediquei um capítulo inteiro para explorar "A sabedoria da resistência".

do terapeuta; ainda mais, o que são, de fato, as verdadeiras ações do terapeuta e suas resistências na interação com *este* cliente. O ciclo inteiro de ação e reação deve ser examinado na discussão da resistência. A resistência é inerentemente um fenômeno do entre.

8. A PSICOLOGIA DO *SELF*, A TEORIA DA INTERSUBJETIVIDADE E A GESTALT-TERAPIA — UMA PERSPECTIVA DIALÓGICA*

Lynne Jacobs

Examinaremos, neste capítulo, a Gestalt-terapia sob a luz dos *insights* clínicos e teóricos da psicologia do *self* e da teoria da intersubjetividade. Essas teorias provocaram grande controvérsia na comunidade psicanalítica, e muitos dos seguidores dessas abordagens acreditam que qualquer uma das teorias, ou ambas, provocou uma revolução quanto à orientação do tratamento. Elas desafiam pressupostos básicos da psicanálise, e acredito que esses desafios estão trazendo a psicanálise para mais perto do humanismo e até mesmo de uma perspectiva dialógica. A Gestalt-terapia nasceu, em parte, como uma crítica humanista à psicanálise. *Insights* provenientes dessas teorias oferecem uma chance, tanto para enriquecer a teoria clínica atual da Gestalt-terapia como para ampliar seus próprios conceitos originais, ao levar em conta as perspectivas psicanalíticas que têm emergido, desde que os conceitos básicos da teoria da Gestalt-terapia foram articulados.

Qualquer teoria nova traz consigo um jeito novo de compreender os fenômenos clínicos. A psicologia do *self* e a teoria da intersubjetividade oferecem

---

* *Nota da autora*: Sou grata a Gordon Berger, PhD; Rich Hycner, PhD; Robert Stolorow, PhD; e Gary Yontef, PhD, por suas críticas sérias ao primeiro rascunho do texto, no qual este capítulo foi baseado. A existência de seus nomes aqui não implicam uma concordância com minhas idéias. Sou basicamente responsável pelo conteúdo deste capítulo. *Nota de Rich Hycner*: O primeiro texto que originou este capítulo foi intitulado "Insights from psychoanalytic self psychology and intersubjectivity theory for gestalt therapists" (1992). Muitas alterações editoriais foram feitas no manuscrito original, incluindo a mudança de título, adição de subtítulos e a reestruturação de várias frases, de forma a colocar este trabalho dentro do contexto do livro. As mudanças substanciais maiores se deveram ao clareamento da dimensão dialógica, a que estava embutida nos escritos, mas não suficientemente explícita. Todas as alterações foram submetidas à autora e aprovadas por ela.

novos *insights* clínicos, que qualquer escola psicoterapêutica poderia utilizar. Por exemplo, depois de o terapeuta compreender as funções de *self*-objeto e as relações de *self*-objeto, ele provavelmente irá considerar o material clínico de forma bem diferente.

Vejo a psicologia do *self* e a teoria da intersubjetividade influenciando a Gestalt-terapia, principalmente em duas áreas: 1) reforçam e enriquecem a perspectiva do desenvolvimento da Gestalt-terapia na psicopatologia e na terapia; 2) enriquecem o enfoque da Gestalt-terapia sobre o contato — sua fenomenologia, função psíquica e vicissitudes no processo terapêutico. A assimilação dos mais novos constructos psicanalíticos pode encorajar uma mudança de ênfase na Gestalt-terapia, movendo seu foco para alguns dos aspectos menos desenvolvidos de sua teoria.

Similaridades

Tanto Kahn (1985) quanto Tobin (1990) têm demonstrado que existem muitas similaridades básicas entre a psicologia do *self* e a maioria das terapias humanistas. A teorização da "intersubjetividade" por Storolow, Brandchaft e Atwood (1987), que pode ser vista como uma ramificação da psicologia do *self*, tem uma compatibilidade ainda maior. É especialmente seu pensamento que estarei utilizando neste capítulo.

Visão Holística. As novas teorias psicanalíticas propõem uma visão holística da natureza humana. O holismo está refletido na importância das "estruturas do *self*" e da "auto-experiência", que o aproximam do conceito de auto-regulação organísmica da Gestalt. Para os propósitos da Gestalt, as estruturas do *self* podem ser traduzidas como: "capacidades de auto-regulação especificamente pertinentes à auto-experiência". Quando existem "gestalten" seqüencialmente diferenciadas, vívidas e receptivas, as estruturas do *self* (ou processos) estão operando intactas.

Experiência-próxima. A psicologia do *self* e a teoria da intersubjetividade focalizam quase que radicalmente a experiência, tanto na construção da teoria quanto no processo psicoterapêutico. A teoria da intersubjetividade apresenta-se até mesmo como uma "fenomenologia psicanalítica", por seu interesse na compreensão da experiência e das estruturas da experiência. Tanto Kohut (fundador da psicologia do *self*) quanto Stolorow et alii (os intersubjetivistas) propõem que uma teoria da experiência humana deva ser construída com conceitos que sejam, *em princípio*, acessíveis à experiência (Kohut, 1959; Atwood e Stolorow, 1984). Eles extraem e separam a teoria clínica da psicanálise da metapsicologia clássica, no aspecto de que a última é inacessível à experiência.

Procuram compreender os fenômenos clínicos, não em termos de *drives* e mecanismos, mas em termos da auto-experiência.

Os conceitos da Gestalt-terapia, tais como formação de gestalten, *awareness*, contato e regulação auto-organísmica são também "experiências-próximas". Enquanto há uma diferença importante entre auto-experiência e auto-regulação — no sentido de que a primeira é um conceito exclusivamente psicológico —, o ponto importante de acordo entre as teorias é a renúncia da metapsicologia (*drives* etc.), que não pode ser verificada na experiência. A metapsicologia do *drive* é substituída pela construção de uma teoria que coloca ênfase, primariamente, na experiência e no processo (ou estruturação) da experiência.

Compatibilidade da Teoria de Campo. A teoria da intersubjetividade é especialmente compatível com a teoria de campo, vista sob o aspecto da natureza do consciente e do inconsciente. Na teoria da intersubjetividade, o experienciar emerge das *interações* no campo intersubjetivo; e *comportamento e experiência somente podem ser entendidos no contexto daquele campo.* Obviamente, essa perspectiva é compatível com a visão da Gestalt-terapia de que o experienciar surge da fronteira de contato do campo organismo/meio, apesar de o conceito de campo intersubjetivo ser mais especificamente psicológico que o da Gestalt-terapia.

De forma similar à Gestalt-terapia, Atwood e Stolorow (1989) não consideram o inconsciente como um *container* dos impulsos do id, mas como produto das interações no campo. A fronteira entre o que é consciente e o que é inconsciente é maleável e depende do contexto, especificamente das condições no campo intersubjetivo. Essas teorias compartilham com a Gestalt-terapia uma ênfase na emoção e no desenvolvimento emocional como centrais no desenvolvimento das estruturas do *self* ou na capacidade para a auto-regulação. Também compartilham com a Gestalt-terapia a visão de que as resistências não seriam defesas e *drives*, tampouco uma tentativa de o cliente sabotar a terapia; são muito mais uma expressão de autoproteção ou um auto-esforço, ainda que não assumidos como seus ou desintegrados da expressão.

Teorias de Processo. Finalmente, as três são teorias de *processo*. Elas diferem em alguma extensão no que diz respeito *em que os processos* são importantes na terapia. Por exemplo, as teorias psicanalíticas focalizam os processos de desenvolvimento pertinentes ao desenvolvimento das estruturas do *self*; já a teoria terapêutica descreve os processos relacionais e seu impacto no desenvolvimento das estruturas do *self* (capacidades de auto-regulação) no paciente. A teoria da Gestalt-terapia focaliza os processos de *awareness* no aqui e agora, utilizando lentes como formação de gestalten e contato para elucidar como o processo de *awareness* refina e dá suporte às capacidades auto-reguladoras.

A Teoria da Intersubjetividade

Definirei e descreverei certos conceitos da psicologia do *self*. Posteriormente, os criticarei quanto a sua relevância e aplicabilidade para a Gestalt-terapia. Desde que considero a teoria da intersubjetividade como uma ramificação da psicologia do *self*, o leitor poderá presumir que os conceitos que descrevo também fazem parte da teoria da intersubjetividade. Nos pontos em que a teoria da intersubjetividade difere da psicologia do *self*, de forma relevante para a discussão (geralmente por meio de formas que trazem a discussão para ainda mais perto da perspectiva humanista), faço referências específicas às idéias da teoria da intersubjetividade, para distingui-la da psicologia do *self*.

Stolorow et alii descrevem três contribuições essenciais que a psicologia do *self* traz para a psicanálise: 1) os conceitos de função de *self*-objeto e a transferência de *self*-objeto, 2) a aplicação firme do modo de investigação empático-introspectivo como definidor e delimitador do domínio da investigação psicanalítica, 3) a primazia da auto-experiência (1987, p. 15). Examinarei cada uma dessas contribuições em seu potencial, para enriquecer a teoria e a prática da Gestalt-terapia.

Funções de *Self*-Objeto

Uma das jóias do campo teórico da psicologia do *self* é seu conceito de relação *self*-objetal. A estrutura do *self* é desenvolvida e mantida por meio de vínculos "de *self*-objeto" com outras pessoas. O termo "...*self*-objeto se refere a um objeto *experienciado subjetivamente* como a serviço de certas funções... uma *dimensão* ao experienciar um objeto, na qual se exige um vínculo específico para a manutenção, restauração ou consolidação da organização da auto-experiência" (Stolorow et alii, 1987, p. 16). Goldberg (1988) vai mais além, ao definir a estrutura do *self* como certos recursos e experiências do sujeito, assim como os vínculos de *self*-objeto do sujeito. Uma pessoa está a serviço de uma função *self*-objetal para o sujeito, no grau em que *um tipo particular de vínculo é experienciado pela pessoa como uma ajuda para o sujeito manter uma estrutura de* self *estável*. Por exemplo, no caso de uma personalidade tipicamente narcisista, vemos alguém cuja autocoerência é mantida apenas com o suporte de *self*-objeto de espelhamento contínuo de seu sentido de *self* grandioso. Na vida diária, nosso sentido de propósitos comuns com os colegas ou vizinhos, ou até mesmo com a nação em que vivemos, é um vínculo de *self*-objeto, porque reforça nossa estabilidade temporal e dá apoio a um sentimento positivo de *self*-com-outro.

Kohut descreveu as *três maiores necessidades self-objetais*, que se tornam aparentes na transferência na terapia: *necessidades de espelhamento, de idealização* e *de parceria*. Todos nós precisamos de algumas pessoas de vez em quando, para "iluminar" nossa presença, para nos valorizar e refletir nosso orgulho e necessidade de expansão (necessidades de espelhamento). Precisamos tirar força, suavidade e calma do sentimento de unidade com o outro, com alguém que podemos idealizar (necessidades de idealização). E todos nós precisamos de pessoas com quem possamos nos identificar — para reafirmar que somos humanos entre humanos e bem-vindos por sermos assim (necessidades de parceria).

Os teóricos intersubjetivistas sugerem que o mais importante é desenvolvermos uma estrutura de *self* firme, responsiva e flexível (ou processos de auto-regulação), por meio da qual nos articulamos e integramos nossas emoções e nos identificamos com elas; os outros servem às necessidades de *self*-objeto, na medida em que formam um vínculo empático conosco, com o qual somos auxiliados na integração do processo emocional. Como afirmam Stolorow et alii: "É nossa opinião que as funções de *self*-objeto dizem respeito fundamentalmente à integração do *afeto* na organização da auto-experiência e que a necessidade de um vínculo *self*-objetal se refere mais centralmente à necessidade de uma receptividade sintonizada com os estados afetivos em todos os estágios do ciclo da vida" (1987, p. 66).

"Transferência" de *Self*-Objeto

Quando os pacientes estabelecem vínculos de *self*-objeto com o terapeuta — isto é, quando suas necessidades e aspirações dessas experiências relacionais específicas emergem na terapia — fala-se da existência de uma transferência de *self*-objeto. A idéia dessa transferência pode enriquecer a Gestalt-terapia de diversas maneiras. Primeiro, ela delineia uma perspectiva psicológica baseada subjetivamente na interligação do organismo e do meio. Enquanto Buber afirma que não há um "Eu" sem um "Isso" ou sem um "Tu", a psicologia do *self* diz que a organização do *self* é dependente de pelo menos um ambiente com um mínimo de responsividade. A organização física da pessoa humana não depende apenas da pessoa individual, *mas também* da natureza de seus vínculos de *self*-objeto.

Há uma forte crença entre os Gestalt-terapeutas de que as pessoas não podem ser definidas como entidades isoladas, mas somente em termos de suas interações no campo. Apesar disso, essa crença contradiz de tal forma a exaltação americana da autonomia individual, que na terapia, com a ênfase da Gestalt-terapia na responsabilidade, algumas vezes a esquecemos. A psicologia do *self* é mais um suporte à idéia de inseparabilidade da pessoa e seu campo, providenciando descrições complexas da experiência subjetiva dessa ligação, assim como fazendo descrições de sua função psíquica na organização do *self*.

A "Transferência" de Self-*objeto e o Contato.* Em segundo lugar, a psicologia do *self* descreve dimensões da relação terapêutica, que fornecem guias extremamente úteis para o trabalho com o contato. O enfoque de transferência postulado pela teoria da intersubjetividade é a renúncia mais radical da visão clássica psicanalítica; é um movimento audacioso para o aqui-e-agora. De fato, uma leitura de Stolorow et alii sugere que sua visão de terapia não *necessita nem mesmo incluir a palavra transferência.* Esta pode ser descrita como um processo no qual duas pessoas focalizam a experiência de uma delas e como o relacionamento impacta aquela pessoa. Essa postura é muito similar à da Gestalt-terapia, tornando desnecessário invocar o constructo da transferência. Vejam o quanto a visão deles é similar à da própria Gestalt-terapia:

> A transferência, no nível de generalização mais abstrata, é um exemplo de *atividade organizadora* — o paciente *assimila* (Piaget, 1954) a relação analítica nas estruturas temáticas de seu mundo subjetivo pessoal. A transferência é, de fato, um microcosmo da vida psicológica total do paciente, e a análise da transferência cria um foco em torno do qual os padrões dominantes de sua existência como um todo podem ser clarificados, entendidos e, portanto, transformados.
>
> A partir dessa perspectiva, a transferência não é uma regressão ao passado e nem um deslocamento deste, mas antes uma expressão da influência contínua dos princípios organizadores e do imaginário que se cristalizaram nas primeiras experiências formativas do paciente (Stolorow et alii, p. 36).

Stolorow et alii enfatizam o seguinte ponto: "A transferência e a contratransferência formam juntas um sistema intersubjetivo de influência recíproca mútua" (1987, p. 42).

Eles afirmam, e a Gestalt-terapia concorda veementemente, que a experiência do paciente na relação terapêutica é influenciada tanto pela entrada do terapeuta quanto pelo processo do paciente de atribuir significados aos acontecimentos na terapia. Quanto ao tratamento, as implicações da compreensão da relação terapêutica, como um *"sistema intersubjetivo de influência recíproca mútua"*, não estão ainda completamente explicitadas pela literatura corrente produzida pela teoria da intersubjetividade. Em minha opinião, este enfoque se aproximará ainda mais das idéias do diálogo Eu-Tu.

Sintonia de Afeto e "Encontro"

A teoria da intersubjetividade enfatiza fortemente as razões quanto a uma sintonia de afeto confiável, como o meio pelo qual ocorre a integração do afeto necessária ao autodesenvolvimento. A Gestalt-terapia acredita que outro elemento da relação também é básico para o autodesenvolvimento: o *encontro inter-humano.* No encontro, a sintonia, enquanto de importância central, é acompanhada pela "presença" do terapeuta. Ao falar em presença, entendo que, se o terapeuta está disposto a se abrir a um tipo de contato, o paciente pode então tocar a experiência subjetiva do terapeuta, tanto direta quanto indiretamente. Com bastante freqüência, isso ocorre indiretamente. Porém, em pontos cruciais na terapia como, por exemplo, nos esforços para lidar com uma ruptura séria na "transferência" *self*-objetal, ou em certas passagens do desenvolvimento, o paciente pode se tornar fortemente interessado e solicitar o acesso à experiência do terapeuta.

A meu ver, o autodesenvolvimento evolui não somente por meio das experiências de *self*-objeto obtidas pela sintonia de afeto sistemática, mas, *também, da experiência de sintonia proveniente de um "outro" personalizado e discernível*. Embora não haja nada na teoria da intersubjetividade que refute certas experiências, tais como o autodesvelamento do terapeuta, essa visão, até o momento, não foi desenvolvida. A teoria pode ser enriquecida por este aspecto da Gestalt-terapia.

A seguir citamos um exemplo de caso que demonstra a exploração mútua da "falta de ajustamento" entre percepções discrepantes de um evento compartilhado. Este exemplo mostra um processo de desenvolvimento criado pela reação do cliente ao autodesvelamento do terapeuta. A exploração de nossas experiências diferenciadas, acopladas à sintonia quanto ao significado da diferença para o paciente, fortaleceu o vínculo de *self*-objeto. Para mim, isso ilustra como as necessidades *self*-objetais podem ser clareadas quando se procura com sensibilidade uma postura dialógica.

Benjamin me procurou, primeiramente, para uma supervisão. Ao final da primeira sessão, solicitou que nos encontrássemos por cinqüenta minutos, em vez das minhas sessões usuais de quarenta e cinco minutos. Lamento admitir que cedi ao seu pedido sem maiores indagações. Fiquei realmente com uma sensação de que o pedido era muito importante para ele. De qualquer modo, como eu o estava atendendo logo antes de minha pausa para o almoço, disse-lhe que concordaria em tentar sessões de cinqüenta minutos como experiência. (Com o passar do tempo, esse evento se tornou para mim uma "reencenação simbólica", um conceito tirado da psicologia do *self*. Benjamin precisava de algum exemplo concreto de que seus desejos tinham um lugar em nossa relação; ele provavelmente não teria continuado com as consultas se não conseguisse, desde o começo, estabelecer este fato.)

Logo Benjamin decidiu, mas com grande inquietação, que queria mudar nosso contrato de supervisão para terapia. Após alguns meses, minha agenda tinha mudado tanto, que eu não queria mais me encontrar com ele em sessões de cinqüenta minutos. Quando levantei a questão, ele ficou enfurecido e me acusou de estar sendo injusta e exploradora. Disse-me que seria melhor abandonar a terapia do que ser tratado desta forma. Na sessão seguinte fui capaz de lhe comunicar minha compreensão do que a questão significava para ele. Vivia com medo de ser impiedosamente explorado pelos outros, que viam suas necessidades não como expressões de sua identidade, mas meramente como obstá-

135

culos que precisavam ser colocados de lado. A diferença de cinco minutos na sessão era um símbolo para ele e significava que não seria tão explorado por mim.

Benjamin prontamente concordou com a explicação acima — de fato, isso foi algo que alcançamos por meio da exploração mútua — e reconheceu que os cinco minutos eram um símbolo e, na verdade, sem importância, comparados à sua experiência durante o andamento das sessões. Contudo, ele insistiu em que a "compreensão" dos significados não impedia sua necessidade de uma sessão de cinqüenta minutos. Disse-lhe que o símbolo e as necessidades expressas por ele eram bastante claros para mim e que estava disposta a manter as sessões de cinqüenta minutos. Após alguma reflexão, ele sugeriu que alternássemos: uma sessão de cinqüenta minutos e a próxima de quarenta e cinco. Novamente ele repetiu que o tempo não significava nada, porém o símbolo era que se *eu pudesse* ser confiável e levar em consideração suas necessidades, então ele não precisaria ser tão intransigente em relação a sua autoproteção.

Numa sessão bem posterior, ele estava explorando questões ligadas à sessão de cinqüenta minutos, como fazia freqüentemente. Descreveu a si mesmo como uma pessoa justa e que me via também da mesma forma. Considerava justo o acordo feito entre nós. Disse-lhe que, mesmo que o acordo fosse importante para ele, eu não podia concordar que fosse justo, pois não o tinha experienciado como justo para mim, apesar de seus esforços nesse sentido. Ele ficou surpreso com a resposta, pediu meu ponto de vista, e eu lhe dei. Estava incluído o fato de que fiz o acordo levando em consideração seus medos e sua necessidade de um símbolo concreto de que seus medos e desejos estavam sendo encarados seriamente. Ele tinha assumido, durante o tempo todo, que eu estava *acting out*, com um sentido de justiça *"quid pro quo"*. Ficou emocionado ao descobrir que eu poderia realmente estar fazendo algo em consideração às suas necessidades. Isso conduziu a uma *awareness* mais direta de seus fortes desejos de abaixar a guarda e confiar em mim.

De acordo com o que foi mostrado anteriormente, tanto os Gestalt-terapeutas como os intersubjetivistas concordariam que o mundo subjetivo do terapeuta estava influenciando o mundo subjetivo do paciente. Paciente e terapeuta podem explorar juntos suas visões do evento, a *awareness* do paciente em relação às visões do terapeuta e como essa *awareness* também o influencia. No caso de Benjamin, parece realmente que uma dimensão de *self*-objeto foi aprofundada em nossa relação, apesar de isso não ter sido necessariamente meu alvo ao esclarecer o que se passava. Do ponto de vista da Gestalt-terapia, essa troca enriqueceu nosso contato e incrementou o auto-suporte do paciente, assim como seu interesse no aprofundamento posterior de seu contato comigo. *Foi, então, facilitado um processo de desenvolvimento.*

A Dimensão Repetitiva. A teoria da intersubjetividade oferece outras idéias sobre a relação terapêutica, que considero muito úteis. Stolorow et alii sugerem que a relação (transferência) tem duas dimensões: a dimensão repetitiva e a dimensão de *self*-objeto.

Na dimensão repetitiva encontramos as "defesas de caráter", com as quais estamos todos familiarizados. Atualmente, elas podem ser entendidas como *defesas de autoproteção*, postas em ação quando está ocorrendo algo na relação e que conduz a um *"temor de repetição"* — um temor de que o terapeuta poderá ferir o paciente da mesma forma que foi ferido no passado, quando ousou revelar aspectos vulneráveis seus para os outros. Mais uma vez podemos ver aqui que a defesa é conceituada como uma proteção contra ferimentos, enquanto o indivíduo busca seu desenvolvimento — não como uma defesa contra um *drive*. Como na Gestalt-terapia, a psicologia do *self* acredita que tal temor de repetição é "disparado" por um evento interpessoal real na terapia. Isso pode parecer insignificante para o terapeuta, mas *os significados que o paciente lhe dá o tornam significativo.*

Dimensão de Self-objeto. Na dimensão de *self*-objeto, um vínculo de *self*-objeto foi estabelecido e se diz que está trabalhando silenciosamente no fundo, a fim de fornecer suporte para a auto-exploração; ou a dimensão de *self*-objeto está em primeiro plano quando a necessidade de restabelecer o vínculo emerge como conseqüência de uma ruptura no vínculo estabelecido anteriormente. Neste momento, a atenção se volta não apenas para o restabelecimento do vínculo, mas para a *função* do mesmo.

Em momentos de ruptura, o significado do vínculo para a auto-organização do paciente se torna aparente enquanto ele luta com questões em duas áreas muito importantes: *autoconsolidação* e *autodiferenciação*. Se o terapeuta puder sintonizar com sucesso seu impacto no paciente e ajudá-lo a compreender, aceitar e clarear o "gatilho" — a falha de *self*-objeto que ocorreu e possivelmente o esforço de desenvolvimento (ou *"ser"*) que está sendo expresso — o vínculo de *self*-objeto pode ser restabelecido. O terapeuta, por meio dessa sintonia empática, fornece um ambiente facilitador para o desenvolvimento das mais sofisticadas estruturas do *self*. Essa sofisticação crescente inclui a maturação da dimensão da relação de *self*-objeto.

Em minha opinião, o vínculo intacto de *self*-objeto pode ser também um *fenômeno em primeiro plano*; e podem ocorrer também explorações semelhantes às feitas para repararem rupturas. É talvez o fenômeno que mais prontamente se observa e lida em uma terapia de base dialógica. Stolorow (através de comunicação pessoal em outubro de 1990) concorda que, apesar de a literatura da intersubjetividade não explicitar detalhadamente a esse respeito, a relação intacta de *self*-objeto pode se tornar figura. Um exemplo óbvio de vínculo intacto de *self*-objeto em primeiro plano é quando o paciente se sente agradecido por uma experiência, que leva a uma segurança maior ao revelar detalhes potencialmente vergonhosos de sua vida. *A dimensão de self-objeto clarifica para os terapeutas o uso auto-regulador das pessoas — incluindo o terapeuta.*

Na Gestalt-terapia, quando vemos sintomas de ruptura no auto-suporte do paciente para fazer contato, podemos usar a idéia de transferência de *self*-objeto para tentar entender não somente como o processo de contato foi quebrado, mas *qual seria o seu significado para o paciente.*

"Encontrando" o Outro

Existe, na verdade, uma terceira dimensão na relação terapêutica além das dimensões repetitiva e de *self*-objeto, sendo que ela fundamenta ambas — "encontrando o outro". *As dimensões de* self-*objeto e dialógica estão interconectadas: ambas estão presentes em todo episódio de contato.*

A revisão e a análise da pesquisa infantil de Stern (1985) confirmam a posição da Gestalt-terapia de que o contato existe desde o nascimento. Ele confirma que algum nível de discriminação da fronteira, que é a base para o contato, ocorre até mesmo em recém-nascidos. Porém seu trabalho, assim como a idéia de relação de *self*-objeto, exige que os Gestalt-terapeutas refinem sua compreensão de contato. Os Gestalt-terapeutas tendem a enfatizar a *awareness* das discriminações de fronteira ("apreciação da diferença") quando descrevem o contato. Enquanto lá não pode haver nenhum "outro" — nenhum contato sem essa diferença — freqüentemente a *awareness* que vem em primeiro plano dessas diferenças desvia o episódio de contato em formação. Algumas vezes, as diferenças precisam estar no fundo, em que se mantêm firmes as experiências necessárias e delicadas da unidade ou da singularidade.

Podemos dizer que a *confirmação* que ocorre no diálogo Eu-Tu é uma expressão do aspecto de parceria da relação *self*-objetal. De fato, penso que a psicologia do *self* subestima a importância da teorização de uma relação de parceria madura. Muito mais atenção é dada ao espelhamento e à idealização como formas específicas de vínculo de *self*-objeto do que à parceria. Quando uma pessoa é confirmada como humana entre humanos, esta é uma forma madura de parceria.

O espelhamento também é vital para o diálogo Eu-Tu. Entretanto, o espelhamento é um termo incompleto para descrever a imersão audaciosa na experiência do outro que acontece no diálogo. Geralmente, não se dá a devida importância, no diálogo, à idealização da necessidade de *self*-objeto, pelo menos diretamente. Se você aceita a tese de que para algumas pessoas existem tais necessidades de desenvolvimento, então você pode sofrer influências no sentido de ser mais cuidadoso a respeito de insistir no diálogo, que os pacientes o vejam em proporções "realistas". Antes disso, você permitirá que o retrato que eles fazem de você vá progressivamente desenvolvendo maior complexidade e "dimensão humana". Claramente, esta é uma área que precisa de maior exploração.

Dimensões Múltiplas de Relação. Sugiro que, num processo de contato saudável, operem *simultaneamente* dimensões múltiplas da relação. A idéia de dimensões múltiplas de relação não é incompatível com as novas teorias psicanalíticas (Stolorow, 1986), mas seu foco tem estado mais voltado para a articulação da dimensão de *self*-objeto. Assim, outras dimensões do processo de contato permanecem sem ser examinadas.

Certamente, a dimensão de *self*-objeto *está* presente no contato. Enquanto isso for necessário para evitar a dissolução do funcionamento do *self*, uma realização mais completa da personalidade se torna um subproduto do "encontro dialógico" — mais claramente um encontro afirmativo entre dois outros que confirmam. A *base* para esse encontro pode ser a dimensão de *self*-objeto, porém essa dimensão não deve levar em conta o *entre*, que não pode ser controlado ou posto em ação pelo parceiro isoladamente, ou ainda porque as necessidades de *self*-objeto estão satisfeitas. O entre descrito por Buber só é possível quando as pessoas não desejam apenas ser confirmadas, mas quando alcançam o "encontro"; e ao fazê-lo, confirmam o outro. Na relação terapêutica, acredito que às vezes o interesse do paciente pela subjetividade do terapeuta é apenas uma tentativa como esta.

A Postura Empática-introspectiva

A segunda contribuição importante da psicologia do *self* à psicanálise (com muito potencial para enriquecer a Gestalt-terapia) é a introdução do modo de escuta empático-introspectivo. Este modo empático-introspectivo "...refere-se a uma tentativa de entender as expressões da pessoa por meio de uma perspectiva interna, em vez de partir de um ponto de vista de fora. Isto é, por meio do quadro subjetivo de referências da própria pessoa (Stolorow et alii, 1987, p. 15). No momento, a abordagem de Kohut tem influenciado muitos clínicos no trabalho com pacientes narcisistas, assim como com pacientes com outros tipos de diagnósticos. No caso dos narcisistas, os terapeutas cuidam de forma consistente de seu mundo subjetivo, abandonando o "teste de realidade" e outras intervenções que poderiam ofendê-los com a *awareness* da iniciativa isolada do terapeuta, potencialmente útil, mas ainda não aproveitada por um longo tempo. O terapeuta não se rebela contra as intensas transferências *self*-objetais, que se estabelecem e causam dano às suas próprias necessidades narcisistas.

A experiência clínica tem provado repetidamente o valor de entrar no diálogo terapêutico por meio da imersão na *experiência do paciente*; e, então, comunicando de forma verbal e não-verbal, essa compreensão da experiência do paciente. Carl Rogers acreditava que esse processo era a essência da terapia, descrevendo em ricos detalhes os processos psicológicos pelos quais funciona e por que é tão necessário. Esse aspecto do engajamento foi chamado por

Martin Buber de "tornar presente" ou "inclusão". Quando uma pessoa se torna presente pela ação de outra, isso envolve imaginar, tanto quanto possível, o mundo subjetivo dessa pessoa, sem julgamento ou tentativa de influenciá-lo.

A psicologia do *self* tem lembrado aos terapeutas o valor de se imaginar a realidade do paciente tão completamente quanto possível. A teoria da inter-subjetividade dá um dramático passo mais além, ao *insistir que o diálogo está ocorrendo entre duas pessoas*. Ambas, como sujeitos participantes, têm seus caminhos próprios de perceber o mundo e o diálogo terapêutico, *com nenhuma delas tendo uma exigência mais direta para com a verdade objetiva do que a outra*. Tal relativismo nos lembra de refrear nossa tendência a uma "terapia moral". A terapia moral sustenta que os pacientes têm objetivos e desejos não realistas e precisam ser auxiliados a desistir de sua imaturidade em favor de uma compreensão madura da natureza não-realista de seus desejos.

Os terapeutas de fundamentação existencial, como os Gestalt-terapeutas, são propensos ao erro do moralismo quando *visam* à autenticidade e à respon-sabilidade como valores corretos. Do ponto de vista do diálogo mútuo, em que o conhecimento subjetivo de cada um é valorizado igualmente (desde que não haja nenhum conhecimento verdadeiramente objetivo), nenhum desejo é irres-ponsável — é um existente. O significado do desejo pode ser explorado para clarear a organização da auto-experiência do paciente. Com freqüência, a necessidade de *self*-objeto está sendo expressa, isto é, uma necessidade de um tipo específico de relação que favoreceria a autocoesão ou o autodesenvolvi-mento. Quando esse processo de descoberta, repetido muitas vezes no curso da terapia, realiza-se por meio do "tornar presente" ou da entrada no mundo sub-jetivo do paciente o mais completamente possível, duas coisas importantes acontecem. Primeiro, a experiência de ver o evento pelos olhos do paciente di-minui a probabilidade de o terapeuta formar julgamentos de valor. Em segundo lugar, a experiência do paciente de estar sendo presentificado, ou a experiência de ter outra pessoa em imersão empática sintonizada em seu mundo subjetivo, capacita-o, ao máximo, a construir as habilidades emocionais necessárias para a auto-regulação. Os Gestalt-terapeutas as descreveriam como autênticas e responsáveis.

Esta abordagem é inteiramente consistente com os princípios mais impor-tantes da Gestalt-terapia. Está de acordo com a teoria paradoxal da mudança quando diz que, por meio da identificação com a existência presente do indiví-duo, crescimento e mudança ocorrem. Também a crença da Gestalt-terapia na auto-regulação sugere que se o terapeuta permitir que emerja a necessidade mais imediata, os pacientes poderão se mover no sentido de conseguir que sua necessidade seja satisfeita. E quando percebem que esta não pode ser satisfeita, podem fechar a gestalt através do luto pela perda. Isso acontece se estiverem num ambiente facilitador *de contato com um terapeuta acolhedor e sintoni-zado*. Assim, os três conceitos da teoria paradoxal da mudança, auto-regulação organísmica e gestalten inacabadas podem ser utilizados para dar suporte a uma abordagem psicoterapêutica, que vê as necessidades de *self*-objeto como centrais para o autodesenvolvimento. Assim faz a psicologia do *self* e, penso eu, também deveria fazer a Gestalt-terapia.

Construção da Teoria e Postura Empática-Introspectiva. Um segundo aspecto interessante do modo empático-introspectivo é sua relevância para a construção da teoria. Entre aqueles que foram influenciados por Kohut, há atualmente um debate sobre se o domínio do conhecimento psicanalítico deveria se limitar ao que, em princípio, é acessível à experiência subjetiva. Stolorow et alii propõem essa limitação, enquanto Wolf, Shane e Shane, e Basch, entre outros, não querem ficar tão presos.

A perspectiva de Wolf está, provavelmente, mais próxima da Gestalt-terapia. Ele propõe uma oscilação entre os métodos "extrospectivo* e introspectivo", olhando algumas vezes a partir do quadro de referências do paciente e outras a partir de seus referenciais internos (Stolorow et alii., 1987, p. 5). Não me sinto confortável com o termo extrospectivo e prefiro dizer que acumulamos dados por meio do método empático-introspectivo, aplicados *tanto* ao terapeuta *quanto* ao paciente.

Os conceitos da Gestalt-terapia são de experiência próxima. Isto é, são acessíveis ao estudo por meio da introspecção e da empatia (ou do processo de *awareness*). Para os Gestalt-terapeutas, a questão de utilizar ou não uma perspectiva de experiência próxima na construção da teoria foi há muito tempo respondida com uma afirmativa. Mas o corolário desse debate é se os conceitos da Gestalt-terapia possuem uma utilidade clínica maior, quando elucidados pela perspectiva do sujeito que experiencia ou por uma perspectiva externa.

A Gestalt-terapia tem sempre se definido como uma terapia experimental. Uma das maiores críticas de Perls à teoria psicanalítica era que ela, na sua época, reduzia a experiência do paciente ao *status* de um epifenômeno. Para Perls, a experiência e o experienciar deveriam ser a pedra fundamental de qualquer teoria de terapia e personalidade. Mas Perls seguiu Freud na tentativa de formular uma teoria que fosse aceitável como ciência natural. Ao direcionar o método de investigação no sentido de uma observação "científica" em vez de introspecção, Perls restringiu, na teoria da Gestalt-terapia, sua habilidade de levar as implicações de sua crença na centralidade da experiência até seu desenvolvimento máximo.

Ciências Naturais e Ciências Humanas. As ciências naturais estudam as propriedades observáveis e o comportamento dos objetos, enquanto as ciências humanas focalizam a experiência subjetiva e intersubjetiva. O conceito de ciên-

---

*"*Extrospectivo*": Significa "olhar de fora", literalmente. Termo usado como oposto a "introspectivo". (N. do T.)

cias humanas foi introduzido e definido pela primeira vez por Dilthey, filósofo alemão:

> De acordo com Dilthey, as ciências humanas precisam ser distinguidas das ciências da natureza, devido à diferença fundamental de atitude em relação a seus respectivos objetos de investigação: as ciências naturais investigam os objetos vistos do exterior, enquanto as ciências humanas se apóiam em uma perspectiva a partir do interior. A categoria suprema das ciências humanas é a do significado — algo que existe dentro da subjetividade humana, em vez de se situar no plano da natureza material. A ênfase central das ciências naturais, segundo a visão de Dilthey, estava na explicação causal; em contraste, a tarefa da investigação nas ciências humanas, conforme ele as via, estava na interpretação e na compreensão (Atwood e Stolorow, 1984, p. 2).

Partindo da perspectiva das ciências naturais, estudam-se os comportamentos externos observáveis, como, por exemplo, as interações com os outros. A partir da perspectiva das ciências humanas são explorados *os significados para o sujeito que experiencia*. Nas ciências humanas, ambos os sujeitos estão intimamente envolvidos na tentativa de compreender um dos sujeitos, pela perspectiva de sua experiência. Isso envolve, *necessariamente*, o experienciar do outro sujeito como, por exemplo, o uso da empatia para entrar no mundo experiencial do paciente. O pensamento de Buber estabelece um paralelo com o de Dilthey. O modo de relação nas ciências naturais é o Eu-Isso, de sujeito-para-objeto. O modo de relação nas ciências humanas é o Eu-Tu, de sujeito-para-sujeito.

Gestalt-terapia: Ciência Natural ou Ciência Humana? A Gestalt-terapia tem seus pés fincados em ambos os campos. Sua base filosófica está na filosofia do diálogo de Martin Buber (a ênfase na inclusão é compatível com a perspectiva das ciências humanas). Já Perls et alii tomam como ponto de partida não a experiência *per se*, mas a "fronteira de contato". Certamente, a fronteira de contato se encaixa na definição de experiência próxima, no aspecto de que é acessível à *awareness*. Toda experiência ocorre na fronteira de contato, o ponto de encontro do *self* e do não-*self*. Contudo, há uma diferença importante entre estudar eventos na fronteira de contato do ponto de vista do observador e estudar as *experiências* da fronteira de contato por meio da perspectiva do *sujeito que experiencia*. De fato, a partir de determinada postura de observação, muda aquilo com o que se está em contato; portanto, a fronteira de contato observada é diferente daquela do sujeito que experiencia.

Quando Perls et alii afirmam que "a psicologia é o estudo dos eventos na fronteira de contato" (1951), tomam a posição das ciências naturais, em vez de dizerem que a psicologia é o estudo da experiência, que é uma perspectiva das ciências humanas. A psicologia tem realmente muitas facetas, e muito da psicologia acadêmica é ciência natural. Porém, penso que uma psicologia *terapêutica*, que coloca o experienciar no centro de sua teoria clínica — como faz a Gestalt-terapia com sua teoria da *awareness* como chave para a auto-regulação —, deve necessariamente apropriar-se mais da perspectiva das ciências humanas, se quiser realizar plenamente seu potencial para iluminar a natureza do experienciar.

O Diálogo como Método Psicoterapêutico. As ciências são definidas, em parte, por seu método de estudo. *O método psicoterapêutico precisa ser dialógico.* A tarefa consiste em que os dois participantes iluminem e clarifiquem a experiência do paciente. Todas as experiências que emergem são influenciadas pelos mundos experienciais de ambos os participantes. Isso se torna cada vez mais verdadeiro, à medida que a relação se intensifica. Como sabemos muito bem por intermédio da psicologia da gestalt, a experiência é sempre organizada em todos os seus significados. O mundo de significados do terapeuta é construído da mesma forma que o do paciente. É impossível manter uma postura de observação calcada nas ciências naturais, dadas as interações íntimas entre terapeuta e paciente.

Alinhada à perspectiva das ciências humanas, a Gestalt-terapia tem adotado explicitamente valores existenciais. A filosofia de Martin Buber, com sua ênfase na inclusão e na relação Eu-Tu, foi adotada (na teoria, embora nem sempre na prática) não somente como uma incorporação dos valores existenciais, mas especialmente como um guia da natureza da relação terapêutica. A Gestalt-terapia extrapolou a psicologia e foi para a filosofia, em função das limitações das teorias psicológicas da época. Não havia nenhuma teoria clínica da relação terapêutica que reconhecesse sua primazia como (1) a unidade irredutível da existência pessoal e (2) a base para o autodesenvolvimento.

Contudo, a filosofia tem certas limitações para uma teoria de terapia. As filosofias são inerentemente moralistas e, em sua busca por universais, tendem a se colocar distantes da experiência em suas formulações. Buber tem poucos conceitos distantes da experiência — o "entre" é um deles —, mas o moralismo é claro em seus textos. Observem, por exemplo, sua crença de que sem um Tu uma pessoa não é completamente humana. Outro exemplo: sua insistência de que o terapeuta, em algum ponto, vá ao encontro do paciente com a "fala do mundo". Essas afirmações têm um significado ôntico, mas quando transportadas sem modificações para a postura terapêutica tornam-se exortações para que o paciente "seja de determinada forma". O moralismo impede a psicoterapia ao tentar modelar a experiência ou o comportamento por caminhos predeterminados, interrompendo, assim, o desenrolar da experiência do paciente.

A teoria da intersubjetividade de Stolorow et alii postula uma teoria mais puramente psicológica da relação terapêutica e sua primazia na existência e no desenvolvimento. A teoria da intersubjetividade pode nos informar de maneira mais completa sobre as implicações psicológicas do modelo gestáltico da relação Eu-Tu. Existe um grande valor clínico no desenvolvimento de uma descrição puramente psicológica do que Buber descreve filosoficamente.

O Diálogo e a Relação Conforme são Experienciados

No início, fui contra o desenvolvimento de uma perspectiva psicológica baseada no diálogo Eu-Tu, por se tratar de uma visão reducionista. A redução da ontologia à psicologia violava o significado dado pela primeira. Acredito, agora, que o enfoque *psicológico* (em contraste com o filosófico) do processo que Buber descreve não "reduz" sua filosofia; vê apenas as experiências dos eventos através de lentes diferentes. A descrição psicológica deveria iluminar a relação Eu-Tu, mas não por sua importância ontológica (um constructo filosófico) e, sim, pela maneira como tal relação é *experienciada*. Do ponto de vista de uma abordagem clínica, definida metodologicamente pelo diálogo entre duas pessoas, tudo que pode ser conhecido é o experienciar dos dois participantes. O campo de investigação de Buber era o mesmo. Porém, ele estava interessado em extrapolar a experiência e alcançar algumas idéias sobre o que significa ser humano. Para a psicoterapia, cujo campo é o *par que experiencia* e cujo alvo é a iluminação da experiência, a extrapolação feita por Buber — ainda que inspiradora, orientadora e (espero!) exata — deve ser vista através da perspectiva da fenomenologia psicoterapêutica; é uma coisificação de uma experiência que não contém verdade ou falsidade. Do ponto de vista psicológico, a verdade ontológica existe como uma organização específica do mundo subjetivo de um indivíduo, não como um fato. O máximo que podemos saber por intermédio da fenomenologia psicoterapêutica é que esta é a forma de uma pessoa atribuir significado à sua existência.

Qualquer que seja a origem dos conceitos — a filosofia de Buber, a psicologia da gestalt acadêmica ou a psicanálise —, acredito que a teoria da Gestalt-terapia pode ser grandemente enriquecida ao se dedicar a descrever seus conceitos a partir de uma perspectiva de "dentro-do-sujeito". Penso que o desenvolvimento desta teoria seria mais fiel às raízes da Gestalt-terapia, como uma teoria experiencial baseada na fenomenologia.

O poder de esclarecimento de certos conceitos, como o de fronteira de contato, seria fortemente realçado por tentativas mais sistemáticas de elaborá-los por meio da postura *inclusiva* descrita acima. Também penso que os Gestalt-terapeutas seriam mais precisos se atentassem para as diferenças entre o uso de uma postura de observação de *fora* da perspectiva do sujeito e outra de *dentro*. Para exemplificar, usamos com freqüência dados de observação, assim como dados introspectivos, para avaliar a qualidade do contato do paciente.

Tomemos como exemplo a atenção a suas funções de contato. Tenho testemunhado repetidas vezes nossos terapeutas mais habilidosos e experientes entenderem que a qualidade de contato do paciente é pobre, porque o terapeuta observa certas características no seu comportamento (por exemplo a "deflexão"); ou porque o terapeuta sente pouca energia para resposta, interesse e assim por diante. Os terapeutas tendem a supor que, se eles se sentem fora de contato com o paciente, é lógico pensar que o contato entre eles sofreu uma ruptura. Essa suposição tem deslocado o terapeuta da posição de sujeito que experiencia para a posição de observador externo. O perigo potencial de intervir, a partir desta perspectiva, não importando quão lógico isso possa parecer, é que o terapeuta se torna o árbitro da realidade. Tenderá a desqualificar os relatos do paciente que contradiz aquilo que o terapeuta "conhece" como "verdade", baseando-se em crenças teóricas e lógicas sobre contato.

Supondo que o terapeuta diga: "Nossa, sinto-me fora de contato com você agora". E o paciente responda: "Estou surpreso. Neste momento, tenho um forte sentimento de conexão íntima com você e a sensação de que está profundamente envolvido comigo e com o que estou dizendo". Terapeutas que aderem à realidade lógica de que o contato deve ser pobre entre eles, porque um deles está de fora, irão também supor, logicamente, que o paciente está distorcendo ou negando a realidade.

Surgem, então, pelo menos dois efeitos negativos para a terapia. O primeiro é que a experiência perceptiva relatada pelo paciente é invalidada. Após várias experiências desse tipo, é mais provável que o paciente aja de acordo com as idéias do terapeuta, em vez de sofrer a indignidade, a dor ou outros efeitos penosos despertados pelas repetidas desconfirmações. Alternadamente, pode-se criar um impasse na terapia pela disjunção crônica entre as crenças do terapeuta sobre a realidade e a insistência do paciente para que sua experiência seja validada.

Um segundo efeito negativo é a perda de uma oportunidade para explorar a experiência que o paciente tem da relação. Ele pode conseguir descrever algumas das suposições que está formulando a respeito da postura de escuta do terapeuta. Estas poderiam revelar, ao mesmo tempo, gestalten fixas *e* o tipo de experiência de contato que proporciona ao paciente um sentido de intimidade com o outro. A exploração mútua da falta de adequação entre as experiências do paciente e as do terapeuta pode também provocar mudanças na *awareness* do segundo. O terapeuta pode descobrir que não estava *aware* de sua profunda imersão no mundo do paciente, apesar da autopercepção mais figural de estar fora de contato. Essa descoberta não será possível se o terapeuta abordar o trabalho do ponto de vista de que a experiência de contato relatada pelo paciente está errada.

O último aspecto abordado é importante para aqueles Gestalt-terapeutas que valorizam algum grau de transparência como vital para o crescimento do paciente. Há uma suposição comum entre os Gestalt-terapeutas: se o paciente percebe (ou experiencia) algo na relação com o terapeuta que seja discrepante em relação à auto-experiência deste, então o paciente deve estar distorcendo. Mais uma vez os terapeutas se tornam árbitros da realidade. Nesse caso, o terapeuta insiste em saber mais do que o paciente, o que pode não ser verdade. O paciente *pode* estar ecoando ou reagindo a algum aspecto dentro do terapeuta, que está fora da *awareness*. Afirmações do terapeuta a respeito de si mesmo, assim como concordâncias ou discordâncias sobre a avaliação que o paciente faz do terapeuta, devem ser colocadas sob a forma de afirmações provisórias e baseadas no que o terapeuta sabe até o momento; não podem ser utilizadas para medir a precisão das percepções do paciente.

Finalmente, há um valor heurístico em uma imersão mais sistemática na experiência do paciente; isto é, na minha experiência clínica, o paciente se torna progressivamente capaz de trazer, à *awareness* e ao contato, outras regiões previamente rejeitadas ou a auto-experiência que de alguma forma estava presa. Descobri que, no contexto de uma relação em que sistematicamente me sintonizo com as experiências dos pacientes, estes se sentem mais seguros para explorar comigo pontos sensíveis, especialmente suas reações emocionais dolorosas a aspectos de nossa relação terapêutica.

Quanto mais aspectos da experiência os pacientes puderem trazer para a relação terapêutica, mais flexíveis, coesas e integradas se tornarão suas capacidades de auto-regulação — *incluindo, paradoxalmente, a disposição e a habilidade para reconhecer a existência de uma realidade determinada consensualmente*. Os dois focos principais da Gestalt-terapia ficam, assim, plenamente desenvolvidos: o contato e a habilidade quanto ao processo de *awareness*. O contato é evidente na diminuição da defensividade e no aumento do âmbito dos tópicos e afetos que emergem. A habilidade na *awareness* é evidenciada no aumento óbvio do interesse e da capacidade para a auto-reflexão.

Acredito que precisamos *retrabalhar os conceitos usados na Gestalt-terapia para descrever o sujeito que experiencia*, em vez de descrevermos a "realidade observável". No caso do "contato", este não seria avaliado pela observação dos comportamentos do terapeuta e do cliente. O fator determinante da qualidade do contato seria a experiência da interação para cada um dos participantes. Isso poderia significar que cada participante legitimamente avaliaria, a seu modo, um evento interpessoal compartilhado.

"Deficiências no Desenvolvimento" *versus* "Conflitos e Defesas".

Um corolário para a ênfase na postura empática-introspectiva é uma atenção maior aos requisitos de desenvolvimento. Parece que a tentativa de compreender os fenômenos do ponto de vista do sujeito que experiencia, em vez de partir da posição do observador, leva a uma focalização maior no que se necessita do meio ambiente para se manter ou se desenvolver, e menor no que se está tentando "fazer" ao outro.

A meu ver, a maior parte do campo da psicoterapia está mudando: passa de um modelo de psicopatologia de conflito e defesa para um modelo desenvolvimentista. O modelo de conflito e defesa ainda prevalece em muitas escolas de terapia como remanescente da teoria do *drive*. Neste modelo, as desordens surgem dos conflitos entre impulsos, ou entre um impulso e o princípio de realidade do ego, assim como das defesas que surgem contra esses conflitos. As pessoas são vistas como desejosas de reter os impulsos infantis, desistindo deles com relutância para se adaptarem às demandas da realidade. Já no modelo desenvolvimentista, as desordens surgem quando há um vínculo pobre entre as necessidades de desenvolvimento da pessoa e os recursos e as possibilidades do meio ambiente, resultando em interrupções no desenvolvimento; um processo de desenvolvimento que foi impedido de prosseguir, por exemplo, no estabelecimento das fronteiras de contato.

Novamente, a Gestalt-terapia tem seus pés fincados em ambos os campos, a maior parte das vezes sem *awareness*. As influências de Frederick Perls e Wilhelm Reich levaram os Gestalt-terapeutas a ver os processos neuróticos como evitações, o que está de acordo com o ponto de vista de conflito e defesa. Estou lembrada de uma afirmação de Perls — felizmente mais conhecida pela desobediência do que pela prática — no sentido de que "é responsabilidade primeira do terapeuta não deixar incontestadas quaisquer afirmações ou comportamentos que não sejam representativos do *self*, evidenciando a falta de auto-responsabilidade do paciente" (1973, p. 79). De fato, o último livro de Perls é muito interessante. Grande parte do material focaliza os requisitos para o desenvolvimento da auto-regulação e a aceitação respeitosa das necessidades que expressam esforços de crescimento. Enquanto, por um lado, esse livro contém parte de sua linguagem mais audaciosa sobre a confrontação e a atenção à "manipulação", por outro o capítulo "Who is listening?" (Quem está escutando?) é um retrato tocante e apaixonante do terapeuta como um "outro suplementar", que se encaixa bem com o conceito de *self*-objeto.

Penso que a visão da Gestalt-terapia quanto ao desenvolvimento da personalidade e sua forma de funcionar a torna muito mais uma teoria desenvolvimentista do que uma teoria de conflito e defesa. Sua crença humanista na luta em direção ao crescimento é o oposto à crença da teoria de conflito e defesa. Esta sustenta que as pessoas querem evitar a maturidade o máximo possível e precisam ser encorajadas a abandonar seus desejos infantis. *Existe* o conflito, porém acredito que seremos mais fiéis à teoria da Gestalt-terapia se entendermos *o conflito como uma experiência subjetiva*, que não é reconhecida nem negada. Isso é o que os intersubjetivistas propõem. Dada a adesão declarada da gestalt ao método fenomenológico, penso que a idéia também é adequada neste aspecto.

Implicações para a Gestalt-terapia

Qual é a implicação de tudo que foi dito acima na prática da Gestalt-terapia? Na minha própria prática, mudou o que era primeiro plano. Onde antes via defesas e evitações, geralmente percebo agora esforços para o desenvolvimento, ainda que por intermédio de uma busca desajeitada e conflituosa. Se olhar para o mesmo comportamento da perspectiva de cada uma dessas teorias, chego também a dois estilos de intervenção diferentes. O modelo defensivo permite, talvez até mesmo encoraje, a confrontação. Já na perspectiva dos esforços de desenvolvimento, a confrontação é muito menos atraente. Existem exceções: há momentos em que a confrontação *facilita* os pacientes a se tornarem *aware* de suas necessidades de *self*-objeto e a valorizá-las. Há também momentos em que a confrontação é experienciada como satisfazendo uma necessidade de *self*-objeto (ver especialmente Lachmann, 1986) como no caso de Benjamin, descrito anteriormente.

Contudo, a confrontação geralmente tende a ser experienciada *como uma falta de sintonia empática* e esta é a experiência que pode levar o paciente a abortar seus esforços. Assim, estou aplicando novos significados ou hipóteses ao que vejo. Estou muito mais inclinada a prosseguir na tentativa de ver a experiência através dos olhos do paciente do que a ser confrontativa.

Deixem-me descrever um caso em que, no começo, fui confrontativa, e que agora me arrependo. A propósito, não estou sugerindo que foi a adesão à Gestalt-terapia que me levou a lidar com a situação com tão pouca eficiência. Em vez disso, quero dizer que, qualquer que seja a razão de meu erro (na verdade havia sensibilidades caracterológicas que me influenciaram), *a psicologia do self me ajudou a entender melhor alguns dos próprios conceitos da Gestalt-terapia*, de forma que pude reorientar meu trabalho com esta paciente.

Pam é uma boa contadora de histórias, interessante e articulada. Durante muitos meses, ela quis me contar histórias sobre situações de sua vida, grandes e pequenas, e obter minha ajuda para ensiná-la "como lidar com elas". À medida que o tempo passava, comecei a supor que suas histórias eram evitação de um contato emocional mais profundo comigo e com sua própria experiência. De fato, com cuidado, ela realmente controlava seu envolvimento comigo. Às vezes eu lhe pedia para explorar seu relato das histórias; outras vezes confrontava-a com sua evitação. Em determinado momento, pedi-lhe que experimentasse não contar nenhuma história.

Ela se sentiu muito magoada e zangada com minha sugestão. Três anos depois, apesar do progresso em outras áreas, ela está alternadamente desafiadora e apologética a respeito de contar histórias e teme ser rejeitada por mim mais uma vez. Recentemente, comecei a ver as histórias a partir do ponto de vista de esforços de desenvolvimento. Em uma sessão, exploramos como ela parecia organizar a vida psíquica ao redor de sua relação com o pai, bastante dominador. Influenciada pela idéia dos vínculos de *self*-objeto, comecei a ver a confluência de Pam com o pai como uma tentativa sua de regular seu senso de autocoerência. Sem ele como centro, em torno do qual se organizava, ela se sentia perdida, confusa e vazia. Nessa mesma sessão trouxe uma queixa: organizar-se ao redor do pai fazia com que se sentisse invisível por si mesma. Ficou então aparente que suas histórias eram uma tentativa de dizer: "veja, eu existo"; e de reivindicar algum espaço para experienciar, livre de interferência.

Na sessão seguinte, ela descreveu o quanto se sentia como um satélite de seu pai; quando ele queria que o canal da televisão fosse mudado, chamava pela filha. Ela vinha de qualquer canto da casa em que estivesse e mudava o canal. Sentia isso como humilhação. Pam lembrou-se, então, de ter ido até a cozinha para se "aninhar" com a mãe, o que era reconfortante. Disse, ainda, que isso era parecido com o sentimento de conforto que experienciava quando me contava as histórias! Agora ela está começando, muito cautelosamente, a aprofundar seu contato comigo por meio do reconhecimento do desejo de meu suporte reconfortante e da minha valorização de sua existência.

Espero ter ilustrado aqui como sua autocompreensão — e, espero, seu autodesenvolvimento — foram enriquecidos quando mudei o método de confrontação da evitação, para o método de exploração da necessidade de desenvolvimento que estava sendo expressa. A descrição acima é apenas um exemplo da utilidade de colocar a empatia (ou, o termo de Buber, a "inclusão") no centro da abordagem terapêutica da gestalt. Esta é a pedra fundamental na qual se apóiam os outros elementos do diálogo — a presença do terapeuta e o comprometimento com o diálogo. Sem confirmação empática, nenhum diálogo verdadeiro pode *ocorrer*.

A Primazia da Auto-experiência

A terceira contribuição importante da psicologia do *self* para a psicanálise é a "ênfase central na primazia da auto-experiência". Ao focalizarem a auto-experiência, as novas teorias psicanalíticas se deslocam da teoria do *drive* em direção a uma teoria da "pessoa inteira". Iluminam assim a experiência subjetiva e sua organização como o domínio primário da investigação psicanalítica. Obviamente, a Gestalt-terapia fez essas mudanças há muito tempo, com suas asserções na centralidade da auto-regulação organísmica e no processo de *awareness* como a chave para auto-regulação saudável.

Geralmente o termo auto-experiência é mal-interpretado quando se refere a um "*self*" monádico e isolado. Mas para a psicologia do *self* e para a teoria da intersubjetividade, a auto-experiência é sempre uma experiência do *self*-com-o-outro; mais especificamente é a experiência de uma relação de *self*-objeto. A imersão na auto-experiência do paciente inclui uma articulação constante das necessidades e experiências *self*-objetais.

Obviamente, um foco consistente nas necessidades relacionais se assemelha muito à ênfase da Gestalt-terapia no contato, como central para a autoregulação. Porém, há diferenças de ênfases entre a Gestalt-terapia e as teorias psicanalíticas. Por exemplo, na tentativa de compreender a experiência emergente do paciente, os Gestalt-terapeutas podem tentar identificar o que, no campo dialógico, influencia a emergência de determinada figura. A ênfase adicionada pela psicologia do *self* se refere a definir também o que é necessário ao terapeuta para que traga ao primeiro plano a figura em formação. O terapeuta da psicologia do *self* poderia definir o que é solicitado dele, harmonizar-se com o estado de afeto relacionado e tentar explorar mais as implicações relacionais das necessidades de *self*-objeto. Um Gestalt-terapeuta poderia, nas mesmas circunstâncias, observar o que é solicitado dele como uma indicação da falta de auto-suporte do paciente. Ele, então, encorajaria o paciente a experimentar caminhos que lhe proporcionassem o que está procurando no terapeuta. A psicologia do *self* oferece, neste caso, um comprometimento mais radical com a inseparabilidade da pessoa/meio do que aquele feito pela Gestalt-terapia!

É no corolário da afirmação da centralidade na auto-experiência que a Gestalt-terapia e a psicologia do *self* separam mais firmemente seus caminhos. Há uma diferença na visão da Gestalt-terapia em relação à motivação humana. Ambas as teorias concordam que o autodesenvolvimento *e* a preservação estão entrelaçados. A psicologia do *self* sustenta que uma motivação supraordenada do comportamento humano é o desenvolvimento, a consolidação e a preservação da auto-estrutura. Na Gestalt-terapia, o conceito de "ajustamento criativo" trata dessa motivação, porém, na minha opinião, ela o faz de forma mais completa que a psicologia do *self* — há mais do que preservação e consolidação envolvidos, há também crescimento e mudança. Sei que isso está implícito no "desenvolvimento e consolidação", contudo, não é realmente tratado pela psicologia do *self*: na conceituação desta abordagem, as pessoas ficam reduzidas a se direcionarem para si mesmas (isto é, mantêm a organização de sua auto-experiência). A Gestalt-terapia sustenta que a auto-regulação organísmica é central, concorda que a auto-experiência é básica (a experiência da autocoesão, continuidade, diferenciação etc.), mas que o indivíduo é motivado em direção à preservação da auto-estrutura somente quando o bom funcionamento desta estrutura está sendo ameaçado. Por outro lado, a confiança do seu experienciar é em direção a "ser", ou seja, a viver plenamente no mundo dos outros.

Na Gestalt-terapia, quando a motivação do comportamento é direcionada para a consolidação da auto-estrutura, representa sinal de distúrbio no estar-em-relação. A Gestalt-terapia, baseada como é na teoria de campo, assim como no existencialismo de Buber, sustenta que a *relação é um fato básico irredutível da existência*. As pessoas não procuram o relacionamento *para* preservar a estrutura do *self*; em vez disso, *a auto-realização é uma decorrência da relação*. É verdade que os distúrbios relacionais realmente desvitalizam e perturbam o autofuncionamento — e o caminho para a restauração do autofuncionamento coeso é o estabelecimento de vínculos *self*-objetais que consolidem a estrutura do *self* do indivíduo. Entretanto, o *propósito* da restauração do autofuncionamento é permitir o recomeço do viver-em-relação.

Na terapia, há um foco que se detém necessariamente nos distúrbios da matriz de *self*-objeto como um dos principais aspectos do desenvolvimento interrompido. Por isso, a compreensão e o refinamento dos vínculos de *self*-objeto são um ponto de partida para o restabelecimento da relação. Isso não significa um fim em si mesmo, mas antes *um meio em direção à relação multidimensional, complexa e em pleno vigor.*

A relação *self*-objetal pode ser necessária durante toda a vida, mas assim são as relações em que se pode "tornar o outro presente" e confirmá-lo. A dimensão do "encontrar o outro" é, até o momento, negligenciada na psicologia do *self* e na teoria da intersubjetividade. Os psicólogos da psicologia do *self* concordam que o autodesenvolvimento está entrelaçado com as relações com os outros. Mas sua psicologia *tem como meta* a organização da experiência do *self*, em vez do viver-em-relação. Quando alguém tem o *self* como meta, o outro é esquecido em sua "alteridade" elementar e, portanto, o autodesenvolvimento se torna limitado.

Auto-regulação Organísmica
Uma Perspectiva do Processo de Desenvolvimento

Diante das críticas listadas acima, quero enfatizar a principal contribuição que a psicologia do *self* pode trazer para a Gestalt-terapia. Ela amplia a compreensão da Gestalt-terapia da auto-regulação organísmica e proporciona uma perspectiva do processo de desenvolvimento. As transferências de *self*-objeto podem ser articuladas ao se focalizar na fase de necessidade de clarificação da gestalt em formação.

O terapeuta e o paciente podem esclarecer o que o paciente necessita agora, nesse contato específico, nesse campo intersubjetivo específico, para o autofuncionamento reparador ou de crescimento. Contato significa "aproximação em direção a uma novidade assimilável" (Perls et alii, 1951). A novidade assimilável — que é necessária ao desenvolvimento — *está na fronteira do self e do outro*. Algumas vezes, simplesmente ser capaz de expressar uma necessidade e tê-la empaticamente compreendida já é um contato suficientemente novo. Mesmo se o que um paciente precisa é mais auto-suporte para determinada ação, o terapeuta deve perguntar o que é necessário do meio ambiente ou da relação com o outro para que esse auto-suporte se desenvolva ou seja utilizado. O auto-suporte é, de qualquer maneira, *relativamente* dependente do suporte ambiental. Estamos sempre ocupados no processo de contato. Assim, é paradoxal que, numa situação ambiental suportiva, uma pessoa possa *acreditar* que seja um centro de iniciativa relativamente independente.

Interrupções no Desenvolvimento. Uma perspectiva desenvolvimentista sugere que, em vez de olharmos para todos os distúrbios de fronteira como defesas, com freqüência eles representam interrupções no desenvolvimento. Isto é, a ruptura que vemos é uma tentativa para estabelecer um vínculo de *self*-objeto, mesmo que de maneira desajeitada, por meio da qual o caminho de desenvolvimento do paciente possa ser restabelecido. Assim, em vez de se colocar para frustrar esse tipo de tentativa, é preciso compreendê-la e aceitar sua validade experiencial. Isso pode facilitar justamente o contato (o *milieu** *self*-objetal) necessário para colocar o crescimento em movimento mais uma vez, de tal forma que o distúrbio se dissipa à medida que ocorre uma sofisticação maior com o processo de fronteira da pessoa.

Passei a acreditar que o modo mais efetivo de se trabalhar com os distúrbios de fronteira é não rotulá-los ou explorá-los isoladamente. *Eu mesma* preciso *imergir* na perspectiva do próprio paciente, no que o conduziu ao que percebo como um distúrbio de fronteira. Se consigo compreender e apreciar a necessidade que está sendo expressa (freqüentemente uma necessidade de *self*-objeto), o paciente estabelecerá fronteiras mais claras como um próximo passo de desenvolvimento. Parece que o processo de estabelecimento das fronteiras foi interrompido pela falta de *awareness* ou pela falta de licença para expressar essa necessidade. *Quando a necessidade é confirmada* (embora não necessariamente satisfeita), o processo de crescimento continua, inclusive quanto ao desenvolvimento da fronteira. Eis um exemplo:

Durante uma sessão de supervisão, Carol relatou que estava irritada comigo porque eu não tinha *sintonizado* bem com ela na sessão anterior. Eu também não tinha conseguido "ler nas entrelinhas" e responder a sua vulnerabilidade, escondida atrás de uma máscara de frieza. Falamos sobre sua dor ao querer que eu compreendesse o que estava oculto e sobre o meu fracasso em fazê-lo. Ela contou-me, então, como tivera sucesso com um cliente em situação semelhante. No princípio, negou que com essa fala estivesse me enviando uma mensagem, mas reconheceu ter pensado que eu *deveria* ter lido nas entrelinhas, dizendo que talvez não me importasse com ela, já que não o fizera.

Eu poderia ter focalizado na clarificação das fronteiras. Ela queria que eu soubesse que era vulnerável sem o contato direto com sua vulnerabilidade. Decidi, primeiramente, reconhecer, por meio da escuta empática, a importância de seu desejo e o custo da minha falha em relação a ela. Isso fez com que surgissem idéias de minha falta de cuidado com ela e um sentido de autodiminuição. Na fase seguinte, ela começou a mencionar sua percepção crescente de que não me conhecia (não queria me conhecer). Assim, foi capaz de clarear

---

* *Milieu*: — em francês no original, significa meio, ambiente. (N. do T.)

nossa diferenciação quando em boa sintonia, por eu ter qualificado seu desejo anterior de sintonia, embora não o tivesse satisfeito. Ela "cresceu dentro" de um processo de fronteira mais claro.

Acredito que deveríamos enfatizar mais certos conceitos, como a auto-regulação organísmica e a *pregnância*, os quais sugerem que qualquer *gestalt* é organizada da melhor maneira possível que o campo permite. Uma das condições de campo são as necessidades de desenvolvimento. Em termos longitudinais, uma necessidade de desenvolvimento pode ser descrita em termos de processo como uma gestalt pressionando por fechamento. Se a necessidade expressa na gestalt pode ser identificada e aceita, a gestalt se fechará; se o terapeuta tiver fé na auto-regulação organísmica, o desenvolvimento ocorrerá.

Focalizar mais consistentemente nas necessidades de desenvolvimento significa um afastamento dos modelos de defesa reichianos, tão apreciados por Frederick Perls. Nesse modelo de defesa, os distúrbios de fronteira são vistos como evitação e devem ser frustrados. Já no modelo desenvolvimentista, eles são vistos como as melhores tentativas de progresso. Cada um desses focos é útil em diferentes momentos ou com diferentes pacientes, e a psicologia do *self* nos dá uma sofisticação maior com os processos desenvolvimentistas.

Sumário

A psicologia do *self* e a teoria da intersubjetividade oferecem importantes *insights* clínicos para os Gestalt-terapeutas que desejam refinar sua compreensão do processo de contato e sua função no autodesenvolvimento. Os conceitos de funções *self*-objetais e sintonia empática enriquecem a compreensão da Gestalt-terapia das funções psíquicas do contato, da *experiência* de contato e das múltiplas dimensões do contato.

A teoria e prática clínica da Gestalt-terapia podem ser melhor desenvolvidas pela clarificação e pela exploração de seus conceitos, a partir da postura de observação de *dentro* do quadro de referências do paciente. A teoria da intersubjetividade desenvolveu mais plenamente que a Gestalt-terapia as implicações clínicas de uma crença compartilhada de que a "realidade" é sempre construída, nunca conhecida diretamente.

Finalmente, por causa da compatibilidade essencial entre a psicologia do *self*, a teoria da intersubjetividade e a psicologia humanista, conceitos dessas teorias podem ser utilizados para construir a teoria de desenvolvimento da gestalt. Os Gestalt-terapeutas podem também usar pontos de vista dessas teorias para aumentar sua perspectiva de desenvolvimento. Isso acontece na descrição de certos conceitos — contato, formação de gestalt e auto-regulação organísmica — do ponto de vista do sujeito em experiência.

9. GESTALT-TERAPIA E TEORIA DA INTERSUBJETIVIDADE

Rich Hycner

Gostaria que alguém na Gestalt-terapia realmente conectasse os princípios terapêuticos gestálticos a uma teoria de desenvolvimento.
(Miriam Polster, in: Hycner, 1990, p. 65)

O conceito de self foi uma das mais importantes contribuições iniciais da Gestalt-terapia.
(Erving Polster, 1992)

A awareness, o contato e o presente são simplesmente aspectos diferentes de um mesmo processo — a auto-realização.
(Frederick Perls, 1973, p. 66)

Baseando-me no capítulo anterior, de Lynne Jacobs, que abre novos caminhos, gostaria de explorar como a Gestalt-terapia pode fazer uma interface com a teoria da intersubjetividade[1] e, talvez, mesmo como essa teoria pode ser influenciada pela Gestalt-terapia.[2] Estarei focalizando essencialmente as semelhanças, embora mencione também certas diferenças entre

---

1. Dentro da tradição da Gestalt-terapia, têm sido poucos os que sugeriram essa integração. Entre eles está o artigo de Tobin (1990) — "Self psychology as a bridge between existential — humanistic psychology and psychoanalysis" e o artigo de Breshgold e Zahm (1992) — "A case for the integration of self psychology developmental theory into the practice of gestalt therapy".

2. Lynne Jacobs mencionou (comunicação pessoal, verão de 1991) que teve algumas discussões sobre esse tópico com Robert Stolorow, como também com outros psicólogos que seguem a teoria do *self*. Stolorow, de fato, leu e comentou a primeira versão do manuscrito de Jacobs, cuja versão revisada se tornou o Capítulo 8 deste livro.

essas duas abordagens. Este trabalho aborda apenas algumas das principais questões. Gostaria de ressaltar que muitas das questões aqui discutidas não podem ser facilmente separadas umas das outras. De fato, só faço isso com o propósito de tentar clarear certos aspectos, como eles se destacam dentro de todo o contexto da Gestalt-terapia e da teoria da intersubjetividade. Muito trabalho precisa ser feito.

Raízes Psicanalíticas

As raízes da Gestalt-terapia na psicanálise clássica são bem conhecidas. Essas mesmas raízes constituem a fundamentação da psicologia do *self* e da teoria da intersubjetividade. As três abordagens estiveram muito mais empenhadas em fazer justiça ao fenômeno humano do que àquele revelado pelos pressupostos filosóficos da psicanálise clássica. Claramente, Frederick Perls estava buscando uma terapia muito mais relevante e ativa do que a permitida pelos preceitos analíticos. Os psicólogos da teoria do *self* e teóricos da intersubjetividade estavam também buscando uma terapia que estivesse muito mais próxima da experiência. A revolta de Perls contra as restrições da análise clássica liberaram a Gestalt-terapia para ser muito mais uma terapia orientada para o processo e para abrir áreas de investigação previamente excluídas. Os profissionais da psicologia do *self* e da teoria da intersubjetividade, enquanto se diferenciando claramente dos psicanalistas clássicos, abrindo novas áreas de investigação, nunca romperam totalmente com o sentido geral da teoria psicanalítica.

Postura Fenomenológica

Acredito que a postura fenomenológica é o que mais ressalta tanto na Gestalt-terapia como na teoria da intersubjetividade. Os psicólogos do *self* se referem a essa postura como um esforço para "ficar-próximo-da-experiência", ou seja, compreender a situação terapêutica *explicitamente* a partir da experiência *subjetiva* do cliente. Isso se torna especialmente importante quando existem "disjunções transferenciais" — mal-entendidos entre terapeuta e cliente. Isso acontece porque é na colisão desses dois mundos subjetivos que se tornam articuladas as realidades, algumas vezes radicalmente diferentes do cliente e do terapeuta: "A partir desse ponto de vista, a realidade das percepções do paciente em relação ao analista não é nem contestada nem confirmada. Em vez disso, essas percepções servem como pontos de partida para uma exploração dos significados e dos princípios de organização que estruturam a realidade psíquica do paciente" (Stolorow et alii, 1987, p. 43). Os psicólogos do *self* estão sempre se empenhando para compreender a experiência a partir do ponto de vista do cliente, como-a-situação-é-experienciada-pelo-cliente e não tentando impor uma realidade "objetiva" na experiência dele.

No entanto, gostaria de enfatizar fortemente que essa abordagem está próxima-da-experiência e não experiencial. Por exemplo, não acredito que um paciente numa abordagem analítica *experiencie* um "vínculo de *self*-objeto". O paciente pode experienciar certos sentimentos que podem ser *interpretados* (talvez com exatidão) como indicativos de uma função que pode ser chamada de "relação de *self*-objeto". De certo modo, acredito que a Gestalt-terapia seja mais descritiva e esteja próxima-da-experiência.

A postura fenomenológica é a orientação explícita da Gestalt-terapia (Yontef, 1981). Infelizmente, na prática, os Gestalt-terapeutas muitas vezes se tornam tão fascinados pela fenomenologia de suas próprias experiências que não conseguem se "descentrar" delas e entrar e viver verdadeiramente a experiência subjetiva do cliente.

Assim, surge uma delicada questão: uma postura fenomenológica *intersubjetiva* verdadeira requer um conhecimento da experiência fenomenológica do cliente; e requer também, secundariamente, uma *awareness* fenomenológica da experiência subjetiva do terapeuta. Eu não disse secundariamente em sentido seqüencial, mas em sentido de prioridade. Primeiro, e antes de tudo, a experiência fenomenológica e subjetiva do cliente deve ter precedência devido ao foco na criação de um ambiente de cura para o cliente. Isso não acontece para depreciar a experiência do terapeuta, mas sim para colocá-la em um contexto de avaliar até que ponto a experiência do terapeuta facilita a cura do cliente. Stolorow et alii tratam disso pela dimensão "introspectiva" — olhar para a experiência do terapeuta, e como ela contribui para o campo intersubjetivo.[3]

"Ficar-próximo-da-experiência"

A Gestalt-terapia leva mais adiante o conceito de ficar-próximo-da-experiência do que a teoria da intersubjetividade. Enquanto a psicologia do *self* articula explicitamente ficar-próximo-da-experiência na situação de "transferência", a maioria dos Gestalt-terapeutas concordaria com Polster e Polster de que "vale mais a experiência" (1983, p. 7). Claramente, existem fortes semelhanças entre as duas abordagens. Compare as citações que se seguem de

---

3. É importante reiterar aqui que, em um livro anterior, de Atwood e Stolorow (1984), eles expuseram claramente seu trabalho como tendo suas raízes intelectuais dentro da perspectiva fenomenológica-existencial de Dilthey, Husserl, Heidegger e Sartre. De fato, esse livro traz o intrigante título e subtítulo de "Structures of subjectivity: explorations in psychoanalytic phenomenology". Título e subtítulo enfatizam o papéis do enfoque fenomenológico e da subjetividade. Em uma palestra em San Diego, em 14/9/1991, intitulada "Subjectivity and self psychology: A personal odyssey", Stolorow mencionou que o termo "fenomenologia psicanalítica" nunca "pegou".

Stolorow et alii e as de Polster e Polster: "A transferência é de fato um microcosmo da vida psicológica total do paciente, e a análise da transferência fornece um ponto focal em torno do qual os padrões que dominam sua existência como um todo podem ser clareados, compreendidos e, desse modo, transformados" (Stolorow et alii, 1987, p. 36). Polster e Polster se referem ao tema dessa maneira: "a experiência presente *em si mesma* produz símbolos que são afirmações válidas e que ampliam os limites da interação terapêutica" (1973, pp. 13-4).

No entanto, os Gestalt-terapeutas efetivamente colocam uma ênfase maior no próprio *experienciar* na situação terapêutica, "formas de ser de desenvolvimento estagnado", enquanto isso, por outro lado, parece que os psicólogos do *self* poriam ênfase mais forte no *significado* da experiência. Considerando-se a citação acima, é claro que os psicólogos do *self* não são contra o cliente *experienciar* formas de desenvolvimento estagnado ao se relacionar. Contudo, esse conhecimento experiencial, em si mesmo, não é especialmente enfatizado, como na Gestalt-terapia.

Como Polster e Polster claramente discutem a questão: "na psicoterapia, o símbolo é mais poderoso quando sua significação surge a partir de experiências que existem primeiro por si mesmas e só então se projetam em um significado natural e evidente, que ajuda a tornar essas experiências vinculadas" (1973, pp. 16-7). Além disso, eles nos advertem que "significado e experiência, portanto, têm uma complexa inter-relação, e o excesso de qualquer uma delas pode bloquear a função necessária da outra" (1973, p. 15). Talvez haja o perigo, na psicologia do *self*, de focalizar tanto o *significado* da experiência do *self* do cliente, que isso possa tirar a ênfase de alguma parte da *experiência* dessa pessoa.

O *Self*

> *Deixe-nos revisitar o self como um contraponto harmônico a nosso foco na experiência crua.*
>
> (Erving Polster, 1992)

> *Em certo sentido, portanto, o self tem uma vida própria, uma configuração estendendo sua direção, freqüentemente sem awareness.*
>
> (Erving Polster, 1992)

Uma segunda similaridade marcante é a do "*self*". Na psicologia do *self*, o *self* é definido como uma estrutura psicológica que organiza a experiência de um indivíduo (Atwood e Stolorow, 1984, p. 34). Compare isso com Polster e Polster discutindo uma filosofia da pessoa, que considera essa pessoa como uma "composição" de características competitivas e dasafiadoras, em contraste com a pessoa "em guerra" consigo mesma. "Estamos delineando uma nova visão do homem, não uma visão do homem contra si mesmo, mas, sim, uma visão dele como uma composição, em que cada componente é vital por si mesmo" (1973, p. 57). Em ambos os enfoques, a estrutura do *self* sempre mantém coerência e integra partes diversas, quando a sua "composição" se torna fragmentada e difusa. Repetidamente, ambas as abordagens apontam em direção à luta da pessoa para manter a integridade da experiência do *self* (e seu funcionamento), em face das ameaças, desafios e encontros desconhecidos. O indivíduo se empenha no crescimento, mas, em sua ausência, irá se acomodar para sobreviver. Quando existe suporte insuficiente para seguir adiante, a pessoa irá contatar o mundo em formas que se tornaram estruturadas nos primeiros estágios do desenvolvimento. Por exemplo, tomando-se uma história de crescimento, com um pai indiferente, o cliente espera que o terapeuta também seja indiferente. Há aqui uma complementaridade potencial de abordagens. A psicologia do *self* oferece uma visão extremamente detalhada do desenvolvimento da estruturação do *self*, enquanto a Gestalt-terapia oferece o meio e a tecnologia para explorar essa estruturação no aqui-e-agora da terapia.

Intersubjetividade

A Gestalt-terapia e a teoria da intersubjetividade enfocam a natureza intersubjetiva das pessoas — em termos de desenvolvimento, psicopatologia e situação psicoterapêutica. Os gestalt-terapeutas falam sobre a fronteira de contato, o que está acontecendo entre "organismo" e ambiente. A teoria da intersubjetividade está especialmente interessada em como as interrupções nas relações interpessoais são experienciadas e se tornam estruturadas como parte do *self*. A visão de mundo dessa pessoa se torna padronizada dessa maneira particular e paradoxalmente o indivíduo provoca as próprias situações que quer evitar.

Como foi afirmado no início, na teoria da intersubjetividade "paciente e analista formam juntos um sistema psicológico indissolúvel; e é esse sistema que constitui o domínio empírico da investigação psicanalítica" (Atwood e Stolorow, 1984, p. 64). Isso pode ser comparado, por exemplo, à discussão de Polster e Polster quanto à necessidade de olhar para a experiência do terapeuta como um indicador do que está acontecendo intersubjetivamente:

> É como se o terapeuta se tornasse uma câmara de ressonância para o que está acontecendo entre ele e o paciente. Ele recebe e reverbera o que acontece nessa interação e o amplifica de tal maneira que isso se torna parte da dinâmica da terapia... Todas essas reações dizem alguma coisa acerca do paciente e do terapeuta e elas contêm muito dos dados vitais da experiência de terapia (Polster e Polster, 1973, p. 18).

A teoria da intersubjetividade reconhece que é a exploração da situação de transferência/contratransferência que melhor concretiza o inconsciente pré-reflexivo do terapeuta e do paciente e é o contexto no qual as relações subjetivas únicas de ambos podem ser explicadas. Stolorow et alii compreendem a situação de forma similar ao descrever a contratransferência como tendo "...um impacto decisivo na formação da transferência e co-determinando quais de suas dimensões específicas irão ocupar o primeiro plano experiencial da análise" (1987, p. 42). Eles enfatizam ainda mais, sublinhando que: "A transferência e a contratransferência juntas formam um sistema intersubjetivo de influência mútua recíproca" (Stolorow et alii, 1987, p. 42). Focalizar apenas o que está acontecendo "dentro" do paciente é uma noção fictícia que tem assombrado *todas* as psicoterapias.

A ênfase intersubjetiva dentro da psicologia do *self* e o dialógico dentro da Gestalt-terapia apontam um caminho para sair dessa ficção. É um caminho perpassado pela ambigüidade, algumas vezes avassaladora, que é inerente a todos os eventos intersubjetivos. Não se trata de fugir dela, mas sim de abraçá-la — pois o que abraçamos é nossa própria interconexão. Toda objetividade expressa é nossa tentativa de escapar da riqueza esmagadora do que é impossível de ser capturado, embora seja excessivamente importante apontar para dentro da esfera do "entre".

Não é surpresa que todos nós nos retraiamos diante dessa tarefa. Muito do nosso desenvolvimento pessoal é para superar a influência dos outros em nosso primitivo senso emergente de *self*. Essa influência mútua precisa antes de tudo ser reconhecida e, então, explicada. Ambas as tarefas criam uma ilusão de um *self* individual ou "organismo", um alívio bem-vindo. Mas tal alívio não é facilmente concedido àqueles que medem a profundidade da dimensão inter-humana. Não estamos envolvidos na "arqueologia" freudiana do inconsciente, mas no *engajamento* "no entre", a fim de explorar o inter-humano.

Aqui-e-agora

Existem alguns pontos de encontro entre a teoria da intersubjetividade e a Gestalt-terapia na questão da força da situação terapêutica presente. A Gestalt-terapia enfatiza claramente a necessidade de investigar a experiência na situação terapêutica *em curso*. A regra de "ficar no presente" tem sido muitas vezes utilizada em excesso. Erving Polster, um dos ilustres mestres da Gestalt-terapia, tem mencionado repetidamente que esta abordagem foi longe demais em uma direção e precisa recuperar a conexão do comportamento presente com a experiência passada (citado em Hycner, 1990). Ele chegou ao ponto de escrever um livro exaltando a necessidade de explorar a história de cada pessoa (Polster, 1983).

Os psicólogos do *self* acreditam que o comportamento presente é muito importante, mas de uma forma ligeiramente diferente dos Gestalt-terapeutas. Eles estão menos interessados na reencenação atual do comportamento passado no presente do que como essa reencenação clarifica e começa a articular a estrutura do *self* e seu desenvolvimento interrompido nos estágios críticos. Mais uma vez, trata-se da situação "transferencial" na qual isso é investigado, sempre lembrando que a transferência é compreendida como um fenômeno intersubjetivo do "entre terapêutico". Atwood e Stolorow escrevem que "cada interpretação de transferência que clareia com sucesso para o paciente seu passado inconsciente, simultaneamente cristaliza um presente ilusório — a inovação do terapeuta como uma presença compreensiva" (1984, p. 60). Mais do que, eventualmente, ver isso como um encontro entre a pessoa do terapeuta e a do cliente, a ênfase parece estar em verificar se o cliente assimilou essa presença compreensiva como um *self*-objeto dentro de sua própria estrutura de *self*. A ênfase parece estar em uma internalização "intrapsíquica" de um evento intersubjetivo. Portanto, "a análise, assim, introduz um novo objeto na experiência do paciente, um objeto único na capacidade de invocar imagens passadas e ainda demonstrar uma diferença essencial desses pontos iniciais de referência" (Atwood e Stolorow, 1984, p. 60).

Awareness

É central o papel da *awareness* na Gestalt-terapia. De fato, é difícil discutir a Gestalt-terapia sem abordar a *awareness*. A teoria da intersubjetividade raramente menciona a *awareness* como tal. Quando isso acontece, está geralmente se referindo ao processo de tornar o inconsciente consciente no campo terapêutico intersubjetivo. Por exemplo: "essa atividade inconsciente organizadora é elevada à *awareness* por meio do diálogo intersubjetivo para o qual o analista contribui com sua compreensão empática" (Stolorow et alii, 1987, p. 7). Nesse sentido, a *awareness* subjetiva do paciente é "iluminada" e "articulada" mais do que "descoberta" ou "recuperada" na metáfora arqueológica usada por Freud (Stolorow et alii, 1987, p. 7). No entanto, a *awareness* não é vista como uma função em si mesma, mas sim como iluminando a estrutura pré-reflexiva do *self* do paciente.

Compare isso com o que dizem Polster e Polster: "No seu máximo, a *awareness* é um meio contínuo para se manter atualizado com o próprio *self*. É um processo em andamento, prontamente disponível em todos os momentos, mais do que uma iluminação exclusiva ou esporádica que pode ser obtida — como um *insight* — apenas em momentos ou sob condições especiais" (1973, p. 211). Isso indica uma das diferentes ênfases da Gestalt-terapia quanto à acessibilidade e utilização da *awareness*.

No entanto, até mesmo aqui existem semelhanças marcantes, tais como quando Polster e Polster discutem como a *awareness* mantém a pessoa em fluxo com seu próprio "*self*". A Gestalt-terapia e a psicologia do *self* começam a soar especialmente próximas quando Polster e Polster se estendem sobre a afirmação acima: "com cada *awareness* que se sucede, a pessoa chega mais perto

160

de articular os temas de sua própria vida e mais perto, também, de se mover em direção à expressão desses temas" (1973, p. 212).

Figura-Fundo. Uma dimensão particular da *awareness*, bem colocada como um aspecto central da Gestalt-terapia, é o fenômeno da figura-fundo. Seu lugar é tão conhecido na Gestalt-terapia que não necessita discussões adicionais. No entanto, é interessante que, algumas vezes, Stolorow et alii, efetivamente, discutem o "fenômeno figura" nos termos da relação terapêutica. Mais uma vez isso acontece na situação de transferência, em que uma *awareness* da oscilação figura-fundo das necessidades emerge. Especialmente na relação transferencial existe uma ambivalência, tanto existencial como psicológica, por parte do paciente. Há *esperança* e *medo*. Há o medo de que o terapeuta seja como muitas outras pessoas na vida passada do paciente e não consiga satisfazer a necessidade de desenvolvimento particular que está em seu primeiro plano experiencial. Por outro lado, existe um anseio profundo — uma esperança contra toda esperança — de que o terapeuta possa ser capaz de satisfazer as necessidades de desenvolvimento que se tornaram primeiro plano.

Stolorow et alii tratam disso: "Acreditamos que uma psicanálise bem conduzida se caracteriza por mudanças inevitáveis e contínuas nas relações figura-fundo entre esses dois pólos da transferência, enquanto elas oscilam entre o primeiro plano experiencial e o fundo do tratamento" (1987, p. 102). De fato, "nossa perspectiva de escuta se torna, desse modo, focalizada nas complexas *relações figura-fundo* entre o *self*-objeto e outras dimensões de experienciar uma outra pessoa" (1987, p. 25). Existe uma tal variedade de dimensões intersubjetivas, que isso deixa "...certos significados e funções ocupando o primeiro plano experiencial e outros ocupando o fundo, dependendo das prioridades motivacionais do sujeito em qualquer momento dado. Além do mais, a relação figura-fundo entre essas múltiplas dimensões da experiência pode variar significativamente..." (Stolorow et alii, 1987, p. 26).

O Campo Psicológico

Tanto a Gestalt-terapia quanto a psicologia do *self* reconhecem que o que quer que o paciente produza na sessão de terapia é uma figura experiencial, que emerge a partir do fundo do campo psicológico que abrange terapeuta e cliente. Os psicólogos do *self* discutem a necessidade de compreensão da experiência subjetiva do cliente e do terapeuta, "e o campo psicológico criado entre os dois" (Stolorow et alii, 1987, p. 4). Claramente, toda a questão do campo psicológico foi iniciada na Gestalt-terapia pela discussão da matriz organismo/ambiente. Frederick Perls, no entanto, vai muito mais além ao enfatizar a necessidade de o terapeuta não apenas estar *aware* dos significados inerentes ao campo psicológico entre terapeuta e paciente, mas também de ter a habilidade e disponibilidade de expressar sua própria realidade subjetiva.

Ele precisa ter uma *awareness* relacional da situação total e precisa ter contato com o campo total — tanto de suas próprias necessidades e reações às manipulações do paciente, quanto às necessidades e reações do paciente em relação ao terapeuta. E ele deve se sentir livre para expressá-las (Perls, F., 1973, p. 106).

Essa ênfase parece diferir consideravelmente da psicologia do *self*. Atwood e Stolorow (1984), no capítulo "Transference and countertransference", dão um exemplo admitidamente dramático e, talvez, controvertido para os Gestalt-terapeutas. Eles discutem possíveis questões transferenciais e contratransferenciais na análise de Wilhelm Reich tendo Frederick Perls como cliente. Mencionam que uma das primeiras experiências que influenciou Perls por toda sua vida foi a relação fortemente perturbada com seu pai. Eles sugerem que "parece que muitos dos temas dominantes, em torno dos quais se organizou a vida subjetiva de Perls, diziam respeito a sua necessidade de se separar da poderosa influência negativa de seu pai, com quem ele também se tornou muito identificado" (Atwood e Stolorow, 1984, p. 48).

Como conseqüência, Perls ficou especialmente fascinado por uma "interpretação" de Reich em relação à sua linhagem. Nas próprias palavras de Perls, "ele nunca me revelou como chegou àquela conclusão. Disse que eu era filho de Herman Staub, o que apelou para minha vaidade, mas nunca conseguiu me convencer completamente" (Perls, 1969, p. 202). Anteriormente, Perls menciona que "tio Staub era o orgulho da família" e que o tio Staub era um "símbolo" para ele... "e tornou-se óbvio que eu deveria seguir seus passos" (Perls, 1969, p. 202).

Atwood e Stolorow sugerem que como não havia nada na análise de que Perls estivesse consciente, ou de que Reich o fizesse ficar consciente, para chegar a essa conclusão, a interpretação só faz sentido se for compreendida como uma interpretação contratransferencial — uma afirmação sobre a própria experiência de Reich, que impôs uma lacuna no mundo subjetivo de Perls. "Foi a aliança de Reich com seu pai e a identificação com seus valores que o levaram, na idade de catorze anos, a trair a mãe, revelando sua infidelidade sexual. O fato de o pai ter descoberto o adultério precipitou o suicídio dela" (Atwood e Stolorow, 1984, p. 49). Eles sugerem que a culpa de Reich em relação a essa traição o levou a se dissociar tanto de seu pai, que o conduziu à "necessidade que culminou na sua convicção de que ele não poderia, possivelmente, ser filho de seu pai. Uma vez, chegou até mesmo a dizer que era produto de sua mãe e de um homem do espaço sideral" (Atwood e Stolorow, 1984, p. 49). Os autores sugerem que é somente compreendendo essa configuração extremamente defensiva do mundo psíquico de Reich, que faz sentido sua "interpretação" a respeito do pai de Perls, já que não há qualquer evidência factual. Esse é o grande perigo de o terapeuta não estar *aware* de sua própria experiência subjetiva e impô-la, especialmente nas lacunas da experiência subjetiva do cliente.

É claro que existe o perigo óbvio de psicanalisar a psicanálise em que Perls foi cliente de Reich. Os Gestalt-terapeutas estariam pouco inclinados a fazer tais sugestões estapafúrdias sem evidência fenomenológica. Ainda assim, isso põe em evidência a confusão, e mesmo o perigo, que podem estar contidos em sugestões (ainda que sutis), quando estas não estão solidamente fundamentadas na história factual ou experiência subjetiva do cliente.

Perls reconheceu o perigo da "projeção contratransferencial" no paciente, quando afirmou que cada terapeuta irá mostrar seus preconceitos na terapia. Num comentário que bem pode ser aplicado a essa situação com Reich, Perls nos relembra que: "Mas quanto mais o terapeuta confia em suas convicções e preconceitos, mais ele tem de depender da especulação e decifrar o que está acontecendo com o paciente" (1973, p. 104).

Suporte e Frustração

A psicologia do *self* discute extensivamente a necessidade de o paciente ter suporte do terapeuta. Curiosamente, a despeito de sua ênfase ocasional na frustração do paciente, Perls de imediato reconhecia que o paciente tem muitas necessidades e que "usualmente achamos que a necessidade dominante é a de segurança ou de aprovação do terapeuta" (1973, p. 103). A resposta de Perls para essa necessidade era freqüentemente muito diversa da psicologia do *self*. Para ele, essa necessidade de suporte ambiental geralmente deveria ser frustrada. Conseqüentemente, parece que Perls discordaria energicamente da psicologia do *self* quanto à ênfase na empatia. Para ele, a empatia significava superidentificação com o paciente e, em decorrência, o terapeuta teria de se conter. "Ainda assim, se o terapeuta se contém na empatia, ele priva o campo do instrumento principal, sua intuição e sensibilidade ao processo em andamento do paciente" (1973, p. 106).

Acredito que as abordagens da psicologia do *self* e a de Frederick Perls são complementares. Penso que os terapeutas precisam enfatizar apropriadamente a experiência do cliente; e, somente após se estabelecer uma relação extremamente sólida é que chega o momento de o terapeuta utilizar sua própria experiência.

Perls via isso de forma diferente, no sentido de que acreditava que o terapeuta "deve aprender a trabalhar com simpatia e, ao mesmo tempo, com frustração. Esses dois elementos podem parecer incompatíveis, mas a arte do terapeuta é fundi-los em um instrumento eficiente" (1973, p. 106). Perls continua dizendo que: "A Gestalt-terapia faz a suposição básica de que o paciente está necessitando de auto-suporte e que o terapeuta simboliza o *self* incompleto do paciente" (Perls, 1973, p. 111). É, certamente, um pensamento intrigante tanto para os psicoterapeutas dialógicos quanto para psicólogos do *self* intersubjetivos.

10. A TRANSFERÊNCIA ENCONTRA O DIÁLOGO: TRANSCRIÇÃO DE UM CASO*

Lynne Jacobs

Meu propósito, ao apresentar o que se segue numa conferência para Gestalt-terapeutas, foi encorajar a discussão de pontos de encontro entre a metodologia da gestalt e a metodologia da teoria da intersubjetividade. Nessas sessões, eu estava focalizada especialmente 1) na escuta pela perspectiva do paciente, 2) no uso da sintonia de afeto e 3) no uso de esclarecimentos interpretativos de sua subjetividade (incluindo os contextos e as gestalten fixas que lhes dão forma). Em minha opinião, essa metodologia foi um esforço de praticar a inclusão. Certos gestos inclusivos, quando oferecidos e recebidos, são a base para a confirmação. Estou interessada na exploração e no refinamento dessas idéias, sem perder o frescor e a vitalidade de nossa atenção para com o contato momento-a-momento.

A paciente, Kate, uma mulher negra de quarenta anos, tem estado em terapia comigo uma vez por semana, já há dez anos. Durante um certo período, cerca de cinco anos atrás, ela vinha me ver duas vezes por semana. Sempre pagou um preço extremamente baixo e nos últimos anos não tem podido pagar absolutamente nada, fazendo "uma conta". Ela tem passado por sérios problemas financeiros enquanto cursa a escola de graduação. Nossa terapia inclui muitos telefonemas, alguns breves, outros não. Kate costuma também deixar recados na minha secretária eletrônica, como uma forma de "manter-me em contato com ela".

---

* A transcrição deste caso circulou antecipadamente entre os participantes da XIII Conferência Anual sobre a Teoria e Prática da Gestalt-terapia (1991) e fez parte de um painel intitulado: "Transference meets Dialogue: Advances in the Treatment of Self-Disordered Patients". (A transcrição da discussão do painel foi posteriormente publicada por Alexander et alii, 1992.) Os símbolos utilizados na transcrição incluem: [ ] = informação adicionada de forma a tornar a sessão mais compreensível; ( ) = comentários descritivos para proporcionar uma transcrição mais acurada; / = interrupção de uma pessoa, discutindo ou seguindo rapidamente a fala da outra.

Sua mãe sempre teve preferência pelos dois filhos homens, enquanto se lamentava por sua má sorte: a filha não era a jovem feminina que sempre desejara. O pai, morto por um ataque do coração há cerca de quinze anos, tinha um grande interesse por ela. Ele era alcoolista, propenso a ataques de raiva, abusava fisicamente da esposa e, com freqüência, fazia investidas sexuais a Kate; contudo, é descrito como o único membro da família que fazia minha paciente se sentir valorizada.

Durante alguns anos, Kate esteve matriculada em um programa de graduação na especialidade de saúde mental. Ela foi expulsa da escola há cerca de um ano, porque não conseguiu entregar a tese no devido tempo. Algumas das sessões de terapia focalizaram sua necessidade de se rebelar contra regras autoritárias, a fim de afirmar sua identidade individual. Ela foi readmitida e estava trabalhando bem como estudante, terapeuta em treinamento e assistente de ensino, quando foi expulsa mais uma vez por ter deixado de se inscrever para cursar o último ano. Ela havia solicitado uma bolsa de estudos, que não foi concedida. Através de uma série de erros cometidos pela secretaria de matrículas, que se juntaram à sua desatenção decorrente da evitação, ela teve permissão para assistir às aulas e trabalhar num hospital local, sem estar matriculada. Quando essa situação foi descoberta, ela foi imediatamente dispensada da escola.

A sessão transcrita a seguir ocorreu logo após ela ter sido informada de que deveria deixar a escola e encerrar o trabalho com seus clientes. Ela havia iniciado esse processo com os clientes na época de nossa sessão. Eu conhecia sua situação atual, porque ela me telefonara no intervalo das sessões.

Primeira sessão

P*: (tensa, fala rápida) Estou eufórica e queria estar deprimida (risadas).

T: Bem, é isso. Quer que eu conheça *intimamente* os aspectos dolorosos do que está acontecendo agora.

P: Sim (pausa).

(forçando a voz) As coisas significativas são... (pausa, depois choro) ...contar a Katie [a criança cliente da paciente. Já havíamos discutido seu significado com Kate muitas vezes] que temos de parar. Uma das coisas mais difíceis que já tive de fazer.

T: Ela conseguiu entender?

P: Sim. Ela chorou. Ela não chora! Tenho estado com ela por dois anos. Ela "brincava" de chorar e conversávamos a respeito; ela simplesmente se *desfez* em lágrimas. Passamos vinte minutos chorando e a meia hora seguinte nos recuperando. Nos últimos dez minutos brincamos com um jogo.

---

* P = paciente e T = terapeuta. (N. do T.).

165

Ela está... ela está... (angústia, lágrimas).

Isso me fez lembrar — desde ontem à tarde — de duas coisas: uma, como é *dolorosa* a separação e isso... isso costuma *doer* muito...

Estive pensando a respeito dos momentos em que realmente senti a *dor da separação* que ela parecia estar sentindo... e uma situação que realmente me atingiu e chegou *perto* do que vi nela, foi... anos atrás, quando você me disse que não se sentia confortável com meus abraços após cada sessão. Esse é o pior sentimento que lembro ter tido em *anos*... e *anos* e *anos*. Foi *realmente* TERRÍVEL.

Senti como se estivesse fazendo *pelo menos* o mesmo com Katie... e... isso trouxe tudo de volta... separações.

E especialmente quando você é criança e não tem nenhuma perspectiva. Não estou nem certa se [a perspectiva] importa. Você é uma criança.

Lembro-me de meu pai se aproximando de mim uma noite, depois de uma terrível discussão em família — penso que tinha em torno de quatro ou seis [anos de idade] — e agora, olhando para trás, tenho certeza de que meu pai havia bebido, porque me lembro do seu tom de voz naquela hora — sei hoje que tom era aquele — e ele me contou que estava indo embora e queria que eu soubesse que me amava, que viria regularmente me visitar e dizer olá, e... (angústia, o riso) mesmo *naquela idade*, eu sabia que minha mãe não era a pessoa que cuidava de mim... (angústia) essa foi a *pior* dor que senti *na VIDA*.

E então, minha mãe veio e a única coisa que ajudou foi ela usar a lógica... (a paciente descreveu como sua mãe lhe disse que não havia necessidade de chorar: "se papai estivesse indo embora, mamãe deveria estar chorando também. E mamãe não estava chorando").

T: (interrompendo a paciente que estava a ponto de mudar o tema) / Ele te brutalizou!

P: Ele fez isso?... (pausa) *Oh*!, sim. É verdade (falando bem devagar). Nunca pensei nada a respeito. *Nunca* pensei nisso... Mas quero parar e dizer, "sim, mas ele estava bêbado, isso não foi consciente",...

T: É claro. Tenho certeza.

P: Então, e daí?

T: Talvez ele estivesse muito abalado e precisasse de sua compreensão, precisasse ver o abalo dele refletido em seus olhos... algo parecido com isso?

P: (pausa) (suavemente) Foi uma merda fazer isso.

T: Hmmmmmmm

P: Especialmente acordar durante a noite, com essa discussão, eu me encontrava sem defesas... (chorando suavemente).

E a outra coisa em que estava pensando na noite passada, eu estava abalada, não conseguia dormir; e isso é *normal*, é normal [referindo-se a experienciar seus sentimentos mais plenamente agora do que quando entrou na terapia], mas também é doloroso.

(lágrimas) Uma das coisas em que estive pensando durante *anos* e que eu mais temia era... tinha medo de que você pudesse ir embora, que você pudesse se casar com Gordon, eu não queria nem mesmo saber... Pensei até... e se você fizesse isso? O que importava para mim? E então pensei: "Bem, não quero saber, não quero saber". E pensei o quanto tudo era *frágil...* foi *terrível.*

Hoje, sinto-me firme. Mas agora fiz isso com Katie. E sempre me questionei se eu era importante para ela. Minha supervisora sempre dizia que "sim". Ela poderia mostrar os comportamentos de Katie, mesmo se ela não dissesse nada. Porém, Katie apenas dizia: "Você é a *melhor* coisa que me aconteceu nos últimos três anos" (descreveu mais informações sobre a vida e a terapia de Katie).

E ela disse: "Você é a minha terceira 'doutora de conversar'. Você é a melhor. Você *escuta.* Os outros sempre 'metem a colher'. Você *escuta.* Você pensa a respeito das coisas. Depois, você fala comigo".

(Mais detalhes sobre a transição para a nova terapeuta.)

Senti como se eu a tivesse traído! Uma parte de mim diz que eu simplesmente deveria me revoltar contra o sistema. Quando [a supervisora] retornar, vai ser uma *merda.* Ela conhece Katie, ela sabe o quanto é importante, nós *planejamos* o término. Todo o seu problema é o abandono. Uma parte de mim diz que eu apenas deveria ter respondido "não". O que eles podem fazer contra mim? Foi tão definitivo: "Você está em situação irregular. Deve parar". Mas ... não sei, eu simplesmente fico dando voltas e voltas.

Não tenho nada em que me apoiar... e ainda tenho a culpa do sobrevivente, porque ainda tenho você!

(lágrimas) Lembro-me do medo que tinha de perder você. Sei que ela tem o pai, mas eu sei também que não é um relacionamento seguro.

E ela disse... (lágrimas): "Sinto-me como se tivesse que escalar um edifício de 15 metros de altura com somente 15 segundos para fazê-lo".

(pausa, chorando) Senti-me tão *mal* ontem. Quando ia para a supervisão, simplesmente quis encostar o carro na calçada e arrancar isso fora; arrancar não, apenas... deixar sair.

T: Raiva?

P: A dor. Dor. Tristeza. Tanta tristeza! E não sabendo (chorando) se é a minha tristeza ou a dela... (gemido angustiado) mas lembrando de como pode ser muito, muito, muito, mas muito doloroso perder alguém.

Tão doloroso... (chorando). Há anos venho pensando, "emoções? O que são emoções? Ah, qualquer pessoa pode sobreviver a qualquer coisa. Bem, então você se sente mal por um tempo"...Tenho estado tão fora de contato! Não tinha idéia de que estava *esse tanto* fora de contato.

T: Esses sentimentos podem ser insuportáveis?

P: Eu suponho... Não é que esse evento seja tanto assim, porém disparou todos os outros que foram...

T: perder alguém... /

P: / Sim! Fico me lembrando disso — (procura pelo lenço de papel e então sua expressão muda de repente) — Katie desenhou num lenço de papel ontem! Tão delicado. Ela desenhou um grande coração, com meu nome nele, eu nem sabia que ela sabia escrever meu nome. Ela conseguiu [letras de um nome difícil de se escrever]/.

T: /Ela *sabia o seu nome* [referência a uma sessão anterior; admitiu que quando mais jovem, ficava envergonhada quando seu nome era chamado na lista da escola e tinha relutância em dizê-lo aos outros].

P: Oh, Deus! (reconhecimento angustiado) Você sabe, no hospital nem sabem escrever meu nome direito!

T: Há tanto aqui/.

P: Cristo!

T: Suas perdas, as dela, raiva das perdas, de você, vergonha, culpa...

P: Sim... sim... sim...

T: Um tremendo pesar e sentimento de perda.

P: É isso aí. Tem uma coisa que vem acontecendo o mês inteiro e que agora se intensificou. É a lembrança de pequenos quadros de todas as maneiras em que minha mãe tem sido cruel comigo. Para ela é fácil — é tão insensível, inconsciente *e* hostil: A hostilidade! Engraçado, ela me *ligou* na noite anterior aos acontecimentos. Eu estava fora. Precisava ficar fora. Desde que consegui o dinheiro [um empréstimo para tentar se matricular na escola. Porém, ao tentar se matricular, os problemas relacionados com as questões anteriores vieram à tona e levaram à sua demissão], precisei de uma distância, pois sabia que isso daria a ela o direito de reclamar. Então minha mãe me telefonou, querendo saber se eu já tinha licenciado meu carro — o que não tinha feito — ela devia estar usando a senha de meu irmão para checar meus tíquetes. De qualquer jeito... (descreveu detalhes das pressões, sabotagem e não-validação utilizados por sua mãe).

Isso me permite ver — quando era pequena — o quanto isso me fodia e me desagradava enlouquecer! Ela sempre dizia: "Não estou fazendo isso". E como criança eu pensava: "pensei que estivesse, mas acho que estou errada!" (risinho de satisfação).

(descreve mais detalhes) Ela é tão instável. Ela vai do zero até o estouro. Grita se um chapéu cai no chão. E me acusa de estar sendo estúpida. Não sou estúpida. Entendo as coisas mais rápido que a maioria das pessoas.

(Olha para cima rapidamente, com um pouco de medo nos olhos.)

Isso é verdade. Sou muito rápida na aula, na escola de graduação (olha para cima de novo, como que se desculpando.) — Preciso fazer isso, tocar minha própria sirene/.

T: Você parece defensiva/.

P:/ Sim. Como se você não fosse me acreditar/.

T: ... como se estivesse pronta para o "ataque".

P: Sim. Bem aqui. Mas, com eles estou errada. (Detalhes de um desacordo entre a paciente, sua mãe e seu irmão.)

E eu gritei em resposta a ela. Uma coisa que, afinal, tenho feito nos últimos cinco anos. Ela não vem mais me visitar, até hoje. Aposto que é porque ela me emprestou o dinheiro, você sabe... Mas fica reforçado, a cada incidente, que já aconteceram centenas de outros e que eu estava crescendo lutando com isso. Tinha cinco anos de idade e estava aprendendo lógica com uma mulher louca! E a *frustração*, a *raiva* e o *rancor*, é começar a ser desenterrada. Rapaz, aí sim!* Eu quero matá-la (lágrimas). Estou furiosa (solta um longo suspiro). Ela era tão *terrível*. É difícil imaginar, tirando a agressão física, como é que alguém pode ser tão terrível.

T: Estou pensando no que você falou antes sobre os sentimentos de sobrevivência.

P: (choro profundo, raivoso, desesperado e queixoso) E *agora*, tenho a MIM, mas não estou orgulhosa (pausa), eu me *fodi* na escola. Não posso confiar em mim.

Mas sempre tive um histórico de trabalho exemplar. Em qualquer emprego que tivesse. Mesmo quando odiava o trabalho, sabia, ao mudar para outro emprego, que sempre podia esperar referências excelentes. Essa é a ironia na terapia. Quanto mais tempo fico aqui, mais eu me fodo. Num certo sentido, consigo ver isso como uma diminuição da minha rigidez... rígida... rígida. Porém, isso também me deixa muito... sem identidade.

T: Sim. Incapaz de traçar um objetivo para você e ser capaz de saber que trabalha em direção a isso, faz com que sinta que não é responsável por sua vida... Suponho que isso faça parte do "sem-identidade".

P: E isso é tão desconhecido para mim. Tão desconhecido.

T: (inaudível).

P: Sim. Sim. Tem uma outra coisa que andei pensando... (lágrimas, pausa) rapaz, o que está vindo agora... odeio a todos eles (dito bem devagar com ênfase), *Eu odeio a todos eles.* Odeio a todos eles. E quero que *saibam* que eu os odeio. Quero que saibam! Quero que eles sintam uma puta culpa! (tom de voz queixoso e com raiva) Quero que eles SAIBAM QUE FORAM MAUS!

---

* Forma idiomática de enfatizar a fala. (N. do T.)

T: Que saibam que a *magoaram.*

P: (gritando) Sim! Eles precisam saber. Tem que haver um ajuste de contas de alguma maneira. Não posso mais agüentar isso! Está tão distorcido. A família é tão distorcida!

É como estar numa prisão de concreto, com não sei o quê...

Você esmurra, esmurra e esmurra até que suas mãos fiquem ensangüentadas e, então, eles olham para sua mão e dizem: "Suas mãos estão cobertas de sangue. O que há de errado com você?".

Esse é o nível de frustração nos meus sonhos. Meu pior pesadelo, o pior nível de frustração que experienciei foi em um sonho. Lembro-me vividamente: estava numa quadra de beisebol, no lugar destinado ao batedor e haviam holofotes me iluminando. Minha família estava me insultando. E eu estou gritando, *gritando* minha raiva e frustração. Mais frustração do que qualquer pessoa pode agüentar. Não sei o que estou gritando, mas sei que eles estão me insultando. Tinha todos aqueles holofotes na minha cara e não há *ninguém* do meu lado. Todo mundo me vê como... a "fodida" que não consegue fazer as coisas certas..., a ANOMALIA.

É como se eu estivesse tentando dizer: "Deus, você me ensinou a pensar — você. Não posso mostrar nada a você, através de suas próprias leis e regras... Você, de repente, mudou a *linguagem* comigo! No sonho há tanta raiva. Estou chorando, cheia de *rancor* e frustração.

T: Isso é tão aniquilador. Eles não querem enxergar você, não reconhecem o que você quer fazer chegar/.

P: Não vão me enxergar, não vão me reconhecer! É isso aí. Se eu simplesmente pudesse aceitar que eles não *podem.* Mas há uma sensação de vontade. É por isso que eu os *odeio.* É por isso que eu os odeio.

T: Que estejam fazendo isso com você de propósito.

P: SIM! Porque querem me pegar. Querem salvar suas peles. Não possuem nenhum senso de honra. O que eles me transmitiram foi só "de boca" (pausa).

T: Você sabe dizer o que aconteceria com aquela pessoa na prisão, se parasse de fazer suas mãos sangrarem esmurrando a parede?

P: Ela ficaria louca. Isso ia subir à cabeça. Vejo-me sentada no chão...

T: São essas escolhas impossíveis. Ou você destrói a si mesma lutando por reconhecimento, ou fica louca.

P: Pelo menos, se você está se destruindo, você está sentindo/

T:/É você/.

P:/Estou fazendo uma ação/.

T:/ Você está agindo.

P: (suspiro) linda intervenção... Tenho vivido desse jeito por tanto tempo, louca e sem poder *fazer* nada...

T: Você está se sentindo louca agora?

P: Por não ser capaz de fazer isso aqui? Ou com minha mãe?

T: Ambos.

P: Sim. Sinto que, se não fizer, ela não mudará. Eu sou a louca.

T: Isso me faz lembrar a semana passada, quando falava de estar paralisada, de não ser capaz de se comprometer nem com a morte nem com a vida/

P: /Sim/

T: E você está paralisada aqui também. Você não consegue *desistir* da *necessidade* de mostrar tudo a sua mãe, mas também não consegue mostrar a ela.

P: E na escola. Assim que você disse... na escola. Estar na escola ou não. Não tenho conseguido me comprometer.

T: Se você se comprometesse estaria de volta à prisão de cimento, penso eu.

P: Pior. A uma prisão de vidro. Onde estou nua. Há mais vergonha. Um tema interessante [referindo-se a seu reconhecimento relativamente recente da profundidade da vergonha que experiencia].

T: Mortificação...

Final da sessão

Terceira sessão [1]

P: Sonhei com você na quinta-feira à noite. Eu a estava visitando em sua casa. No consultório, na garagem, atrás da casa. Tinha a sensação de que havíamos conversado e concordado em que eu teria permissão para vir e sentar-me no seu jardim. Assim, sentei-me lá por um par de horas.

Acho que você estava até mesmo atendendo M. (uma amiga) e isso nem me incomodou... Estava surpresa ao me sentir tão confortável e segura... estava lá sentada, sentia-me tão bem, era como se tivesse um cobertor quentinho enrolado a minha volta...

Estava pensando... "É muito bom apenas estar aqui. Eu não preciso te ver, está bem que eu não esteja lá, eu *estou Aqui*"; e lembro-me de ter pensado: "Esta foi uma boa idéia"... e fiquei um longo tempo, na verdade, fiquei cerca de duas horas...

E então você saiu do consultório e estava se preparando para partir. Você me viu lá e ficou muito desapontada comigo — tipo assim: "Espere um pouquinho. Combinamos que estaria tudo bem, mas não tinha idéia que você ficaria tantas horas. Seria uma coisa do tipo 'chegar rápido na base e ir em frente', mas...".

E fiquei tão surpresa, porque você me disse que não tinha problema e eis que aí estava você — você não foi desagradável, mas foi muito severa; achou que isso não estava certo, que eu estava ultrapassando os limites etc.

---

1. Essa sessão seguiu-se à anterior. A segunda sessão ocorreu numa noite de quinta-feira, foi emergencial, não foi gravada e não pôde ser transcrita.

Levantei-me, mas acabei não saindo; caminhei e fui para o outro lado da casa. E então você estava indo embora e eu me aprontava para sair. Lembro-me de ter pensado: "Ela está errada. Isso foi *bom* para mim. Foi *tão bom* para mim. Se ela pelo menos soubesse". Senti-me infeliz, porque você não tinha considerado isso. E fiquei remoendo nosso acordo e pensei: "Não, ambas concordamos que estaria bem se eu viesse!".

E quando acordei, não entendi nada, porque a sessão que tinha acabado de viver com você foi muito parecida com aquele cobertor... *muito*, muito mesmo...

T: Mas, você sabe, uma das coisas que você disse bem no final da última sessão... você estava falando sobre um desejo e.../

P: / medo de que eu pudesse usar todas as minhas fichas? [referindo-se a discussões anteriores a respeito de sua crença de que eu só tinha uma certa quantidade de devoção por ela. Seu temor era que eu me exaurisse e me tornasse indisponível quando ela precisasse de mim]

T: Sim; e querendo ser de importância central para mim. Entendi com isso que você estaria segura, que *há* um espaço para você vir e ser confortada, mas você tem medo de usá-lo até esgotar. E assim, por um lado concordo que está bem. Por outro lado... "você consumiu suas fichas, senhora".

P: Sim, fiquei tempo demais. Lembro-me de ter pensado: "O que importa para você quanto tempo eu fiquei?". Para mim, estava bem ficar o tanto que precisasse. E quando me sentisse confortada, partiria e iria para outra coisa qualquer, porque eu iria ficar entediada permanecendo lá... Assim, foi curioso o momento em que veio o sonho... Por que eu o teria naquele momento?...

T: Pensei que sua fala no final da sessão de quinta-feira também era neste sentido... "Temos de terminar?"

P: Hmmmm, o que eu estava dizendo?

T: Que você desejava ser mais importante na minha vida... imaginei que dessa forma você poderia ter acesso a mim sempre que precisasse.

P: Oh!, sim. Então é *você* que ainda não está seguindo o programa? (risadas).

T: Sim! E você fica magoada quando não estou "com o programa". É isso que me impressiona.

P: A melhor parte para mim foi realmente depois que acordei e pensei. Sei que lembro: "Isso está certo". Quero dizer, só ficar lá sentada. Sentei-me lá, senti-me calma, confortável ... *protegida*. Estava serena... (pausa) (risadinha) Então, qual é o seu endereço?

T: (suavemente) Penso que você está dizendo que desejaria tê-lo.

P: Oh!, *sim*.

T: Mas isso soa — fazendo pressão em um aspecto — isso soa como se você estivesse dizendo que *quer* isso de mim/.

P: Oh, *sem dúvida/*.

T: E você... se sente desapontada, porque não estou disponível desta forma.

P: É uma supresa que eu vivesse [o sonho] bem naquela noite, porque eu estava saboreando o fato de que você ficasse disponível para mim até tarde na quinta-feira. Apoiei-me nisso.

T: Assim, é uma surpresa que você pudesse sentir todo aquele conforto, um sentimento de que eu estava colocando um cobertor a sua volta e, ainda assim, tem um sonho que diz: "Você usou todas as suas fichas?"

P: Sim, sim.../

T: /Talvez você esteja mais preocupada com a sessão extra do que imaginava?/

P: Você quer dizer, usando minhas fichas?

T: /porque você pareceu preocupada com o fato de eu ter estendido o meu tempo no final de um longo dia e pelo fato de estar um pouco distraída...

P: Você mencionou isso... o que estava acontecendo?

T: Você me experienciou dessa forma?

P: NÃO (ambas riram). Mas, uma vez que *você* disse alguma coisa, depois eu pensei sobre isso e fiquei imaginando se eu *deveria* perguntar algo a respeito. No momento, nem prestei atenção.

T: Você sabe, pensei que você estivesse reagindo à minha dificuldade de sintonia na sessão. Como quando você me olhou e meus circuitos não estavam funcionando e você disse: "Você não está reagindo?"

P: Oh! (rindo) então você *estava* muito cansada. *Era* muito tarde.

T: Não penso assim.

P: (rindo) Vá em frente, tente salvar isso.

T: Não acho que estava cansada. De fato, estava hiperestimulada com uma coisa que tinha acabado de acontecer no trabalho... (pausa, esperando para ver se *P* respondia algo)...
Porém, você não me experienciou como não estando presente durante a sessão...

P: Eu me experienciei... entrei e pensei que tinha solicitado esta sessão, porque a última tinha sido muito emocional. E pensei, quinta-feira também poderá ser. Senti-me *tão* bem depois da sessão de segunda-feira, na qual chorei de verdade. Senti tudo mais claro, bem mais limpo no dia seguinte... e pensei: "depois daquela merda toda que vou ter que passar na quinta-feira"... [terminar com os clientes].

Porém, na quinta-feira me senti meio fechada, mas estava mudada; era como se pudesse lidar com as coisas. Então pensei em deixar você de fora, porque eu não *precisava* vir.

(Seguiu adiante descrevendo em detalhes sua agenda ocupada, seus pensamentos freqüentes de telefonar na quinta-feira e desmarcar a consulta; contudo não chegou a ligar.)

Encarei isso (o não-cancelamento) como uma mensagem, mas... mas, não estava muito a fim. Cheguei aqui e me senti muito pra cima. Gostei da sessão, de me sentir pra cima e de estar aqui com você, mas pressenti que *você* estava

173

desapontada. Você estava preocupada por não estar realmente comigo. Eu estava percebendo isso e entendi que você havia dito que estava distraída com uma explicação do fato de eu não estar mais acessível.

T: Que eu estava respondendo a seu quase fechamento como/

P: /como uma reação por você não estar lá para mim (risadas). Lembro-me da primeira ou segunda vez em que a vi; conversávamos e eu descrevia como estava sempre me observando; e você disse que parecia sermos *três* na sala... olhei para você e disse: "Aposto que estamos em *quatro* aqui!" (ambas riem)

T: Ainda assim, o que me impressiona mais do que qualquer coisa que esteja dizendo, é que você está se sentindo responsável pelo fato de ter tido uma sessão extra e como você se sentia devedora de.../

P: / de ser emocional/

T: /Sim.

P: Sim. Uma paciente-modelo.

Isso está ligado a algo sobre ontem. Assim, *você* pode descobrir como é isso. Sei que há uma ligação, mas...

(*P* relata como toma conta do cachorro de sua mãe e o quanto ela se sobrecarrega com preocupações a respeito de seu conforto, bem-estar etc., toda vez que cuida dele.)

Se me preocupo tanto com um cachorro, não é de admirar que não queira estar em volta das pessoas! Com freqüência, penso em pegá-lo e levá-lo para minha casa, mas...

T: Soa como se você se sentisse obrigada, do mesmo modo que com a sessão.

P: Sim; e há uma frase que costumo dizer: "tempo de manutenção". Preciso de muito tempo para manutenção... as palavras que penso... preciso de tempo em que não preciso "encarar" o mundo.

T: Sim; e estava justamente pensando que o seu sonho fala de você de um jeito parecendo com o cachorro. Precisando só vir e ir ficando... e talvez isso fosse o que você precisava na quinta-feira à noite; apenas vir e ir ficando. Mas você sentiu que isso não seria suficientemente bom.

P: Sim, acho até que disse isso para você: "Sinto vontade apenas de ir ficando". Acho que o que eu disse foi que a última semana e meia tem sido tão, tão parecida com uma montanha-russa, que eu estava só deslizando.

T: E eu achei que você parecia estar se desculpando.

P: Sim. Porque me sinto tão... costumava falar sobre isso... há sempre esse "terceiro ouvido" perto dos outros. Nunca consigo sentir-me totalmente absorvida. Tenho de estar escutando para ter a certeza de que todo mundo na casa está confortável; e...

T: E se não estiverem?

P: É como me dei conta. Um terceiro ouvido sempre em ação, alerta a qualquer merda que pudesse desabar, de forma que eu pudesse afastar-me, sair da casa ou algo assim.

T: Como a merda de eu parecer desapontada no sonho.

P: Sim. Eu poderia ter ficado atenta a você e tão logo ouvisse você chegando, poderia ter partido e simplesmente evitado o encontro. Mas isso exigiria de mim não ser capaz de apenas sentar lá e ficar recolhida.

T: Exatamente!

P: Por que isso é tão cansativo para mim?... "Interface" é uma palavra tão boa; há o ficar em interface com o mundo e estar sozinha. E "eu sozinha" é bom, porque não tenho que ficar em interface.

T: Isso chama minha atenção: ou você pode ficar em "interface" ou você pode "ser".

P: (com seriedade) Sim. Que triste.

T: Novamente fico pensando a respeito de quinta-feira à noite, a pungência de sua necessidade de apenas estar aqui e até que ponto você deu conta de permitir isso. Mas então você se preocupa se estaria errado, que eu a repreenderia por isso... soa como: "...se você não tomasse conta de *mim*".

P: Você sabe o que está realmente me preocupando hoje... (pausa)

    Espera-se que você diga: "Não, mas eu estou realmente interessada!" (ambas rimos). De fato, você disse isso uma vez e foi um convite maravilhoso (ri com gosto, e então faz uma pausa e parece quase em lágrimas).

    Estou *realmente* fazendo contato olhos nos olhos com você hoje. Não me sinto de jeito nenhum desconfortável. Não sei o que isso significa...

    Aconteceu também na quinta-feira. Talvez quando estou mais leve. Não sei.

T: Minha associação quando você falou isso foi em relação à parte do sonho em que diz: "Eu sei que estou certa".

P: Sim! Gosto dessa associação. Não há necessidade de desviar meus olhos se nós não concordamos. Isso é para... estou de certa forma brincando... pois então, observe-me manipulando você agora (risada cínica).

T: Para que você precisaria me manipular?

P: É o que não entendo... (Pausa e então sua expressão facial muda, como se seu rosto começasse a se desfazer.)

T: O que está acontecendo?

P: Estou ficando triste (pausa).

T: Você parece triste como alguém que sofreu um *golpe*.

P: Exatamente! Exatamente. Será que é isso? Se faço contato quando estou sentindo muita emoção, fico vulnerável demais?

Este era o movimento favorito de minha mãe... (segue descrevendo sua mãe utilizando suas vulnerabilidades contra ela. Alguns exemplos).

T: Gostaria de pontuar duas coisas : a primeira é que talvez você sinta que, diante de sua vulnerabilidade, tinha de manipular para ter minha bondade... você não poderia apenas assumi-la. E a segunda é que, talvez, o motivo de você ter vindo fechada na quinta-feira à noite, é que você chorou na segunda-feira e não estava certa se eu iria ou não magoá-la.

P: Acabei de ter a imagem de novo, a da mão ensangüentada. De estar esmagando a mão.

T: Isso apareceu agora?

P: Sim

T: (de um jeito mais suave) Há algum sentimento que eu não esteja percebendo?

P: Não. Não tenho a menor idéia de por que isso apareceu agora, mas faz com que me sinta bem. Como, "Oh!, sim; e também quero descobrir mais sobre o que é esse golpear até esmagar".

T: Oh!, então você se sente bem por ter me contado?

P: E... E quando falei, num certo contexto... o da cela na cadeia, a cadeia de concreto... sugerimos que eu poderia esmagar minhas mãos, reduzi-las a uma massa, tentando sair ou então eu poderia apenas enlouquecer; e você me salientou que esmagar minha mão não era loucura. Não é como com o meu pessoal. Você *entendeu*! (chorosamente) Não é loucura ficar esmagando minha mão.

Então, voltando a isso... é um símbolo da minha vulnerabilidade com você. (suavemente, com a maior seriedade) VOCÊ ME DEU SUPORTE.

T: (suavemente) *Tão* diferente...

P: (chorando) Eu apenas... repetidamente, escuto o tempo todo retalhos do que aconteceu. Como ela simplesmente *pisava* em mim, simplesmente *pisava* em mim, *pisava* em mim. Parece ser de propósito. E cruel. É preciso ser "a tal". Sente-se bem a *seu* respeito. (Melancolicamente.) Eu era apenas uma criança... nenhum respeito...

T: Novamente penso sobre o sonho. Você não podia confiar no que sua mãe dizia — não sabia se ela queria dizer realmente aquilo. Então, se eu disser para você ficar, talvez eu não queira dizer isso.

P: Lembro-me da primeira vez em que ela me fez uma promessa. (prosseguiu falando de algumas vezes que sua mãe tinha feito promessas e não as cumpriu)... E quando ela quebrava uma promessa, eu ficava muito perturbada — ela *quebrou* a promessa! E ela só me dizia para ser madura, adulta, aceitar o fato.

T: Sim, estou pensando a respeito dos telefonemas que tivemos. Se você percebe *qualquer* sinal de que eu esteja cansada etc.

Você sabe, eu digo: "Telefone quando precisar". Você deve sentir isso como se eu estivesse voltando atrás na minha promessa. Como estar vindo pelo jardim e dizer: "O que você ainda está fazendo aqui?".

Você fica mal por ter aceito uma promessa que fiz.

P: Sempre tenho medo disso quando você oferece. Vejo mais nesse oferecimento do que o que ele realmente quer dizer.

T: Talvez isso fosse um pouco da sua ansiedade sobre a sessão extra de quinta-feira à noite. Realmente, será que o que falei era o que eu queria dizer...

P: Situações *como* aquelas (referindo-se à mãe novamente)...

T: Estão voltando muito agora.

P: Sim, tanto, tanta coisa aparece. Então, penso: "Como consegui sobreviver?"... Acho que é porque pensava que os pais de todo mundo fossem assim.

T: Você não tinha idéia de como sua situação era dolorosa. E você percebe... saberia como parar de esmurrar. Isso deixa você/.

P: /*Isso é* realidade/

T: / e sentimentos insuportáveis: perda, pesar, horror... certamente insuportável para uma criança que estava totalmente só.

P: Eu sei o que é raiva... e horror (passa *então* a contar histórias de terrores noturnos apavorantes. Tinha de ficar acordada, senão paredes e tetos se fechavam sobre ela).

Final da sessão

No intervalo entre as sessões, *P* ligou-me e deixou uma mensagem muito chorosa na secretária eletrônica. Soluçava ao lembrar a perda de contato com sua pequena cliente. Houve uma sobrecarga de energia e no meio de um soluço, minha secretária eletrônica cortou a ligação. Ela ligou novamente uma hora mais tarde, dizendo que não havia necessidade de eu responder ao telefonema, "mas compre uma fita nova!".

Quarta sessão

(Ela chega cerca de dez minutos atrasada.)

[Seus primeiros comentários são a respeito de seu atraso como um *acting out*. Então, pergunto-lhe o que ela *realmente* pensa a respeito de seu atraso.]

P: A máquina com a fita. Senti-me *muito constrangida* depois.

T: (Apontando para o gravador de fita cassete) Você quer que eu o desligue?

P: Não, não este aparelho, seu telefone!

T: Oh. Então, o que foi constrangedor foi a mensagem que você deixou?

P: Sim. Sim. A primeira. Liguei e estava chorando tanto! Mas mesmo enquanto chorava estava sentindo... Teve um momento em que alguma coisa deu um clique e me senti terrivelmente vulnerável; então sua secretária eletrônica fez BEEEEP. E veio um sentimento... Deus, estou falando com uma máquina idiota e até mesmo *ela* não me escuta.

Não sei se é isso, não sei, mas é a primeira coisa que me vem à cabeça...

T: Imagino que você esteja muito zangada a esse respeito...

P: Penso que sim (risadas). Não acho que estivesse em contato com isso, até que deixei a segunda mensagem; e me escutando, pensei: sim, eu estava realmente com raiva!

T: E magoada, *penso* eu. Estar no meio *daquela* mensagem e ser cortada... é chato!

P: Foi horrível. E o interessante é que me senti envergonhada na hora. E pensei, "isso é estranho"; já deixei outras mensagens emocionais antes... e senti uma coisa gostosa em relação a elas; quero dizer que geralmente vem uma sensação boa... fico contente de que você não tenha pego o telefone, porque é muito íntimo. Mas deixar uma mensagem me parecia o certo... e sabendo que você escutaria e sabendo que você me retornaria, o que é muito parecido com o que você faz toda vez que... em geral eu nem digo se é para você ligar ou não e quase sempre você me liga de volta...
E não me senti assim em relação a esta.

T: Talvez você precisasse que eu estivesse do outro lado da linha?...

P: Talvez. Mas não sei. Quero dizer, estava com medo de que você *fosse atender* quando liguei a primeira vez/

T: Oh! Bem!/

P:/e simplesmente me parece meio maluco... Lembro-me de dizer: "isto é o que detesto nos relacionamentos... a parte que é tão forte e vulnerável para mim... em que você pode se machucar este tanto..." Só consigo me lembrar de sentir aquela *intensidade* na minha garganta, quando deixei o R (namorado).

T: E você sentiu isso de novo ao terminar o trabalho com a Katie.

P: Oh! TANTO. Quero dizer, eu estava bem enquanto estava lá... o mais importante aconteceu quando fizemos uma sessão breve com a nova terapeuta; e depois Katie disse: "Ela é REALMENTE LEGAL". Aí entrei numa.... "Hurra!" (feliz, risada aliviada) Me senti bastante aliviada.

T: Isso torna um pouco mais fácil ter de deixá-la...

P: (detalhes da última sessão) E então eu disse: "mais cinco minutos Katie". Sua lágrimas vieram; e vieram as minhas... (lágrimas agora).

T: Você estava falando a respeito do término com ela, sobre sua tristeza e pesar; e minha secretária eletrônica cortou-a antes que você tivesse acabado de falar...

P: E tudo que ela continuava dizendo era: "Não quero parar de ver você"; e eu ficava dizendo: "eu sei"... dei a ela alguma confirmação.
(pausa) Não sei por que me senti tão envergonhada. Fui cortada bem no meio de um bom soluço e, de repente, escuto aquilo na minha cabeça, escuto o *beep* e, de alguma forma, isso é constrangedor.

T: O *beep* estava muito desconectado e distante de onde você estava, do que você precisava. Você sabe, você fala com a máquina e supõe que ela guardará seus sentimentos para que eu possa escutá-los e, então, essa *parede* vem e apenas *esmaga*.
(as próximas frases são inaudíveis) O que está acontecendo?

P: Estava pensando, não sei de onde veio isso, mas lembro-me de minha mãe falando sobre sua vida, quando era bem pequena; e então quando sua mãe morreu, lembro-me de ela dizer que a mãe foi a última pessoa a conhecê-la quando criança... e... e... lembro-me de pensar, não importa quando minha mãe morrer. Não estarei perdendo alguém que me conheceu como criança. Ela não me conhece! Nem agora, nem antes!

Meu pai me conhecia... veja, este é o percurso que meu pensamento seguiu... Imediatamente, me lembro de conversas com meu pai; elas sempre me deixavam zangada, porque ele diria: "Eu costumava me divertir tanto com você quando era pequena. Era algo muito especial levar você aqui e ali" e eu me ressentia, porque ficava implícito que ele já não se divertia mais comigo...

Mas percebo que minha mãe *nunca* diz isso. Ela nunca diz: "eu realmente gostava quando você era criança..." e isso, de certo modo, fechou o círculo. Se minha mãe morrer, ela não terá me conhecido. Ela não me conhece. Se tem algumas lembranças de mim, elas não têm nada a ver comigo, são apenas lembranças em que, de alguma forma, estou dando suporte a ela.

De algum modo, tudo isso surgiu novamente quando você me perguntou como eu estava... Suponho que tudo isso esteja ligado ao abandono. Quero dizer, realmente fui abandonada por ela...

(Conversa de *P*, apresentando planos com a mãe). E assim é como me sinto. Quando falo com ela... (ficou distraída com uma mancha em seu jeans, fez uma piada).

T: Você parece bem aborrecida hoje.

P: (engolindo e falando baixo) Sim. (mais alto) Nossa, isso não teria a ver com dizer adeus (à supervisora e ao grupo) hoje ao meio-dia, teria?

T: (suspiros)

P: Estou dizendo adeus a todo mundo (lágrimas).

T: Está acontecendo em toda parte.

P: (chorando) Sim, em toda parte (pausa). Sentada aqui por um minuto, comecei a me retirar pra dentro de um casulo aquecido. Levou-me para uma fantasia minha de como eu gostaria que a vida fosse depois da morte. Inventei isso quando era adolescente. Queria apenas ser uma criança flutuando no universo, vendo todas as cores maravilhosas das diferentes galáxias. Tenho a imagem de ser um feto flutuando no, como se chama? ...na bolsa aminiótica, olhos be-e-em abertos, apenas flutuando. E nessa bolsa aminiótica existiria aquele sentimento caloroso e perfeitamente aconchegante que você tem quando acorda no meio da noite, puxa o cobertor e se enrola nele... tão macio, tão quentinho...

(inaudível)... com música clássica tocando, e vejo isso como a paz.

Você fica flutuando bem devagarinho através do universo. Devagar e em paz, era isso o que estava sentindo. Comecei a vagar enquanto estava sentada aqui e fechei os olhos. Mas você tem de se retirar para ter este sentimento. Na vida do dia-a-dia, você tem de escovar os dentes, lavar suas roupas, retirar o lixo, daí isso não funciona! (lacrimejante) Isso fica me puxando de volta!

T: (percebendo que *P* olha para o relógio) Escuto as pressões lá fora e este consultório é como a bolsa aminiótica, mas mesmo aqui você será interrompida pelo final da sessão...

P: (soluço agonizante) Sim!

T: (enquanto *P* soluça) E talvez seja o que aconteceu com a fita — a interrupção perfurou a bolsa/

P: /(angustiada) Sim! E você simplesmente cai/

T: /e tão bruto e exposto aos elementos/

P: e não há ar e o frio vem (soluçando). É intenso.

T: Perfurante...

P: Penso a respeito daquela idéia sobre "parto sem violência". Quando aquela bolsa arrebenta, é como se levasse uma bofetada forte (imita uma bofetada); ser exposta a tudo: ao frio, à escuridão e ao isolamento. O isolamento significa que você não conta. Você está simplesmente presa ali/

T: Você é cortada, separada.

P: Sim... Sim. Você é simplesmente separada. Você fica presa lá e o resto do mundo continua. E não importa que você esteja lá: a ninguém. Você não faz a menor diferença para ninguém!

T: E você quer fazer diferença para mim... e minha fita te cortou, dizendo "você não"...

P: Não, eu sei que faço diferença para você. Mas uma diferença que não é suficiente para fazer uma diferença em minha vida! É aí que sou pega naquilo que é real e naquilo que eu quero; e os dois nunca, jamais, irão se igualar.

T: (Penrosca-se na cadeira) Você realmente necessita de uma mãe... eu (um trocadilho*).

P: Foi interessante quando você disse isso. Eu mataria uma mãe. E então quando você disse *você*, pensei, ó, sim, tudo bem.../

T: Oh, aquele tipo de mãezinha (ambas riem)/

P: Sim. O interessante é que não sei o que você queria dizer, mas falou: "você realmente necessita de uma mãe... eu". E pensei, sim, não necessito de uma mãe, necessito de uma mãezinha.

T: Oh, sim.

P: Parece bem, tudo certo. Eu não mataria uma mãezinha. Porém, mataria uma mãe. (pausa) Ainda quero bater nela, ainda quero que ela saiba! De algum modo, fiz uma imagem de estar colocando minha mão num moedor de carne. Assim que digo: "ainda quero que ela saiba". Não sei o que isso significa...

T: Como bater seu punho contra a parede...

P: (rindo) Sim, somente isso é mais rápido... (longa pausa)

---

* A autora faz um trocadilho com as palavras "*mom*" (mãe) e "*me*" (eu) — (*mom-me*). Em português esse trocadilho não faz sentido. Não possui a mesma sonoridade. (N. do T.).

T: Sabe, hoje você me parece como se estivesse sofrendo muito e, ao mesmo tempo, emaranhada/

P: /Sim, emaranhada em nós.

T: Sim, é isso. Parece também que o que quer fazer é simplesmente desmoronar-se em lágrimas e pesar, mas você não pode/

P: É como uma mangueira de jardim toda enroscada. Há um nó nela e eu não sei onde se desata para deixar tudo fluir.

T: E penso que está relacionado com a secretária eletrônica... e talvez ao tempo encurtado de nossa sessão...

P: (lágrimas) Quando você estava dizendo isso, me dei conta daquele seu problema de olho e fiquei invadida pela ternura: "cuide dessa coisa" (inaudível) [Referindo-se a um problema visível com um dos meus olhos. Tínhamos falado a esse respeito anteriormente. Ela sabia que não era doloroso ou perigoso, mas era uma amolação].

T: (calmamente) Sim. Porém, acho que há mais coisas aqui além do meu olho.

P: (inaudível, porém, em resumo, ela fala de sua surpresa quanto à força de seu sentimento de ternura. Sempre acusada de ser fria e egoísta, ela acabou acreditando nisso. Sua família *exigia* cuidados; e para isso ela se fechou). Fico tão feliz quando posso *sentir* desta maneira. Geralmente, não sinto muito.

T: Parece que você sentiu isso bem intensamente/

P: Senti! E fiquei surpresa. Porque eu achava que não podia sentir isso. (mais
 · detalhes referentes à mãe). Eu a odeio (soluça). Simplesmente a odeio muito. Ela ainda está lá. "Você ainda está me maltratando, me controlando. Com sua lógica. E sua lógica é maluca!" É tanto controle! E se funciona, então ela está certa. E se não funciona, é porque todo mundo falhou com ela (chorando) (pausa).

T: O que está acontecendo agora?

P: Oh! Oh!, estão vindo imagens e palavras. Não tenho... como, "ela tem que morrer", bem, é claro; e então tinha uma imagem dela morta e estou esfregando sua mão com uma palha de aço, daquelas que você usa para limpar tigelas e panelas. Parece um jeito bobo de tentar ferir alguém.

T: Talvez você gostasse de esfolar a mão dela até deixá-la em carne viva.

P: Gostaria de fazer bem mais que isso. Há tanta coisa acontecendo agora! As coisas estão flutuando sem pensar muito (mais detalhes, porém inaudíveis).

T: (inaudível)

P: (inaudível)

T: Como assim?

P: (inaudível)

T: Tenho a sensação de que suas imagens são muito ricas e que você quer chorar, mas não consegue.

P: Minha primeira reação é dizer: "Não, Lynne, você é boa, você é boa... Sei que não preciso tomar conta de você, mas...".

181

T: Mas você escuta meu comentário como um pedido de reafirmação.

P: Mas eu realmente quero me soltar. É como uma daquelas embalagens de *ketchup* bem consistentes de um restaurante *fast food*. Você simplesmente passa a gilete nela e o conteúdo sai para fora... eu apenas quero me deitar e...

T: E...

P: De algum modo sem me perfurar. A membrana é tão *grossa* que não quero... me mutilar perfurando a membrana...

T: E você quer que eu a ajude a se soltar sem perfurá-la?

P: (chorando) E olhe, eu agora me vejo esmagando minha cabeça contra aquela parede de concreto/

T: /Sim/

P: /(lamentando) Por quê? Por que isso surgiu agora? Não compreendo!

T: Porque quando você pára com isso... vem a tristeza. É uma *expressão* de sua tristeza.

P: Simplesmente não quero estar aqui.

T: Aqui?

P: (lágrimas aflitas) Eu nem mesmo sei se quero dizer "aqui" [referindo-se ao consultório] ou "AQUI" [viva]. E não estou apenas triste. Quero dizer, estou aqui sentada, chorando, mas estou pensando: "basicamente, nos últimos três ou quatro dias tenho estado bem feliz".

T: Mas e agora?

P: Mesmo agora, não estou *tão* triste *assim*. Não me sinto tão triste à medida que choro.

T: Você também parece estar com raiva.

P: (suspiro) Sim. Talvez. Está mais perto.

T: Como lágrimas de raiva, lágrimas de rancor./

P: /Sim... Sim. Não é tristeza, é frustração! Sim. (sussurrado) Sim. A cabeça contra a parede, *é isso*. A raiva. Se eu pegasse uma gilete e cortasse as pontas de todos os meus dedos, poderia ver todo o sangue escorrendo (me olha) — Não vou fazer — fazer nada disso/

T: / Está tudo bem, continue. Você acha que tem de cuidar de mim.

P: Sim.

T: É um tema forte, você sabe. Quanto mais livre fico, quanto menos autocensura você tem, mais esse tema de "tomar conta de mim" aparece.
Quanto mais você me permite apoiá-la, mais você confere para ver se ainda estou aqui, se ainda está tudo bem.

P: Sim. Sua secretária eletrônica me abandonou.

T: Sim, ela disse: "Não posso segurá-la".

P: Você não pode! Você tem de cortar. Você tem de fazer *beep*.
(a próxima passagem está inaudível). (Parece que comentei sobre o horror disso, ela diz que sabe que deveria ficar horrorizada, mas não se sente assim, não está sentindo muito.)

T: Você está se sentindo insensível?

P: Você sabe, num certo sentido quando o *beep* parou, fiquei zangada. Mas também havia a sensação de que "eu posso parar agora". Mesmo assim, não parei. Chorei por mais alguns minutos e, então, de certo modo, tirei isso do meu sistema e de alguma forma me senti melhor... simplesmente me permiti ficar exausta e triste, fiquei num ritmo lento; então liguei para deixar a segunda mensagem e dizer que estava bem e "pedir para consertar sua secretária"! Parecia que isso estava resolvido, mas tudo que estou dizendo aqui, suponho que significa que não está.

T: Bem, você sabe, há algo em sua postura hoje que me diz: "Não posso enfrentar isso. Não posso enfrentar saber como é terrível sentir isso. Não posso enfrentar ver como estou com raiva. Não posso enfrentar saber quanto pesar eu sinto".

Especialmente agora. O jeito que você mostra agora diz/

P: /Eu desisto/

T: "Não posso dar outro passo. É demais, demais".

P: Há dias aqui em que realmente sinto desespero. Minha linguagem corporal está dizendo isso; e eu estou dizendo isso mas não sinto. Apenas *sei disso...*

T: Acho que você não sabe que *eu* sei. Acredito que foi isso que a secretária eletrônica fez. Acho que ela realmente provocou uma ruptura em sua sensação de que eu poderia apoiá-la. *Hoje.*

Você realmente está por sua conta hoje. É o que intuo.

P: Eu também. Faz sentido, porque é o meu senso de "Estou bem hoje" [referindo-se a uma postura defensiva auto-suficiente que adota repetidamente]. Quero dizer, há dias em que saio daqui e penso: "Oh, como ir embora? Como vou fazer para atravessar o resto do dia? Mas hoje estou bem, você sabe... (pausa) (inaudível) (pausa)

T: De fato, sua experiência da fita diz [fingindo ser a paciente falando com a terapeuta]: "Bem, você fará isso [apoiar-me] por um minuto. Mas quando eu cair, você vai tirar sua mão de baixo de mim".

P: Isso apenas me faz lembrar... (inaudível) sim, me sinto triste, mas também confiante de minha habilidade de fazer isso.

T: Fazer por *conta própria.*

P: (inaudível) (pausa) [detalhes do plano de ir ao último encontro de seu grupo de supervisão hoje] E pensei durante todo o final de semana: "Não vou estar aberta, sei que vou só entrar lá, dizer adeus e então partir". Não gosto disto! Porque assim perco o que eu poderia ganhar!

T: Mas é a mesma coisa.

P: Sim, apenas sei que não estou presente.

T: E você está com medo de que eles não estejam presentes.

P: Sim. Semana passada tudo estava tão "rotina de trabalho".

T: Eles lhe deram um sinal de que não estavam presentes.

P: Sim. Na semana anterior eles estavam lá tão *inteiramente.* Mais do que podia ter esperado.

183

T: Sim. E você realmente se abriu. Mas a partir de um sinal deles de que não vão estar presentes, *é claro*, você se fechou, paralisou.

P: Não quero perder meu chão.

Final da sessão

A paciente me ligou mais tarde, naquele dia, e deixou uma mensagem dizendo que o encontro do grupo tinha sido bastante produtivo para ela.

III
A ORIENTAÇÃO DIALÓGICA EXPANDINDO OS LIMITES DA TEORIA DA INTERSUBJETIVIDADE E DA PSICOLOGIA DO *SELF*

Precisamos de novos termos e de uma nova abordagem. Se isso for feito, deverá ser através de novos métodos e de novos insights.

(Martin Buber, 1967, p. 168)

11. CRÍTICA DIALÓGICA À TEORIA DA INTERSUBJETIVIDADE E À PSICOLOGIA DO *SELF*

Rich Hycner

Paradoxalmente, o conceito de self é, sem dúvida, o mais problemático na teoria da psicologia do self.
(Stolorow et alii, 1987, p. 17)
O self como tal não é, em última instância, o essencial...
(Buber, 1965b, p. 85)

Gostaria de examinar algumas questões fundamentais na teoria da intersubjetividade e, implicitamente, na psicologia do *self*. Espero que o meu propósito não seja mal interpretado. Pretendo ser um "crítico amigável". Esta crítica tem me ajudado a explicitar o que diferencia a abordagem dialógica da teoria da intersubjetividade e da psicologia do *self*. Ajudou-me também a aprofundar a compreensão da perspectiva dialógica. Meu trabalho clínico atual tem sido enriquecido por *insights* clareados a partir da teoria da intersubjetividade e da psicologia do *self*. Essas teorias têm sido de muita ajuda na exploração do mundo subjetivo do paciente, especialmente como ele se manifesta inconscientemente no campo intersubjetivo da psicoterapia. Elas têm ajudado na exploração de como o mundo subjetivo inconsciente do terapeuta contribui para as respostas do paciente. Considero-as muito úteis ao explicitar as necessidades *self*-objetais do paciente, bem como as do terapeuta.

Estou intensamente *aware* da coragem, do compromisso e do trabalho consistente realizado pelos teóricos da intersubjetividade e pelos psicólogos do *self*, para apresentarem suas abordagens a uma audiência psicanalítica freqüentemente mais tradicional. Obviamente, acredito que essa abordagem tenha algo de valor a oferecer aos Gestalt-terapeutas (bem como a outros terapeutas). Conseqüentemente, acredito ser essencial examinar rigorosamente certas questões básicas, de forma a fazer maior justiça à refinada riqueza da realidade ontológica *entre* pessoa e pessoa. Mesmo com toda a força existente na psicologia do *self* e na teoria da intersubjetividade, elas não trataram diretamente do *insight* central da psicoterapia dialógica — o "encontro" com o outro.

Um "Imperativo" para Encontrar o Outro: o Inter-humano

> *Este instinto é algo maior do que percebem aqueles que acreditam na "libido": é o anseio de que o mundo se torne presente para nós como uma pessoa que chega até nós assim como nós a ela, que nos escolhe e reconhece como nós o fazemos, que é confirmada em nós, assim como nós nela.*
>
> (Buber, 1965a, p. 88)

> *Os sexos não eram dois como são agora, mas originalmente três em número. Existia o homem, a mulher e a união dos dois; sob um nome que correspondia a esta natureza dupla, que teve outrora uma existência real, agora perdida...*
>
> (Platão, 1920, p. 316)

A teoria da psicologia do *self* e a teoria da intersubjetividade trazem a psicanálise moderna para o limiar do diálogo genuíno — mas pára abruptamente[1] antes de chegar lá. O que eles não conseguem fazer é reconhecer o que parece ser uma necessidade inerentemente humana: encontrar e ser encontrado — envolver-se com a alteridade real do outro, confirmar um outro e ser confirmado nessa alteridade. Isso vai além de qualquer "projeção intrapsíquica" em direção ao outro e está do outro lado da transferência. De fato, essa esfera começa, verdadeiramente, no ponto em que termina o intrapsíquico.[2]

Existe uma dinâmica ontológica tão *central* no ser humano, que ela *impele* a pessoa a buscar a alteridade, a encontrá-la e a ser confirmado pelo outro — e no fato de querer confirmá-lo. Uma pessoa não é humana sem lidar, de alguma forma, com esse imperativo. Acredito ser este o significado profundo da afirmação de Buber citada freqüentemente: "Todo viver verdadeiro é encontro" (1965a, p. 11). Ao mesmo tempo, a própria "alteridade para os outros" — a sin-

---

1. Ao menos sob a forma de *teoria* (embora a prática possa ser diferente e, de fato, provavelmente o é). Uma teoria, a fim de ser fiel à experiência humana, precisa corresponder ao que é realmente experienciado.

2. Na maior parte da experiência subjetiva há sempre uma mistura do intrapsíquico com o interpessoal. A experiência relativamente rara do encontro genuíno nos leva mais fundo dentro da esfera do que Buber chama de inter-humano — uma esfera que, certamente, inclui o intersubjetivo, mas o transcende.

gularidade — precisa ser reconhecida e confirmada por outros, para que não nos sintamos menos humanos. Nosso ser e, conseqüentemente, nosso *self*, é tão entrelaçado com o dos outros que, sem esse *encontro* com a alteridade, não se poderia existir como humano. Precisamos genuinamente encontrar os outros, validar sua condição de pessoa, ser encontrado e validado por eles. Precisamos viver na *awareness* do que Buber denominou de inter-humano.

O Inter-humano e o Intersubjetivo

O inter-humano inclui o intersubjetivo, mas não se limita a isso. O intersubjetivo significa a *awareness* das relações interpessoais, à medida que elas facilitam o desenvolvimetno do *self* de uma pessoa nessa relação (uma orientação Eu-Isso). Friedman (1965b, p. 26) enfatiza que o inter-humano é facilmente confundido com o intersubjetivo e com o interpessoal: "muitas relações interpessoais são realmente caracterizadas por uma pessoa tratando a outra como um objeto a ser conhecido e usado". A teoria da intersubjetividade é essencialmente focada no "psicológico", isto é, no que está acontecendo ao *self* de uma pessoa, muito embora influenciado por outro *self*. Isso não é o que é entendido por "entre".

O inter-humano — o entre — é uma esfera distinta *abrangendo* pelo menos duas subjetividades que manifestam as relações Eu-Tu e Eu-Isso. Essa abordagem enfatiza que os seres humanos são inextricável e *ontologicamente — não apenas psicologicamente* — entrelaçados uns com os outros. O dialógico — o revelar da esfera do entre — abrange o psicológico, *mesmo quando* o psicológico é compreendido intersubjetivamente. Existe tanta ênfase no *self* na teoria da intersubjetividade que a pessoa acaba "tendo como alvo"[3] o próprio *self*, quase desconsiderando e não se responsabilizando pela interconexão com os outros. O outro se torna meramente um "objeto" para ser usado na busca de seu próprio *self*. O outro, como uma pessoa única e distinta, torna-se obscurecido em seu próprio autodesvelar.

A partir da perspectiva dialógica, o *self* é somente um dos pólos, embora certamente o principal dentro do processo de expansão do entre. O *self* é um produto do entre e não vice-versa. Os psicólogos do *self* intersubjetivo, na teoria, chegam *muito perto* da dimensão inter-humana quando discutem a contratransferência. Mesmo aqui, no entanto, a compreensão da contratransferência está em como ela afeta o paciente e não em qual é o significado para a pessoa real do terapeuta. Isso é o que deveria ocorrer na maior parte da terapia.

Ainda assim, há exemplos que extrapolam essa disciplinada "escuta obediente" do terapeuta e pedem por um *momento* de encontro verdadeiro, uma

---

3. Buber, 1958, p. 163.

mutualidade momentânea. Isso pode acontecer raramente. No entanto, se a *possibilidade* dessa ocorrência não fica presente, nem é percebida explicitamente pelo paciente, então se perde uma oportunidade profunda da "cura por intermédio do encontro". Torna-se limitada a profundidade essencial da cura que pode acontecer. Freqüentemente (embora nem sempre), próximo ao fim da terapia, há um aumento dos momentos de verdadeira mutualidade, de não ser *tanto* terapeuta e paciente. Embora não seja possível deixar totalmente para trás a história compartilhada desses papéis, mas, sim, encontrar *pessoa a pessoa*.

O Self-*objeto não é um Outro.* É importante lembrar que quando Stolorow et alii falam sobre *self*-objeto, eles não estão se referindo a uma pessoa. O *self*-objeto serve subjetivamente à função de construir ou manter um sentido coerente de *self* (1987, pp.16-7). Evidentemente, esse é um conceito muito importante; um ponto essencial de início e não de fim. Precisamos de uma psicologia que possa lidar com pessoas tanto na teoria quanto na prática. Mas também precisamos de uma psicologia que lide com *funções*, tais como as funções e as transferências *self*-objetais.

Portanto, quando Buber menciona as relações Eu-Isso, ele está se referindo a uma dimensão experienciada *entre* pessoas. Teóricos da intersubjetividade, por outro lado, não estão se referindo a *pessoas* reais ao discutirem as funções *self*-objetais. Eles estão se referindo ao que é experienciado subjetivamente por *um* indivíduo e não como a situação é experienciada *conjuntamente*.

Ao discutir o que ele quis dizer com seu termo "reflexão", Buber afirmou explicitamente que a experiência Eu-Tu é qualitativamente distinta, à qual os psicólogos do *self*, muitos anos atrás, referiram-se como funções *self*-objetais. A reflexão ocorre quando a pessoa não consegue aceitar a alteridade essencial da outra pessoa "...e deixa o outro existir conforme sua própria experiência, somente como parte de mim" (1965a, p. 24). Essa reflexão mantém a pessoa aprisionada dentro de seu próprio *self*. Em última instância, as funções de *self*-objeto são reflexivas. Elas não conseguem alcançar o outro verdadeiro.

O Dialético e o Dialógico. Hans Trüb, analista junguiano que se tornou terapeuta dialógico, fez há mais de cinqüenta anos a distinção essencial entre as fases "intrapsíquica-dialética" e "interpessoal-dialógica" da terapia (Hycner, 1991). Elas não são duas fases demarcadas com clareza na terapia, mas muito mais ênfases dentro de uma ampla abordagem dialógica da terapia. A fase intrapsíquica-dialética é usualmente a primeira da terapia, durante a qual o "mundo interno" do paciente é explorado, inclusive como o terapeuta é visto pelo paciente. Essa visão pode ser expandida para incluir o "mundo interno" do terapeuta — como este afeta o paciente. No entanto, eles ainda são mundos *separados*, embora em interação.

O dialógico é a próxima fase essencial da terapia, por meio da qual existe um reconhecimento explícito e uma exploração da esfera do entre, criado por ambos os participantes e, de alguma maneira, maior do que eles. Embora tenham seguido muito além da psicanálise clássica, parece-me que a teoria da intersubjetividade e a psicologia do *self* ainda focalizam a fase intrapsíquica-dialética, enquanto param justamente no limite da dimensão dialógica genuína da terapia. Como afirmou Shapiro (janeiro de 1993), a psicologia do *self* sustenta que existem apenas duas realidades na terapia — a do paciente e a do terapeuta. Esta ainda é a fase dialética da terapia.

O dialógico reconhece essas duas realidades, embora proponha a existência de uma terceira — o entre: uma realidade inter-humana criada pelo paciente e pelo terapeuta, que não pertence a nenhum dos dois.[4] A *teoria* da psicologia do *self* e da teoria da intersubjetividade não lida diretamente com a questão da verdadeira alteridade (embora possa fazê-lo na prática) e com o encontro que pode ocorrer entre *dois outros verdadeiros*, em oposição a duas subjetividades separadas.[5] Depois de tudo o que foi dito e feito, após terem sido mantidas uma investigação e exploração empáticas do mundo subjetivo do paciente; após ter havido sintonia empática e, por vezes, imersão empática; após as transferências de *self*-objeto terem sido exploradas e trabalhadas — ainda precisa ser tratada a dimensão necessária da verdadeira alteridade (uma esfera que tem sido ignorada pela *teoria* da maioria das terapias). Ela é ao mesmo tempo uma esfera tão óbvia e, ainda assim, tão estranha. É óbvio que não pareça buscar explorações adicionais, embora seja a esfera que nos traz para o limite do desconhecido, da alteridade. Ela permeia toda vida humana criativa e profunda, dentro da esfera de contato genuíno entre as pessoas.

"Satisfazer" uma Necessidade de Self-objeto? Mesmo que eu estivesse pensando com a psicologia do *self* e da teoria a intersubjetividade (apesar das diferenças básicas), poderia ainda propor que deve existir uma necessidade de

---

4. Em última instância, como terapeuta: "O olhar terapêutico deveria estar no entre" (Brice, comunicação pessoal de outubro de 1991).

5. Como afirma Charles Brice, esta é *ainda* uma psicologia de uma-pessoa. "A visão da psicanálise clássica é a psicologia de uma-pessoa, conforme observada a partir da perspectiva do analista. A psicologia do *self* e a teoria da intersubjetividade são ainda psicologias de uma-pessoa — mas conforme compreendidas a partir do ponto de vista do paciente" (comunicação pessoal, de janeiro de 1993). Eu consideraria essas teorias como psicologias de "dois *selves*", até mesmo como psicologias intersubjetivas (isto é, reconhecendo duas realidades), mas não dialógica — não reconhecem explicitamente a realidade *do* entre.

Lynne Jacobs, no próximo capítulo intitulado "O terapeuta como 'Outro': o paciente em busca de uma relação", explora essa questão a partir da perspectiva do que ocorre quando o paciente teve suas necessidades "intrapsíquicas", e mesmo intersubjetivas, satisfeitas na terapia. Ainda assim, existe a necessidade humana básica e dominante de experienciar o terapeuta como um outro e não somente como um terapeuta. Além disso, Jacobs enfatiza a necessidade da "presença" numa abordagem dialógica: "enquanto isso a teoria da intersubjetividade, ao desacreditar o 'parecer', ainda não desenvolveu um entendimento de como a presença pode ser uma contribuição vital para o diálogo" (comunicação pessoal de outubro de 1991).

self-objeto *essencial* para haver um encontro Eu-Tu com os outros. Isso é paradoxal e problemático para a teoria, é claro, já que tal encontro tira a pessoa do domínio das funções *self*-objetais intrapsíquicas e *individuais*.

As funções *self*-objetais nos levam ao abismo do encontro Eu-Tu. Acredito que, subjacente a muitas dessas funções, talvez todas, reside um *anseio profundo por um encontro genuíno com os outros*. Como terapeutas podemos iniciar[6] com as funções *self*-objetais, mas não podemos *terminar* aí. É essa profunda necessidade subjacente de confirmação, não somente do terapeuta — desde que sua motivação é ser útil ao paciente (então essa confirmação pode ser suspeita) — mas por parte da *pessoa* do terapeuta. Ele provavelmente não possui essa "necessidade de cura" ou motivação para sombrear a "pureza" do encontro. Paciente e terapeuta podem transcender aos papéis prescritos socialmente e, nos momentos de encontro que tomam a ambos de surpresa, eles podem se encontrar verdadeiramente — e esse encontro confirma o próprio ser de cada um.

"Encontro" *versus* Sintonia de Afeto

> *...tão antigo é o desejo de um outro, implantado em nós, unindo de novo nossa natureza original, transformando os dois em um e curando a condição humana.*
>
> (Platão, 1920, p. 318)

Talvez uma das mais importantes correlações, apesar das diferenças marcantes, entre o pensamento de Buber e a teoria da intersubjetividade, se refira à questão do "encontro" em Buber e à sintonia de afeto em Stolorow et alii. Para Buber, toda cura verdadeira ocorre no encontro entre pessoa e pessoa. Embora ele reconhecesse a dimensão à qual os psicólogos do *self* se referem como funções *self*-objetais, ele acreditava que, no final, a superação das fissuras interpessoais e intrapsíquicas acontece no domínio inter-humano da cura por meio do encontro. Isso parece ir além do que Stolorow (1991a) quer dizer com cura. Para ele, a cura ocorre à medida que o terapeuta é capaz de "se sintonizar afetivamente" com as necessidades de *self*-objeto do paciente. Para Stolorow et alii (1987, p. 67) é importante lembrar que as funções *self*-objetais se referem primariamente à dimensão afetiva da auto-experiência.

Um encontro genuíno entre pessoas *vai além* da sintonia de afeto. Essa sintonia é simplesmente um prelúdio para o diálogo genuíno. A sintonia de afeto é

---

6. Mesmo isso é questionável. Acredito firmemente que o caminho para se iniciar é o dialógico, mas realmente quis levantar o argumento de que seja possível ficar "dentro" da psicologia do *self* e da teoria da intersubjetividade — embora indubitavelmente estendendo-as — e ainda assim *começar* a tratar a questão da alteridade e do encontro Eu-Tu.

o reconhecimento das necessidades do outro e a habilidade e disponibilidade para responder a essas necessidades. Ainda que essa ênfase nas funções e vínculos de *self*-objeto pareça excluir a *condição de pessoa* (o ser) daquela que está sintonizada afetivamente a um outro. A discussão de Buber da inclusão é relevante aqui. Na inclusão mútua (diálogo), as duas pessoas estão preocupadas em satisfazer as necessidades do outro, enquanto, ao mesmo tempo, cuidam de seu próprio ser. A sintonia de afeto parece excluir essa dimensão do *inter-humano*. Embora a intersubjetividade seja uma dimensão do inter-humano, não é equivalente a ele.

"Pessoa" *versus* "Self"

> *O que quer que seja a natureza da pessoa, o que quer que seja este agente existencial chamado "pessoa", não creio que possamos decidir com base no método psicanalítico.*
>
> (Stolorow, 1991a)

> *Iniciar consigo mesmo, mas não terminar consigo mesmo; tomar a si próprio como ponto de partida, mas não se ter como alvo; compreender a si mesmo, mas não ficar preocupado consigo mesmo.*
>
> (Buber, 1958b, p.163)

Existe uma discordância básica entre a abordagem dialógica e a teoria da intersubjetividade. Em última instância, as premissas de ambas afirmam que estão explorando duas esferas distintas da experiência, embora estejam inextricavelmente relacionadas. A abordagem dialógica se interessa pela experiência da pessoa-em-relação, ao passo que o psicólogo do *self* intersubjetivo se interessa primariamente pelo *self*-em-relação daquela pessoa.

Na teoria, Atwood e Stolorow distinguem entre uma *pessoa* e o *self* daquela pessoa. Eles acreditam que enquanto os termos personalidade e caráter sejam extremamente abertos, o termo *self* é muito mais específico e se refere a "...uma estrutura psicológica por meio da qual a auto-experiência adquire coesão e continuidade..." (1984, p. 34). Curiosamente, eles consideram o *self* como "adquirindo coesão e continuidade" e não a *pessoa*! Eles vão além ao fazer uma distinção crítica e surpreendente: "Consideramos importante distinguir claramente entre o conceito de *self* como uma estrutura psicológica e o conceito de *pessoa* como um sujeito que experiencia e como um agente que inicia a ação" (1984, p. 34). Eles fazem isso porque, a partir de sua redefinição da psicanálise, somente a *experiência* ou ausência da atuação pessoal pode ser acessível à investigação empática constante. Para eles, a atuação pessoal nunca está diretamente acessível à investigação empática constante. Isso me parece de alguma forma confuso. Gostaria de sugerir que a condição de pessoa é, em princípio, e *de fato*, acessível à empatia e à introspecção.

Essa distinção é *central* para diferenciar o enfoque dialógico da visão da teoria da intersubjetividade e da psicologia do *self*. O enfoque dialógico focaliza *pessoas-em-relação*. Esse foco não exclui a realidade de que as pessoas, algumas vezes, realmente pensem sua condição de pessoa em termos de um *self*, nem que vejam os outros de uma maneira semelhante. Eu proporia que há um tal *entrelaçamento* da pessoa com o *self*, que torna essa "distinção clara" excessivamente ambígua; de fato, não é rigorosamente descritiva da experiência da pessoa. Sem dúvida, talvez, na terapia, a maior parte do tempo, precisa ser colocado um foco maior nas funções do *self* da pessoa, ainda que nunca perdendo de vista o fato de estarmos lidando com uma pessoa. *Pessoa* é uma categoria muito mais abrangente do que *self*. As questões levantadas por Stolorow et alii sobre a auto-experiência se tornam figura somente porque assumem um fundo essencial — a condição de pessoa da pessoa. Estou simplesmente dizendo que precisamos ser capazes de nos envolver com rigor e examinar a ambas. Gostaria de sugerir que os psicólogos do *self* precisam estudar essas duas dimensões distintas, embora entrelaçadas e oscilantes: a do *self* (incluindo a relação do *self*-objeto, com o *self*-objeto) e a da pessoa-a-pessoa. Isso irá enriquecer a compreensão das estruturas do *self* e das pessoas-em-relação.

É a *riqueza* dessa ambigüidade figura-fundo que precisamos tornar *tema* de nossa investigação. A teoria da intersubjetividade não é, no momento, suficientemente subjetiva. De fato, gostaria de argumentar a favor de uma teoria da intersubjetividade até mesmo mais ampla — uma teoria que investigasse múltiplos pontos de vista,[7] enquanto dando primazia — embora não exclusivamente — ao ponto de vista do paciente. Talvez tivéssemos de chamar uma psicologia do *self* tão ampla de "psicologia da pessoa-a-pessoa". Certamente, não faria oposição a denominá-la de psicologia dialógica.

Atuação Pessoal: da Pessoa ou do *Self*?

Stolorow et alii propõem que, embora da perspectiva de um observador, os pacientes estejam constantemente desempenhando ações, os psicólogos do *self* estão preocupados quanto a "...*experienciarem* a si mesmos ou não, como centros permanentes de iniciativa" (1987, p. 19). Esses centros de iniciativa indicam um sentido da atuação pessoal e a consideram como inerente a um *self* consolidado (1987, p. 19).

Existem aqui dois pontos: o primeiro deles é que a experiência da atuação pessoal, antes de tudo e principalmente, é uma característica de ser pessoa; e só

---

7. Vai além do alcance deste capítulo falar sobre a possibilidade de relação entre esta compreensão da psicologia e algumas das intrigantes teorias provenientes da física quântica. Espero poder explorar esse assunto num momento posterior.

secundariamente a função de um *self*. O segundo ponto é que, como terapeutas, reconhecemos prontamente a distinção entre o que é observado no paciente e como essa pessoa experiencia a si mesma. No entanto, se é aparente para um observador que os pacientes estejam sempre desempenhando ações, então por que, *a priori*, isso deveria ser eliminado da investigação psicoterapêutica? De fato, "a discrepância" no "*self*" do paciente (usando a terminologia de Stolorow et alii), em contraste com o que é observado, é exatamente uma das razões principais pela qual aquela configuração particular do *self* se torna interessante e o foco da investigação. Se houvesse uma congruência completa entre a pessoa e o *self*, não existiria razão para a pessoa estar em terapia. Na verdade, o paciente está buscando a integração do *self* com sua natureza de pessoa, mesmo que a última seja apenas vagamente sentida ou discernida.

Self — Um Conceito de Experiência-remota! A despeito do desejo da teoria da intersubjetividade de ser de "próxima experiência", o conceito de *self*, como definido aqui, parodoxalmente, parece ser de experiência-remota. Eu não me experiencio como *self* (objeto), mas sim como uma pessoa — um ser multifacetado que exibe atuação pessoal e manifesta certas características de coesão, de modo que eu possa identificá-lo posteriormente como um *self*. A condição de pessoa neste contexto é muito mais compreensiva e elusiva do que o conceito de *self* (já suficientemente elusivo).

Fenomenologia Constricta

Indubitavelmente, Stolorow et alii *experienciam* o encontro pessoa-a-pessoa. Devido à sua compreensão da fenomenologia como investigando apenas a experiência subjetiva ideográfica[8] (incluindo a do terapeuta) e sua conseqüente definição da psicanálise, eles, infelizmente, têm de excluir a experiência de pessoa-a-pessoa de sua conceituação e teorização (apesar de seu interesse na relação recíproca da transferência e contratransferência). A fenomenologia *não* é restrita apenas à experiência subjetiva de um indivíduo em determinado momento. É a investigação rigorosa do *que é*. De uma perspectiva dialógica, isso pode incluir não apenas a experiência subjetiva individual do paciente e a do terapeuta, mas também a experiência do entre que transcende às experiências "individuais". Com efeito, eles estão discutindo o mundo psicológico anterior ou *subjacente*, o encontro de pessoa-com-pessoa, embora não ainda o encontro real.

Essa restrição está indicada mais amplamente em uma intrigante nota de rodapé. Eles afirmam aí que "falha de *self*-objeto" não significa um mal-enten-

---

8. Atwood e Stolorow, 1984.

dido "acessado objetivamente" por parte do terapeuta, mas, sim, a situação "experienciada subjetivamente" pelo paciente, cujas necessidades não foram satisfeitas (1987, p. 17). O significado deles de "objetivo" é algo impreciso, já que falam sobre objetivo e subjetivo como se fossem claramente distintos. Na verdade, como eles assinalaram, um evento subjetivamente experienciado é *sempre* parte de um contexto *intersubjetivo*. Isto é, aquele que cuida, mencionado anteriormente, fez ou não fez alguma coisa. Gostaria de sugerir, em contraste, que é muito importante e, até mesmo essencial, compreender, da perspectiva do terapeuta (ou de alguma outra pessoa — como um supervisor), como ele pode ter falhado em empatizar apropriadamente com o paciente,[9] mesmo que isso não tenha sido conscientemente experienciado como tal pelo paciente. Essa discrepância precisa ser investigada, o que não significa dizer que a experiência do terapeuta seja basicamente uma ou outra. Terapeuta e cliente, com todas as suas experiências subjetivas, mutuamente congruentes e incongruentes, estão em um diálogo, no sentido profundo do termo.

Além disso, gostaria de observar que a expressão "acessando objetivamente" parece implicar a possibilidade de uma postura objetiva, externa ao evento intersubjetivo. A assim-chamada postura objetiva é apenas um outro ponto de vista subjetivo em cima de dois outros pontos de vista subjetivos, o do paciente e o do terapeuta. Não há ponto de vista verdadeiramente objetivo (Stolorow et alii concordariam com isso em princípio), somente "trans-subjetivos", isto é, dois pontos de vista subjetivos que se combinam.

Todos esses pontos de vista, incluindo a parte de observador do analista observador-participante, ou mesmo de um observador externo, como um supervisor, são parte e parcela de uma postura necessariamente de *multiperspectiva*, inerente à abordagem dialógica. Como coloca Brice de forma sucinta: "O terapeuta tem o dever de abordar o 'entre' e descrevê-lo — certamente a partir de seu ponto de vista — mais cedo ou mais tarde o 'entre' emergirá tão fortemente que ambos, terapeuta e paciente, irão reconhecê-lo" (comunicação pessoal em outubro de 1991). Isso pode exigir diferentes pressupostos filosóficos e teóricos; talvez pressupostos dialógicos.

Este é um enfoque ainda mais radical da relação terapêutica do que aquele da teoria intersubjetiva. A experiência subjetiva do paciente deveria ter toda a primazia de importância defendida por Stolorow et alii, mas ela não pode ser exclusiva. A incongruência da auto-experiência do paciente, especialmente como experienciada pela pessoa (não o *self*) do terapeuta é informação essencial que estimula a curiosidade e o cuidado do terapeuta para se engajar na "investigação empática constante" e disciplinada.

Gostaria de sugerir que, apesar das enormes dificuldades de lidar com a inesgotabilidade e não categorização definitiva da "pessoa", não devemos

---

9. Não estou alheio à dificuldade de lançar uma subjetividade contra a outra. Ao contrário, este engajamento de diferentes pontos de vista pode ser, em última instância, o que é mais curativo.

desistir de nossos esforços para iluminar esse fenômeno misterioso da pessoa-em-relação. Como mencionado anteriormente, "a esfera em que o homem encontra o homem tem sido ignorada, porque não possui uma continuidade uniforme" (Friedman, 1965b, p. 17). A psicologia e os psicoterapeutas precisam lidar com as questões ontológicas, porque elas estão sempre no âmago do ser humano. Se não estamos presentes, reconhecendo-as e dando-lhes o devido valor, cometemos um grave desserviço à riqueza (em última instância, incompreensível) do que ocorre entre pessoa e pessoa.

Fundamento Filosófico

Acredito que o que está faltando na psicologia do *self* é uma fundamentação filosófica coerente e subjacente (a despeito da recente publicação de *Contexts of being* de Stolorow e Atwood, 1992, que é de orientação mais filosófica). A abordagem dialógica fornece a compreensão ontológica da dimensão inter-humana e explora suas implicações para a cura. Claramente, a teoria da intersubjetividade é uma abordagem extremamente radical dentro da psicanálise. Mas a partir da perspectiva dialógica, *ela não é suficientemente radical!* Ela precisa de uma filosofia coerente e subjacente, assim como precisa se abrir para a exploração do mistério do encontro Eu-Tu e para os momentos de mutualidade recíproca na terapia.

Apesar da definição de Stolorow e outros a respeito do *self* como uma "estrutura psicológica", em contraste com a definição de pessoa como um "agente existencial" (Stolorow et alii, 1987, p. 18), o analista (terapeuta), algumas vezes, deve ser uma pessoa, *não apenas* um *self*-objeto. A cura do cliente exige isso, e o mistério da pessoa-com-pessoa não pode ser reduzido a uma categoria psicológica, mesmo aquela do *self*-objeto. Isso não é tanto uma crítica à psicologia do *self* quanto um lembrete para equilibrar a ênfase que contém. Talvez a questão levantada há quase 25 anos, por não menos do que uma personalidade como Guntrip, um dos fundadores da escola das relações objetais, ao criticar esta abordagem, pode também ser levantada como uma questão para a psicologia do *self* e a teoria da intersubjetividade.

> Mas a teoria ainda não conceituou adequadamente a relação Eu-Tu de Buber —
> duas pessoas sendo, ao mesmo tempo, ego e objeto uma para a outra e, de tal forma,
> que sua realidade como pessoas se torna, à medida que se desenvolve na relação,
> o que nenhuma delas teria se tornado separadas (Guntrip, 1969, p. 389).

Uma Linguagem de "Objetos", não de Pessoas. Finalmente, a linguagem da psicologia do *self* e da teoria da intersubjetividade está ainda tão imersa na teoria psicanalítica clássica e na metapsicologia, que se torna difícil lembrar que, no final, é uma *pessoa*, não um "objeto", que está sendo discutido. Em sua defesa, Stolorow (1991a) afirmou que precisa ser entendido que ele está falando basicamente para uma audiência psicanalítica e, portanto, precisa manter a sua linguagem. Certamente, é compreensível, e até mesmo louvável, pelo que os teóricos da intersubjetividade estão tentando realizar, embora isso não livre a teoria da intersubjetividade das críticas fundamentais de seus pressupostos filosóficos e da linguagem que deles flui. Parece também que a teoria pode não ser rigorosamente congruente com a prática, em um aspecto positivo, a partir de uma perspectiva dialógica. Por exemplo, os casos apresentados por Stolorow (1991a) e Shapiro (1991) na "7ª Conferência Anual de Psicoterapia Dialógica" mostraram uma humanidade calorosa na compreensão de seus pacientes, assim como suas contribuições para as experiências dos pacientes. De fato, a compreensão dos casos parecia ser mais orientada para a *pessoa* do que para o *self*. As *teorias* da psicologia do *self* e da intersubjetividade precisam caminhar mais naquela direção.

Conclusão

Espero que esta crítica ajude a diferenciar o dialógico da psicologia do *self* e da teoria da intersubjetividade. Espero, também, que ela indique um caminho no qual essas abordagens possam se complementar e, efetivamente, enriquecer umas às outras.

12. O TERAPEUTA COMO "OUTRO": O PACIENTE EM BUSCA DE UMA RELAÇÃO*

Lynne Jacobs

Na prática da psicoterapia, filosofia e psicoterapia estão intimamente entrelaçadas. As intervenções terapêuticas são guiadas tanto pela filosofia do terapeuta quanto por seu entendimento da psicologia e dos princípios psicoterapêuticos. Tanto a filosofia quanto a psicologia tentam tratar da questão do que significa ser um ser humano. Gravita-se em direção a certos pressupostos filosóficos, em grande parte, porque eles se voltam para temas subjetivos fundamentais e pessoais da vida de uma pessoa. De uma perspectiva *psicológica*, a filosofia do indivíduo pode ser vista como uma descrição artística e abstrata de sua subjetividade. Sob o enfoque *filosófico*, a psicologia do indivíduo pode ser vista como uma expressão pessoal, que incorpora alguns dos vários temas universais que as filosofias se dedicam a estudar.

Minha Busca Pessoal e Profissional da "Alteridade"

Talvez uma descrição de meu desenvolvimento como psicoterapeuta possa ilustrar a influência recíproca da psicologia pessoal e dos interesses filosóficos. Meus interesses profissionais foram formados pela luta de toda

---

*Nota da autora: Desejo agradecer a Gary Yontef por suas críticas e leitura cuidadosa no rascunho anterior deste texto. *Nota de Richard Hycner*: Somente poucas mudanças foram feitas no manuscrito original, incluindo a inserção de alguns subtítulos. Embora não esteja completamente de acordo com algumas ênfases aparentes do autodesvelamento, este capítulo é muito importante, pois traz para o primeiro plano a questão central da "alteridade" do terapeuta, com freqüência não focalizada explicitamente na psicologia do *self* e na teoria da intersubjetividade.

uma vida para superar um sentimento, que me invadia, de isolamento e desconexão. Minha luta para sair do isolamento e permitir a intimidade, tocar e ser tocada, tem sido de importância central. Inicialmente, fui atraída pelas terapias humanistas — especialmente a Gestalt-terapia — em função do que testemunhei no relacionamento terapêutico. Os primeiros Gestalt-terapeutas que encontrei estavam intensamente presentes e engajados. Eu via na disponibilidade deles para realmente "encontrar" seus pacientes — pessoa a pessoa —, em um encontro emocionalmente intenso, alguma esperança de salvação de meu próprio empobrecimento emocional e isolamento.

De fato, foi enquanto estudava a Gestalt-terapia que descobri, pela primeira vez, a antropologia filosófica de Martin Buber. O relacionamento na Gestalt-terapia é considerado como calcado na filosofia do diálogo de Martin Buber. É a única escola de terapia que conheço que, propositalmente, colocou a filosofia de Martin Buber como o fundamento de sua teoria, embora só recentemente tenha emergido uma descrição elaborada da filosofia dialógica na Gestalt-terapia (Hycner, 1985; Jacobs, 1989). Fiquei imediatamente atraída pelas idéias de Buber. Ele falava de forma cordial aos meus anseios profundamente sentidos de um engajamento genuíno com os outros. Suas idéias me ajudaram a ver minhas lutas pessoais numa estrutura mais ampla dos temas humanos universais, reduzindo assim meu senso de alienação do mundo e dos seres humanos. Ele afirmou também que os esforços para uma relação genuína poderiam contribuir para o bem-estar dos outros, considerando-se que eu tinha uma tendência a pensar em meus anseios e esforços como anátemas para os outros.

Meu interesse pessoal permanente na relação alimentou meu interesse pessoal permanente na relação terapêutica como um fator de cura. Isso me levou à Gestalt-terapia, com sua ênfase no encontro direto; e também à psicanálise moderna, com seu refinamento contínuo do conceito de transferência como, em parte, uma busca de novas relações e das sutilezas da empatia. Desde que li Buber, meus estudos — sejam eles humanistas ou psicanalíticos — estão integrados com os princípios orientadores da "cura por meio do diálogo".

Em minha opinião, muitas teorias clínicas estão se dirigindo para os conceitos fundamentais da filosofia do diálogo de Buber. Elas fazem isso bem devagar, cuidadosamente, partindo de uma posição mais "científica", no sentido de uma oposição à postura filosófica. Muitas dessas teorias não traçam seu desenvolvimento diretamente de uma influência da filosofia de Buber; porém, esta última é parte de um *weltanschauung** geral, que definitivamente afeta o desenvolvimento de novas idéias em psicologia.

---

* *Weltanschauung*: Em alemão no original. Significa visão de mundo, cosmovisão. (N. do T.)

Já me referi antes à Gestalt-terapia — representante da tradição humanista — como um solo fértil para a filosofia do diálogo. Voltando à tradição psicanalítica, um grupo de teóricos da psicanálise moderna, conhecidos como teóricos "intersubjetivistas" (um ramo da psicologia do *self*), está se empenhando em influenciar a psicanálise no sentido de renunciar às suas origens nas ciências naturais, em favor da assim-chamada perspectiva das "ciências humanas". Eles, por sua vez, foram influenciados por Dilthey, filósofo alemão, o qual influenciou a filosofia de Buber:

> De acordo com Dilthey, as ciências humanas devem ser distinguidas das ciências da natureza, por causa de suas diferenças fundamentais de atitude em relação a seus respectivos objetos de investigação: as ciências naturais investigam os objetos a partir de uma perspectiva externa, ao passo que as ciências humanas se apóiam em uma perspectiva interna (Atwood e Stolorow, 1984, p. 2).

Inclusão

A partir da perspectiva das ciências naturais, são estudados os comportamentos observáveis, assim como as interações com os outros. A partir da perspectiva das ciências humanas, são explorados os *significados para o sujeito que experiencia*. Em uma descrição mais alinhada com o conceito de "inclusão" de Buber, Stolorow e Atwood afirmam que, nas ciências humanas, há o empenho de compreender o outro por meio de uma perspectiva interna do quadro de referências desse outro. De fato, o pensamento de Dilthey (em Atwood e Stolorow, 1984) é paralelo ao de Buber. O modo de relação nas ciências naturais é o Eu-Isso, de sujeito-para-objeto, e o das ciências humanas é o Eu-Tu, de sujeito-para-sujeito.

A psicologia do *self* e a teoria da intersubjetividade afirmam, com seu conceito de *self*-objeto, que o *self* do indivíduo se origina e é mantido como um *self*-com-o-outro. Também enfatizam a investigação empática como o fundamento da psicanálise. Os intersubjetivistas desenvolveram e refinaram uma postura de escuta, a qual, a meu ver, é a base para a inclusão. Buber define a "inclusão" na terapia dessa maneira: "O terapeuta precisa sentir o outro lado, o lado do paciente no relacionamento, como um toque corporal para saber como o paciente o sente" (1967, p. 173). É um imaginar concreto da realidade do outro, em si mesmo, ao mesmo tempo em que retém sua própria identidade.

A confirmação significa que a pessoa é percebida e reconhecida em todo o seu ser (Buber, 1965b). O ato da confirmação requer que um entre no mundo fenomenológico do outro, sem julgamentos, enquanto continua a reconhecer seu próprio ser. Em minha opinião, isto é precisamente o que acontece quando o analista intersubjetivo entra em sintonia sensível com a experiência emocional do paciente, ou entra numa imersão empática no mundo interno do paciente.

Os psicanalistas modernos se baseiam, em parte, nas novas e estimulantes descobertas em estudos de pesquisas com crianças formulados por Stern (1985) e Lichtenberg (1989). Esses dois pesquisadores/clínicos usam estes estudos para afirmar que, *desde o nascimento*, as crianças estão interagindo com o "outro". O outro pode ser apenas vagamente definido e percebido como um outro, mas a evidência é ampla de que há uma diferenciação rudimentar entre o *self* e o outro, desde o nascimento. Outra estimulante descoberta é que o senso de *self* e de auto-regulação de uma criança (até mesmo a regulação dos estados físicos, tais como o sono e a fome) formam um padrão por meio das interações mútuas e recíprocas entre a criança e a pessoa que cuida dela.

Estes estudos demonstram que o autodesenvolvimento saudável requer uma responsividade emocional muito bem sintonizada com o ambiente em que a criança é cuidada. A sintonia emocional estabelece, ao mesmo tempo, um sistema mútuo de regulação fisiológica e emocional; e também insere a criança numa rede de relações, sem a qual um senso de identidade pessoal não pode se formar.

Sintonia e Relação

Os dois temas — sintonia sensível ao mundo interno do "outro" e de inserção na relação — são obviamente compatíveis com a filosofia do diálogo de Buber. São passos importantes no caminho da elaboração de uma teoria que aprecia a importância central do engajamento com a alteridade para o autodesenvolvimento. Porém, eles ficam incompletos no aspecto de que seu foco está na receptividade do responsável pelo cuidado com a criança; esses teóricos não exploram plenamente as implicações do engajamento da criança com a "alteridade" do outro.

A teoria da intersubjetividade traz esses dois temas de desenvolvimento para o processo psicoterapêutico. Primeiro, enfatizam que a tarefa do terapeuta é estabelecer uma apreensão sintonizada e empática do mundo interno do paciente. Em segundo lugar, suas interpretações focalizam, em grande medida, a compreensão das experiências do paciente como fenômenos emergentes da qualidade da relação entre o terapeuta e o paciente. Assim, a experiência do paciente, na relação terapêutica, é vista como co-determinada pelas maneiras de ser já estabelecidas do paciente e, também, pela participação do terapeuta. Eles afirmam, além disso, que a experiência do *terapeuta* é também co-determinada pela predisposição do terapeuta e pela participação do paciente. Conceituam a relação terapêutica como um "sistema intersubjetivo de influência mútua recíproca" (Stolorow et alii, 1987). As implicações de um enfoque tão fluido e "dialógico" não estão ainda completamente explicitadas na literatura produzida pela teoria da intersubjetividade. Porém, em minha opinião, a teoria está caminhando para mais perto da filosofia do diálogo de Buber. Atualmente, a teoria da intersubjetividade se apóia fortemente na sintonia de afeto confiável, como o meio pelo qual ocorre a integração de afeto necessária para o autodesenvolvimento.

O Encontro Inter-humano

Do ponto de vista da perspectiva dialógica, uma outra dimensão de relação é central para o autodesenvolvimento — o "encontro inter-humano". Nesse encontro, a sintonia, uma incorporação da inclusão de muita importância, é acompanhada pela presença do terapeuta. O terapeuta é, em primeiro lugar e antes de tudo, um ser humano. Como Buber insistia, para que um diálogo genuíno ocorra, o terapeuta deve estar presente como um ser humano que se esforça para encontrar o paciente, das profundezas do centro vital de um para o do outro. Para tocar e, desse modo, curar as raízes do ser do paciente, o terapeuta precisa:

> Sair de sua superioridade profissional protegida para a situação elementar entre aquele que chama e aquele que é chamado. O abismo no paciente chama pelo abismo no médico, o verdadeiro *self* desprotegido, e não por sua segurança de ação confidentemente funcional. O analista retorna deste paradoxo... como aquele para quem a necessidade se abriu para um encontro pessoal genuíno entre aquele que precisa de ajuda e o que ajuda (Friedman, 1976, p.190).

A presença envolve trazer a si mesmo totalmente para a interação. Os terapeutas devem estar disponíveis para se permitirem ser tocados e mobilizados pelo paciente. Como descrevi em um capítulo anterior, na terapia, a presença significa também que o terapeuta está disponível para se abrir a um tipo de contato, no qual o paciente pode tocar sua experiência subjetiva, tanto direta quanto indiretamente. Com muita freqüência, isso ocorre indiretamente.

Em pontos cruciais na terapia — como por exemplo no esforço para lidar com perturbações sérias na relação terapêutica ou em certos limiares do desenvolvimento —, o paciente pode ficar intensamente interessado, ou até mesmo exigir, ter acesso à experiência do terapeuta. O autodesenvolvimento prossegue não somente no curso das experiências obtidas pela sintonia sensível com a alteridade do paciente, mas também pela experiência daquela sintonia que vem de um outro diferenciado e pessoal.

O Terapeuta como "Outro"

O restante deste capítulo é dedicado ao estudo das implicações terapêuticas na prática da terapia a partir de uma postura que sustenta: a presença do terapeuta é tão necessária quanto a perícia e a tipologia. É até mesmo tão necessária quanto a prática da inclusão. Sinto-me especialmente atraída pela compreensão de dois conceitos interligados — a "presença" e a "alteridade" — na relação terapêutica.

Essas idéias são bem acolhidas nas terapias humanistas, mas com freqüência são pouco compreendidas e mal utilizadas. Enquanto isso, elas são abordadas com grande precaução e timidez pelas terapias psicanalíticas/psicodinâmicas. Desejo elaborar melhor a posição da presença e da alteridade no processo terapêutico, de modo a tornar esses conceitos atraentes e práticos para uma larga faixa de teorias terapêuticas.

A Terapia Seguindo uma "Vereda Estreita"

Os terapeutas conduzem a terapia seguindo uma "vereda estreita" muito peculiar. De um lado está nosso compromisso e fé em explorar e tornar compreensível a experiência, o mais plenamente possível. Isso inclui, o que é muito importante, as experiências de relacionamento dos pacientes e a miríade de significados que, para eles, essas relações contêm. Do outro lado da vereda está "o inefável". Não importa a meticulosidade com que exploramos os significados, as motivações, o drama do relacionamento — não importa quão ricamente os pacientes articulem seu mundo de relacionamentos —, existe um ponto em que se tem a sensação concreta de que há mais no relacionamento do que se é capaz de descrever. Descobrimo-nos pensando nisso; ou ouvimos nossos pacientes dizer: "Existe mais aqui. Não há palavras. Mas é algo primitivo, fundamental, que não pode ser mais 'reduzido'. É apenas isto".

É facil se perder a tentativa de seguir essa vereda estreita. Vários terapeutas se perdem no lado dos significados. Algumas vezes, seus pacientes vão embora sabendo muito sobre certas dimensões da relação e da auto-experiência; contudo, estão diminuídos de maneira profunda. Pois os relacionamentos só são compreendidos enquanto a serviço de certas necessidades e funções do paciente. Aquilo que é inefável não foi reconhecido, e os pacientes podem agora acreditar que os elementos intrínsecos, auto-reguladores ou narcisisticamente relevantes para todas as relações são *tudo* que existe nessas relações.

Por outro lado, alguns terapeutas podem reverenciar tanto o inefável, que não ajudam seus pacientes a compreender o que *pode* ser conhecido e apreendido sobre seus relacionamentos. Esses pacientes podem deixar a terapia sentindo-se vagamente perdidos e culpados sobre o quanto de sua relação *realmente* envolve suas necessidades narcisistas. Podem tentar se purificar de tais recompensas da relação, até que o isolamento se torna seu único modo de ser que não degrade a qualidade inefável da relação. Torna-se seu dever protegê-la. Na realidade, a vereda entre as duas dimensões de relação — o Eu-Isso e o Eu-Tu — não é sólida. É mais como tecer uma rede.

O Dialético e o Dialógico. Trüb descreveu as duas principais fases da psicoterapia, a dialética e a dialógica. Em minha experiência, mesmo em um processo predominantemente dialético durante a terapia, a base que torna possível a dialética *terapêutica* é a inclusão unilateral (referida em capítulo anterior) — um processo dialógico que o terapeuta pratica ao longo do processo. Existem aqui dois paradoxos. O primeiro é o fato de que a relação Eu-Tu também se auto-intensifica. De uma perspectiva psicológica, a relação Eu-Tu serve às funções narcisistas ou de auto-regulação. Como descreve Buber:

> Pois o crescimento mais interno do *self* não é obtido, como gostam de supor as pessoas hoje em dia, na relação do homem consigo mesmo, mas na relação de um com o outro, entre homens; isto é, preeminentemente na mutualidade do tornar-se presente — no tornar presente um outro *self* e no reconhecimento de que um se torna presente em seu próprio *self* através do outro — juntamente com a mutualidade da aceitação, da afirmação e da confirmação (1965, p. 71).

Enquanto isso, quando os pacientes se tornam verdadeiramente capazes de me usarem como um "isso" — para sua regulação emocional ou de autoestima —, e quando me é permitido ajudá-los e posso entregar-me a isso de forma completa, a intimidade desse evento recíproco toca a ambos profundamente. Provavelmente, iniciamos a relação a uma certa distância uns dos outros. Os pacientes podem precisar usar-me mais como um meio, ainda impossibilitados de se relacionarem comigo como um fim; mesmo assim entramos em uma relação fundamental e nos falamos de *centro para centro*. Em tais momentos, a linha entre o Eu-Isso e o Eu-Tu se torna inexistente — pelo menos do *meu* lado do diálogo.

Curiosamente, é por meio da escuta cuidadosa e do engajamento com as experiências do paciente, do *outro* lado da vereda, o lado dos significados e funções, que desenvolvo um senso de quando o inefável está sobre nós. Por exemplo, trabalhei por quatro anos com uma mulher que se relacionava com as pessoas, na maior parte das vezes, como um meio para obter seus próprios fins. Quando os outros não serviam às funções de que necessitava, ela mergulhava em um poço de desespero e auto-aversão. Há dois anos, no final de uma sessão muito intensa em que seu desespero era visível para nós duas, ela me disse que estava espantada por eu ter permanecido lá com ela. Disse-me também: "Eu te amo". Sugeri que talvez ela estivesse grata a mim. Sugeri também que o seu "eu te amo" era uma maneira de dizer "eu preciso de você". Pensei que talvez ela estivesse se sentindo culpada e com medo da censura se dissesse cruamente "eu preciso de você", porque ela me parecia madura e amorosa e não egoísta e carente. Ela concordou no momento e começou a ser mais aberta comigo a respeito de suas necessidades auto-reguladoras dirigidas para mim.

Sua terapia progrediu e, recentemente, ela conseguiu romper com o padrão antigo de envolvimento intricado com seus filhos adultos. Isso foi conquistado, em parte, por um crescimento de sua capacidade de me experienciar,

205

de experienciar a si própria e a seus filhos como centros independentes de iniciativa (discutirei esta questão em seu tratamento mais adiante). Hoje, essa mudança de perspectiva permeia a qualidade de sua relação com todos. Recentemente, ela terminou uma conversa telefônica comigo dizendo: "Eu realmente te amo, Lynne. Sei que você pensa que eu preciso de você, mas também te amo". Disse-lhe que conversaríamos mais a esse respeito na próxima sessão, pois achava que havia ocorrido uma mudança que modificara o significado de sua afirmação. Percebo, agora, que seu "amor" realmente traz mais do que necessidade. Com certeza, ela se experiencia como sendo confirmada por mim em sua alteridade (que inclui uma forte ligação comigo) e ela está me confirmando ao me permitir ajudá-la. Talvez estejamos aqui no âmbito do inefável.

Presença e Alteridade

A terapia é, em grande parte, um processo de desenvolvimento. Em diferentes pontos do processo, qualidades diferentes de alteridade são procuradas e necessárias para o crescimento do paciente ou para sua cura. Uma das artes da terapia é a tentativa do terapeuta de tornar-se presente, de modo a atender a necessidade relacional específica e atual do paciente. Uma perspectiva de desenvolvimento calcada no diálogo poderia afirmar que existe *um impulso de desenvolvimento natural* em direção ao diálogo. Se o terapeuta pode dar terreno ao estar disponível para vários tipos de "encontro", enquanto surgem as novas seqüências de desenvolvimento, então emergirá um voltar-se-em-direção-ao-outro pleno.

De fato, a confirmação intrínseca ao diálogo não surge *simplesmente* pelo ato da inclusão. A inclusão é *intencional*, porque foi voluntariamente proferida por um outro separado. E, ainda assim, as dimensões de alteridade, com as quais o paciente procurará se relacionar, poderão diferir com o tempo. Inicialmente, qualquer sentido de alteridade do terapeuta pode ser experienciado por alguns pacientes como uma pesada imposição. Esses pacientes se sentem compelidos a atender às necessidades narcisistas do outro, ao custo de suas próprias necessidades. Sua única segurança repousa em uma relação com um terapeuta que, calmamente e sem protesto, guarde sua alteridade não aproveitada num segundo plano, durante um período de tempo contínuo. Nesse caso, a presença do terapeuta se manifesta por uma dedicação que forneça um *pano de fundo* necessário, uma cultura na qual o paciente possa começar a crescer sem *awareness*, consciente de que tal cultura esteja sendo promovida.

O impulso de desenvolvimento da relação para a alteridade é descrita numa música popular recente "Wind Beneath My Wings". A letra descreve uma mulher olhando para trás, grata a um amigo que se colocava à sua sombra e lhe fornecia o "*vento sob as asas*", de forma que a protagonista pudesse voar. A princípio, a protagonista não deu importância ao amigo. Foi somente no curso de seu amadurecimento que ela se deu conta do presente que o amigo havia lhe dado com seu suporte calmo e gentil (Stolorow, comunicação pessoal em outubro de 1990).

Algumas vezes, a presença mais amorosa que o terapeuta pode oferecer na terapia é uma disposição genuína e gentil, que proporcione um pano de fundo contra o qual emerge o paciente, como nesta afirmação de Hycner:

> Em uma abordagem dialógica genuína, parece-me que o terapeuta é o "servo do dialógico". Isso significa que, em um sentido mais profundo, a individualidade do terapeuta está subordinada (ao menos temporariamente) *a serviço do dialógico*, que é a Gestalt-terapêutica completa e que inclui em si os indivíduos... Isso quer dizer que a verdadeira singularidade surge das relações genuínas com os outros e com o mundo. A individualidade é apenas um dos pólos dentro da alternância rítmica total entre nossa separação como indivíduos e nossa participação em algo maior do que nós, isto é, o "Ser" (1985, p. 33).

Sabemos que os pacientes chegam até nós depois de terem sido frustrados em seus desejos de um encontro genuíno. Com freqüência, sentem-se desamparados e sem esperanças de poderem, alguma vez, se relacionarem genuína e profundamente com um outro. E sabemos que esse tipo de encontro genuíno não é possível se o paciente não tem um outro genuíno com quem possa se encontrar. E, ainda assim, se o terapeuta tem como alvo colocar-se como um outro para o paciente, em vez de visar ao encontro com a alteridade do paciente, ocorre uma violação da inclusão. Para os terapeutas, sua alteridade deve sempre emergir em relação ao processo de inclusão, no qual estão imersos. É por meio desse processo de inclusão que os esforços de desenvolvimento do paciente podem ser melhor apreendidos.

Um dos erros mais comuns praticados pelos Gestalt-terapeutas é a tendência de impor sua presença aos pacientes. Para que a presença faça parte do que cura o outro, ela deve ser delicadamente equilibrada com a prontidão do paciente para encontrar um outro. Muitas vezes, os terapeutas colocam sua presença de maneira forçada, em vez de a avaliarem em resposta ao apelo do paciente. Essa imposição se torna justificada como uma expressão do diálogo genuíno. Mas este é um encontro em que falta uma compreensão inclusiva das necessidades do paciente e sua prontidão.

A presença e a inclusão existem numa relação figura/fundo uma com a outra. Com a prática da inclusão conseguimos entender como nossa presença está sendo experienciada pelo paciente. Também conseguimos entender que tipo de alteridade o paciente busca. Podemos adaptar nossa presença para que esta seja relevante às necessidades emergentes de desenvolvimento do paciente. A prática continuada da inclusão e as adaptações sempre em mudança da própria presença são praticadas no "entre".

Autodesvelar-se como Revelação da Alteridade

Uma dimensão óbvia da presença do terapeuta é seu autodesvelamento. Algumas vezes, o autodesvelamento é uma resposta disciplinada ao ser chamado como um outro pelo paciente. Outras vezes, é uma reencenação das necessidades narcisistas do terapeuta. E, outras vezes, ainda, é um momento de surpresa em que surge uma reação espontânea. Em qualquer caso, é um momento, no processo terapêutico, em que o paciente é colocado face a face com a alteridade do terapeuta.

A seguir comento alguns exemplos de meu próprio trabalho que, espero, possam refinar a compreensão de como os pacientes experienciam nossa presença; e também de como nosso uso da presença faz uma interseção com as necessidades de defesa do paciente, assim como com sua prontidão para o desenvolvimento e sua habilidade de assimilação.

Descobri que quando um terapeuta descreve sua própria experiência na relação terapêutica, o impacto pode ser bem diferente, dependendo de uma variedade de fatores. Obviamente, o autodesvelar-se é uma intervenção de motivação complexa. Os pacientes, calcados em suas formas características de organizar suas experiências, podem ser mais afetados por certos fatores motivacionais e, relativamente, não afetados por outros. Para consternação do terapeuta, o paciente pode responder ao que, na opinião do terapeuta, é uma motivação relativamente menor ou é uma fonte de embaraço para o profissional (por exemplo, uma necessidade narcisista). Outros fatores que irão influenciar como o autodesvelar-se é recebido são o desenvolvimento específico do paciente ou suas necessidades defensivas no momento e sua prontidão para o desenvolvimento.

A Alteridade como Fundo Tranqüilo

Estou me lembrando de uma paciente com quem trabalho, que é muito envergonhada de si mesma e se considera inerente e irreparavelmente problemática. Com freqüência, também acredita que ninguém no mundo tem os mesmos problemas que ela. Nos primeiros anos da terapia, eu ficava tão condoída por seu sentimento de isolamento envergonhado, que por duas vezes lhe disse coisas sobre mim mesma que eram semelhantes aos problemas que ela estava descrevendo. Em ambas as situações, ela ficou fortemente angustiada, sentiu-se invadida e insistiu para que eu nunca mais fizesse isso de novo. Ela disse que me necessitava "inteira" e não problemática como ela. Nossas semelhanças eram organizadas por ela como um sinal de que eu também era problemática e, portanto, não poderia lhe dar qualquer esperança de inteireza (vivendo um paradoxo doloroso, ela também ficou profundamente humilhada pela diferença percebida entre nós duas, como se isso pudesse significar que eu seria uma pessoa de outro tipo, que só poderia sentir desprezo por suas dificuldades).

Hoje, quatro anos depois, ela faz tentativas de se conectar com meu mundo interno, ao mesmo tempo em que começa a se sentir mais e mais como parte do planeta. Pensa agora que se tenho problemas e consigo funcionar tão bem como o faço, então talvez ela também consiga. Com o tempo, minha presença com ela mudou, à medida que ambas encontramos nossos caminhos nessa relação de desenvolvimento sempre em evolução.

No começo, me impus a ela com força demais, esmagando seu próprio senso de si mesma como uma pessoa com uma mente própria. Mais tarde, ela passou a me experimentar como quem lhe dava água, onde poderia aprender a nadar. Durante essa fase, coloquei-me principalmente através da imersão empática em seu mundo, da melhor forma que pudemos descrevê-lo.

Agora estou mais ativa no processo de trazer minha própria personalidade para a relação, e ela está muito satisfeita com a experiência de profundo engajamento de duas personalidades distintas. Ela nunca soube anteriormente que pudéssemos ser duas pessoas diferentes e ainda assim compartilhar a mesma paixão — o compromisso com seu desenvolvimento.

Definindo o Campo da Experiência

Para alguns pacientes, o autodesvelar-se do terapeuta os ajuda a definir e a delimitar sua própria experiência, assim como a determinar o campo interpessoal pelo qual são responsáveis. Para outros pacientes, o autodesvelar-se é experienciado como uma exigência sobre eles de que precisam ajudar o terapeuta e responder às necessidades narcisistas dele.

A Presença a Serviço da Autodefinição. Um exemplo do acima exposto é meu trabalho com uma paciente com quem luto com dificuldades contratransferenciais aparentemente intransigentes. Infelizmente, as caracterizações dessa mulher, a meu respeito, quando está desapontada comigo, confirmam meus piores temores sobre mim mesma, isto é, que sou uma pessoa fria e sem coração. Reajo ao que experiencio como uma exposição humilhante, com um retraimento psicológico, formando assim seu senso de minha deficiência destrutiva (para ela).

Recentemente, esse padrão recorrente nos trouxe a um impasse. Eu havia admitido ter dificuldades contratransferenciais e estava trabalhando para diminuir seu impacto na terapia, embora sem muito sucesso. Angustiada, ela procurou uma colega minha. Estava presa por um laço doloroso. Era muito ligada a mim e não conseguia se imaginar sobrevivendo sem a minha pessoa. Por outro lado, esse padrão também a estava "matando".

A consulta se mostrou útil para nós duas ao ressaltar seu desespero. Decidi lhe contar mais sobre o que sabia a respeito de minhas dificuldades contra-transferenciais. Contei-lhe que me sentia humilhada e temia que suas caracterizações pudessem ser provadas como verdadeiras; e minha defesa contra essa humilhação era o retraimento. Aquela sessão foi transformadora para nós duas. Ao explicitar minha experiência diretamente com ela, fiquei menos dominada pelo meu temor de humilhação. Minha paciente ficou profundamente mobilizada e aliviada porque, ao me ver assumindo minhas dúvidas torturantes, ficou livre da obrigação de tentar "resolver" meus problemas. Agora eles poderiam ser tratados direta e empaticamente à medida que ocorressem. Ela não se sente mais responsável por me afastar, embora fique entristecida por esse padrão em particular ter sido tão doloroso para ambas. Não posso descrever com palavras o aumento da intimidade, da humildade e da profundidade do relacionamento que ocorreu entre nós, porém foi bastante visível para ambas.

A Presença como Intrusão Aniquiladora. Por outro lado, quando desvelei um problema de contratransferência com outra paciente, com a mesma esperança de que isso pudesse ajudá-la a definir sua própria experiência — e não se sentir responsável pela minha —, ela o vivenciou mais como uma usurpação de *sua* experiência. A paciente em questão conhece bastante sobre minha vida. Parece usar esse conhecimento como uma maneira de estar em contato comigo, como se fosse uma âncora em sua vida. Ela sabia que eu tinha sofrido uma perda dolorosa e isso estimulou sua própria dor em relação à morte prematura de seu pai há muitos anos. Alegou que minha tragédia recente tinha sido o estímulo para viver o luto nas várias sessões seguintes.

Em uma sessão, não pude suportar a intensidade de minha própria dor, que estava sendo estimulada pelo pesar da paciente. Defensivamente, distanciei-me de sua experiência. Ela percebeu a mudança súbita em minha atitude e perguntou o que tinha acontecido. Expliquei-lhe o que estava sentindo e ela ficou perturbada e irada. Disse que se sentia minada em sua tristeza, como se eu estivesse dizendo que a minha dor era mais importante do que a dela; ela deveria agora se abandonar e me sustentar. Fiquei surpresa. Ela sabia que eu estava sofrendo. Pensei que falando sobre o assunto pudesse criar um encontro de maior intimidade entre nós.

Só recentemente começamos a compreender algumas das raízes de sua experiência da interação; sua mãe costumava ser agressiva com ela e mais tarde se desculpava dizendo que tinha tido apenas um mau dia. Minha paciente escutava a "confissão" de sua mãe como um pedido para perdoar e, o mais importante, *esquecer* o sofrimento que tinha passado. Ela temia que eu pudesse querer a mesma coisa. De minha parte, em retrospectiva, realmente penso que me voltei para ela a fim de satisfazer minha necessidade de conforto e alívio. Sinto grande admiração por esta paciente e um desejo de tornar-me mais íntima dela. Assim, penso que houve uma confluência: seu medo de ser usurpada e a intrusão de minha necessidade em sua sessão.

A Empatia pelo Outro como uma Nova Dimensão de Relação

Enquanto isso, tenho outra paciente que tem relutância em investigar até que ponto vai a minha dor, apesar de se importar profundamente comigo e desejar me dar suporte. Teme invadir minha privacidade e meu senso de profissionalismo. Ela também foi cruelmente explorada na infância e se sente terrivelmente vulnerável quando mostra alguma ternura para com os outros.

Em nossa última sessão, falávamos a respeito de seu relacionamento com seu filho pequeno. Pensamos, baseadas num sonho que ela relatou, que a imensa ternura que sentiu por seu filho pudesse estar pavimentando o caminho para o risco de ser terna com os adultos. Ao mesmo tempo, arrependia-se por não se sentir capaz de acreditar que estivesse dando alguma coisa positiva a seu filho. Sua disposição calma e suave é atribuída a seus genes ou, então, à empregada, mas nunca a ela. Ela tem uma crença antiga de que é tóxica para os outros e que não tem nada de positivo a oferecer.

Mais tarde, na sessão, ela comentou sua preocupação comigo e seu conseqüente embaraço. Parece-me que meu desejo genuíno de que ela soubesse a respeito de minha dor e o quanto me é consolador quando pergunta a respeito, é um exemplo de onde minha presença lhe forneceu uma experiência relacional nova. Ela foi capaz de sentir que sua ternura por outro adulto foi bem-vinda, viu também que isso contribuiu para a minha própria cura e que não tinha sido explorada. Neste caso, a alteridade relevante do terapeuta é como um outro que pode se beneficiar de estar em *sua* presença!

A Atitude do Outro como Permissão para Expandir

O "outro" também pode ser usado como um guia para o limite da expressão permitida ou da afetividade no relacionamento. Compreendi isso recentemente, em uma sessão com a mulher que já mencionei, que tinha começado há pouco tempo a apreciar o fato de conhecer-me como uma pessoa imperfeita. Ela fez referência a algo que funcionou como uma lembrança dolorosa de minha perda recente. Incapaz de me conter, comecei a chorar e, engasgada, disse algumas poucas palavras cheias de tristeza. Minha paciente ficou abalada por ter provocado um efeito tão forte em mim com um comentário espontâneo. Então, ela começou a chorar e falou de sua profunda tristeza, sua companheira constante. A paciente raramente chora, uma vez que para ela as lágrimas significam humilhação.

Na sessão seguinte, esta paciente se sentiu perdida e perturbada. Disse que gostaria de apertar um botão para recriar os sentimentos de proximidade vividos entre nós na sessão passada. Estava irada e desapontada. Ela me vê como responsável por nossa intimidade. Posso tanto oferecê-la como segurá-la. Ela se sente impotente. Sua raiva e desapontamento frustrantes também persistiram na sessão seguinte. Nesta sessão, conseguiu finalmente descobrir que a proximidade começara com minhas lágrimas, passara pelas dela, chegando ao meu interesse nelas.

Finalmente, começamos a compreender que minhas lágrimas foram a *permissão* para que ela tivesse direito às suas próprias lágrimas. Seus pais haviam sido tão rígidos e altamente controladores, que a diminuíam e desaprovavam suas emoções. Viemos a nos dar conta de que, embora com freqüência tivéssemos conversado sobre ela ser capaz de mostrar suas emoções mais livremente, esse *falar sobre* era semelhante ao que acontecia com seus pais. Ela esperava que eu estabelecesse concretamente as fronteiras da afetividade permitida *entre* nós, pelo que fiz, e também esperava desesperadamente que eu fosse mais expressiva do que seus pais. Isso emergiu da mesma mulher que por anos tinha insistido em que eu permanecesse tão anônima quanto possível, de forma a não pressioná-la e desapontá-la.

O resultado final dessa exploração foi a compreensão de que o "outro" determina o limite de expressão emocional aceitável e que ela se sentia cobrada por ficar dentro das fronteiras estabelecidas por essa pessoa.

Outro exemplo similar vem da descrição de um caso em uma conferência. A paciente parecia incapaz de falar diretamente de si mesma na relação com o terapeuta. Ela usava palavras do tipo "as pessoas" ou "os outros" quando parecia estar descrevendo suas próprias necessidades. O terapeuta pediu, então, se podia gravar as sessões. Ele pontuou isso claramente como um desejo dela. Na mesma sessão, e pela primeira vez, a paciente afirmou diretamente um desejo seu.

Encontrando a Alteridade como uma Afirmação da Existência

Alguns pacientes podem procurar abertamente a alteridade do terapeuta. A alteridade deste serve de alvo de desenvolvimento para a afirmação da existência do paciente, ao ser capaz de ser afetado por ele. Por exemplo: um paciente pode necessitar das reações emocionais do terapeuta como um sinal de que está se relacionando com um outro espontâneo, que possui um centro vital de si próprio. Com freqüência, esses pacientes tiveram pais que usualmente diziam todas as coisas certas, mas ficavam escondidos atrás de uma fachada. Os pacientes nunca foram realmente encontrados e cresceram se sentindo mortos por dentro, esperando encontrar outros que também estivessem mortos em seu cerne.

Já um outro paciente pode procurar a alteridade como uma fronteira diante da qual pode sentir sua própria singularidade. Outro ainda pode usar a alteridade como uma maneira de descobrir a subjetividade dos outros e também a relatividade de sua própria subjetividade. Assim, tenho uma paciente que, após muitos anos de terapia, começou a perguntar como eu me sinto a respeito de determinados dilemas da vida (que eu possa ter); como me sinto em determinadas situações de vida (tais como diferenças entre eu e meu namorado). Parece estar tentando abrir espaço para seus próprios temores, vulnerabilidades etc., por meio da descoberta de que o mundo interno de cada um é diferente. Se uma pessoa parece fria externamente, isso não significa que não tenha vulnerabilidades internas.

Busca Defensiva para Possuir o Outro

Algumas vezes os pacientes buscam abertamente a alteridade do terapeuta por razões defensivas. Tenho um paciente que insiste no meu reconhecimento de cada ansiedade que experiencio em nossa relação, em cada momento defensivo e em cada momento de dúvida e vulnerabilidade. Ele me observa cuidadosamente. Torna-se implacável quando localiza alguma vulnerabilidade minha. Faz isso até que eu lhe forneça uma descrição satisfatória, incluindo um relato das limitações de caráter relevantes. Assim que lhe dou uma dessas descrições, ele se torna generoso, compassivo e acolhedor. Porém, tem se tornado mais claro para ambos que, entre outras coisas, este paciente, ao me expor, está se defendendo contra sentimentos terríveis de mortificação. Sua justificativa vai mais ou menos por aí: se eu o exponho como tendo fraquezas, ele não será capaz de esmiuçar as minhas, porque poderei apontar as fragilidades dele como prova de que as minhas não são tão ruins. Ele vive, na sua opinião, num mundo em que os outros são dominadores e brutalmente críticos e a dominação dos outros é sua única defesa.

Outra paciente minha interpreta minhas motivações possíveis toda vez que me experiencia falhando no estar presente e aberta para ela. Recentemente, admiti que fiquei um pouco irritada com ela. Em sua maneira habitual, fez algumas suposições sobre minhas vulnerabilidades e defesas. Pediu-me que confirmasse suas suposições e elaborasse mais a esse suspeito. Hesitei em fazê-lo, dizendo-lhe que não me sentia aberta para tal exploração com ela. Falei-lhe que me sentia rebelde diante do que tinha experienciado como suas tentativas de me controlar.

À medida que nos aprofundávamos nesse diálogo penoso, surgiu sua crença de que se me apontasse simplesmente quais eram os meus conflitos psicológicos, ela seria capaz de se prevenir da intrusão deles no futuro. Como conseqüência, invadiu-me uma insegurança de ser ou não capaz de ter a maturidade, a disposição e a habilidade para realizar o trabalho que precisava fazer, a fim de prover o clima de desenvolvimento de que necessitava.

É desnecessário dizer que isso nos levou a histórias antigas de seus pais e de como eles foram lamentavelmente inadequados e imaturos, quando se tornou necessário propiciarem um clima psicológico de apoio a seu crescimento ao longo de sua infância. O interessante é que nunca contei a ela a natureza do meu problema de contratransferência, conforme eu o compreendia. Tivemos diversas sessões tensas, as quais eu aguardava, com a respiração presa, para ver se eu realmente poderia tomar conta do problema sem a sua ajuda. Quando percebeu que eu podia, ficou encorajada a comentar livremente alguns relacionamentos surpreendentemente confusos com suas filhas adultas. Ela as estava "ajudando" tanto, que não faziam nada por conta própria e se sentiam todas ressentidas. Esta é a primeira paciente que mencionei, cuja relação com minha alteridade está se expandindo no sentido de uma maior capacidade para o amor e para a gratidão em relação a mim. A diferença para mim é clara: a princípio ela me "amava" de forma a regular sua auto-estima e suavizar seus sentimentos dolorosos de desespero e vergonha. Agora, ela me ama por minha dedicação quanto a seu bem-estar. Sua auto-estima está se desenvolvendo enormemente pela nova experiência descoberta de amar o outro como parte do *fluxo-da-relação-em-andamento*. Em vez de almejar sentir-se melhor, ela está almejando se relacionar. Não é surpresa que sua vergonha e seu desespero estejam diminuindo, enquanto sua auto-estima aumenta.

Conclusão

Nos casos descritos, esforcei-me para mostrar que os pacientes buscam a relação de diferentes modos, dependendo de suas experiências passadas e de suas necessidades de desenvolvimento atuais. Os terapeutas dialógicos devem talhar sua presença para a *prontidão de desenvolvimento* do paciente. Essa prontidão do paciente é, com freqüência, descoberta pela prática sistemática da inclusão. A terapia se torna um processo fluido e dialético de alternância entre a inclusão e a presença, enquanto tipos diferentes de relação são procurados pelo paciente em estágios diferentes do processo terapêutico.

Há um diálogo continuado entre a *filosofia* do diálogo de Buber e a *psicologia* do diálogo terapêutico. Nesse processo, os terapeutas podem continuar a refinar suas habilidades para se engajarem em um diálogo com seus pacientes, que seja ao mesmo tempo sensível às suas necessidades de desenvolvimento e evocativo de suas riquezas como seres humanos.

REFERÊNCIAS BIBLIOGRÁFICAS

ALEXANDER, R.; BRICKMAN, B.; JACOBS, L.; TROP, J., e YONTEF, G. (1992). "Transference meets Dialogue. A discussion between *self* psychologists and Gestalt therapists". *The Gestalt Journal*, *15*(2), pp. 61-108.

ATWOOD, G. E. (1983). "The pursuit of being in the life and thought of Jean-Paul Sartre". *Psychoanalytic Review*, *70*, pp. 143-62.

_____. (1989). "Psychoanalytic phenomenology and the thinking of Martin Heidegger and Jean-Paul Sartre". In: D. Detrick, e S. P. Detrick (eds.) *Self psychology: Comparisons and contrasts*. Hillsdale, NJ, The Analytic Press, pp. 193-212.

ATWOOD, G. E., e STOLOROW, R. D. (1984). *Structures of subjectivity: Explorations in psychoanalytic phenomenology*. Hillsdale, NJ, The Analytic Press.

BEISSER, A. (1970). "The paradoxical theory of change". In: J. Fagan e I. Shepherd (eds.). *Gestalt therapy now*. Nova York, Harper & Row, pp. 77-80.

BERGER, D. M. (1987). *Clinical empathy*. Northvale, NJ, Jason Aronson, Inc.

BLUM, H.P. (ed.). (1985). *Defense and resistance: Historical perspectives and current concepts*. Nova York, International Universities Press, Inc.

BOSZORMENYI-NAGY, I., e KRASNER, B. R. (1987). *Between give and take: A clinical guide to contextual therapy*. Nova York, Brunner/Mazel.

BOSZORMENYI-NAGY, I., e SPARK, G. M. (1973). *Invisible loyalties*. Nova York, Harper and Row.

BRANCHAFT, B., e STOLOROW, R. (1984). "The borderline concept: Pathological character or iatrogenic myth?" In: Lichtenberg, J. (ed.). *Empathy*, vol. 2. Hillsdale, NJ, Analytic Press, pp. 333-57.

BRESHGOLD E., e ZAHM, S. (1992). "A case for the integration of *self* psychology developmental theory into the practice of Gestalt therapy". *The Gestalt Journal*, *25*(1), pp. 61-94.

BRICE, C. W. (1984). "Pathological modes of human relating and therapeutic mutuality: A dialogue between Buber's existential-relational theory and object-relations theory". *Psychiatry: Journal for the Study of Interpersonal Processes*, *47*, pp. 109-23.

_____. (1987). *What forever means: An empirical existential-phenomenological investigation of the maternal mourning of a child's death*. Duquesne University. Ann Arbor, MI: (University Microfilms International, 8805348). (Tese de doutorado não-publicada).

_____. (1991). "Paradoxes of maternal mourning". *Psychiatry*, *54*, pp. 1-12.

BUBER, M. (1952a). *Eclipse of God: Studies in the relation between religion and philosophy* (M.

Friedman, E. Kamenka, N. Guterman, e I. Lask, trad.). Nova York, Harper & Row. (Trabalho original publicado em 1929, 1932, 1943 e 1951.)

_____. (1952b). *Good and evil* (R. G. Smith, trad.). Nova York, Charles Scribner and Sons. (Trabalho original publicado em 1952.)

_____. (1952c). "Religion and modern thinking". In: M. Buber, *Eclipse of God: Studies in the relation between religion and philosophy* (M. Friedman, trad.). Nova York, Harper & Row, pp. 63-92.

_____. (1952d). "Supplement: Reply to C. G. Jung". In: M. Buber, *Eclipse of God: Studies in the relation between religion and philosophy* (M. Friedman, trad.). Nova York, Harper & Row, pp. 131-8.

BUBER, M. (1957a). "Healing through meeting". In: M. Buber, *Pointing the way* (M. S. Friedman, trad. e ed.). Nova York, Schocken Books, pp. 93-7. (Trabalho original publicado em 1952.)

_____. (1957b). "Hope for this hour". In: M. Buber, *Pointing the way*. (M. S. Friedman, trad. e ed.). Nova York, Schoken Books, pp. 220-9. (Trabalho original publicado em 1952.)

_____. (1957c). *Pointing the way* (M. S. Friedman, ed. e trad.). Nova York, Schocken Books. (Trabalho original publicado em 1952.)

_____. (1958a). *I and thou* (Trad. de R. G. Smith.). Nova York, Charles Scribner and Sons. (Trabalho original publicado em 1923.)

_____. (1958b). *Hasidism and modern man* (M. Friedman, ed. e trad.). Nova York, Harper and Row. (Trabalho original publicado em 1918, 1928, 1943, 1950, 1955 e 1957.)

_____. (1958c). "Postscript". In: *I and thou*. (R. G. Smith, trad.). Nova York, Charles Scribner and Sons, pp. 121-34. (Trabalho original publicado em 1923.)

_____. (1965a). *Between man and man* (R. G. Smith, trad.). Nova York, Macmillan. (Trabalho original publicado em 1929, 1936, 1938 e 1939.)

_____. (1965b). *The knowledge of man: A philosophy of the inter-human*. Introdução de M. S. Friedman. (M. S. Friedman e R. G. Smith, trads.). Nova York, Harper & Row. (Trabalho original publicado em 1951, 1954, 1958, 1960, 1961 e 1963.)

_____. (1967). *A believing humanism: Gleanings* (M. S. Friedman, trad.). Nova York, Simon & Schuster. (Trabalho original publicado entre 1902 e 1964.)

_____. (1970). *I and Thou*. (W. Kaufman, trad.). Nova York, Scribner's Sons. (Trabalho original publicado em 1923.)

_____. (1973). *Meetings* (M. Friedman, trad.). LaSalle, IL, Open Court.

BUGENTAL, J. F. T. (1965). *The search for authenticity*. Nova York, Holt, Rinehart and Winston.

_____. (1976). *The search for existential identity: Patient-therapist dialogues in humanistic psychotherapy*. São Francisco, Jossey-Bass.

_____. (março, 1985). "Response to panel presentation on dialogical psychotherapy". Simpósio sobre Psicoterapia Dialógica Existencial, San Diego.

_____. (1987). *The art of the psychotherapist*. Nova York, W. W. Norton.

BURTON, A. (ed.). (1976). *What makes behavior change possible*. Nova York, Brunner/Mazel.

COLM, H. (1966). *The existentialist approach to psychotherapy with adults and children*. Nova York, Grune & Stratton.

CROCKER, S. F. (1983). "Truth and foolishness in the 'Gestalt Prayer'". *The Gestalt Journal* 6(1), pp. 4-15.

DEIKMAN, A. (1983). *The observing self: Mysticism and psychotherapy*. Boston, Beacon Press.

DELEO, J. V. (setembro, 1984). *Psychoanalytic and dialogical psychotherapy*. Apresentação num encontro do Institute for Existential-Dialogical Psychotherapy, San Diego.

_____. (janeiro, 1985). *Diagnosis and treatment in dialogical psychotherapy*. Apresentação num encontro do Institute for Existential-Dialogical Psychotherapy, San Diego.

_____. (1989). "Martin Buber and psychotherapy: An introduction to dialogical psychotherapy". (Trabalho em andamento.)

DOWNING, C. (1987). "Re-visioning the psychology of women: An existential-dialogical approach."

Perspectives: The Journal of Dialogical Psychotherapy, *1*(1), pp. 1-18.

DUBLIN, J. (1976). "Gestalt therapy, existential-Gestalt therapy and/versus 'Perlsism'". In: E. Smith (ed.), *The growing edge of Gestalt-therapy*. Nova York, Brunner/Mazel, pp. 124-50.

ENRIGHT, J. (1975). "An introduction to Gestalt therapy". In: F. Stephenson (ed.), *Gestalt therapy primer*. Chicago, Charles Thomas, pp. 13-33.

FARBER, L. H. (1966). *The ways of the will: Essays toward a psychology and psychopathology of the will*. Nova York, Basic Books.

_____. (1967). "Martin Buber and psychotherapy". In: P. A. Schilpp e M. S. Friedman (eds.), *The philosophy of Martin Buber*. La Salle, IL, Open Court, pp. 557-601.

_____. (1976). *Lying, despair, jealousy, envy, sex, suicide, drugs, and the good life*. Nova York, Harper & Row.

FRANK, K. A. (ed.) (1977). *The human dimension in psychoanalytic practice*. Nova York, Grune & Stratton.

FREW, J. (1992). "From the perspective of the environment". *The Gestalt Journal*, *15*(1), pp. 39-60.

FRIEDMAN, A. (1992). *Treating chronic pain: The healing partnership*. Nova York, Plenum Press.

FRIEDMAN, M. S. (1960b). *Martin Buber: The life of dialogue*. Nova York, Harper & Row. (Trabalho original publicado em 1955.)

_____. (1964a). "Existential psychotherapy and the image of man". *Journal of Humanistic Psychology*, *4*(2), pp. 104-17.

_____. (1964b). *The worlds of existentialism*. Chicago, University of Chicago Press.

_____. (1965a). "Introduction". In: M. Buber, *Between man and man*. New York, Macmillan, pp. xii-xxi.

_____. (1965b). "Introductory essay". In: M. Buber, *The knowledge of man: A philosophy of the interhuman*. (M. S. Friedman,e R. G. Smith, trads.). Nova York, Harper & Row, pp. 11-58.

_____. (1967). "Martin Buber's credo". In: M. Buber, *A believing humanism: Gleanings by Martin Buber*. (R. Anshen, ed.). Nova York, Simon and Schuster, pp. 21-6.

_____. (1972a). "Dialogue and the unique in humanistic psychology". *Journal of Humanistic Psychology*, *12*(2), pp. 7-22.

_____. (1972b). *Touchstones of reality: Existential trust and the community of peace*. Nova York, Dutton.

_____. (1974). *The hidden human image*. Nova York, Dell.

_____. (1976a). "Aiming at the *self*: The paradox of encounter and the human potential movement". *Journal of Humanistic Psychology*, *16*(2), pp. 5-34.

_____. (1976b). "Healing through meeting: A dialogical approach to psychotherapy and family therapy". In: J. Smith (ed.). *Psychiatry and the Humanities*. New Haven, Yale University Press, pp. 191-234.

_____. (1976c). *Martin Buber: The life of dialogue*. Chicago, University of Chicago Press.

_____. (1983a). *The confirmation of otherness: In family, community and society*. Nova York, The Pilgrim Press.

_____. (1983b). "Second visit to America: Encounter with psychotherapy". In: M. S. Friedman, *Martin Buber's life and work: The later years, 1945-1965*. Nova York, E. P. Dutton, Inc., pp. 205-29.

_____. (1984). *Contemporary psychology: Revealing and obscuring the human*. Pittsburgh, Duquesne University Press.

_____. (1985a). *The healing dialogue in psychotherapy*. Nova York, Jason Aronson.

_____. (1985b). "Healing through meeting and the problematic of mutuality". *Journal of Humanistic Psychology*, *25*(1), pp. 7-40.

_____. (1986). *Martin Buber and the eternal*. Nova York, Human Sciences Press, Inc.

_____. (maio, 1989). Keynot Address. Eleventh Annual Conference on the Theory and Practice of Gestalt Therapy, Chicago, IL.

GILLIGAN, C. (1982) *In a different voice: Psychological theory and women's development.* Cambridge, MA, Harvard University Press.

GOLDBERG, A. (1988) *A fresh look at psychoanalysis: The view from self psychology.* Hillsdale, NJ, Analytic Press.

GRAF-TAYLOR, R. (1990). *Freedom in dialogical psychotherapy.* Professional School of Psychological Studies, San Diego. (Tese de doutorado não-publicada.)

GREENSON, R. R. (1977) "That 'impossible' profession". In: K. A. Frank (ed.), *The human dimension in psychoanalytic practice.* Nova York, Grune & Stratton, pp. 99-114.

_____. (1978) "The 'real' relationship between the patient and the psychoanalyst". In: R. R. Greenson (ed.), *Explorations in Psychoanalysis.* Nova York, International Universities Press, pp. 425-40.

GUNTRIP, H. (1975). "My experience of analysis with Fairbairn and Winnicott (How complete a result does psychoanalytic therapy achieve?)". *International Review of Psychoanalysis, 2,* pp. 145-56.

HEARD, W. (1993). *The healing between: A clinical guide to dialogical psychotherapy.* Nova York, Jossey-Bass.

HEIDEGGER, M. (1962). *Being and time.* (J. Macquarrie, e E. Robinson, trads.). Nova York, Harper & Row. (Trabalho original publicado em 1927.)

HYCNER, R. (1985). "Dialogical Gestalt therapy: An initial proposal". *The Gestalt Journal, 8*(1), pp. 23-49.

_____. (1987). "An interview with Erving and Miriam Polster: The dialogic dimension in Gestalt therapy". *The Gestalt Journal, 10*(2), pp. 27-66.

_____. (1990). "The I-Thou relationship and Gestalt therapy". *The Gestalt Journal, 13*(1), pp. 41-54.

_____. (1991). *Between person and person: Toward a dialogical psychotherapy.* Highland, NY, The Gestalt Journal Press. (Traduzido e publicado em alemão sob o título *Zwishcen Menschen: Ansätze zu einer dialogishen psychotherapie* (1989). Köln: Edition Humanistishche Psychologie. Em português, publicado sob o título: *De pessoa a pessoa: psicoterapia dialógica.* São Paulo, Summus, 1995.)

JACOBS, L. M. (1978). "I-thou relation in Gestalt therapy". Los Angeles, California School of Professional Psychology. (Tese de doutorado não-publicada.)

_____. (1989). "Dialogue in Gestalt theory and therapy". *The Gestalt Journal, 12*(1), pp. 25-67.

_____. (fevereiro, 1991). "Intersubjectiviy Theory". Apresentação, em San Diego, do Grupo de Estudo de Psicologia do *Self.* La Jolla, CA.

KAH, E. (1985). "Heinz Kohut and Carl Rogers: A timely comparison". *American Psychologist, 40*(8), pp. 893-904.

KAUFMAN, W. (1970). "I and you: A prologue". In: M. Buber, *I and Thou* (W. Kaufman, trad.). Nova York, Scribner's Sons, pp. 7-48.

KEMPLER, W. (1973). "Gestalt therapy". In: R. Corsini (ed.), *Current psychotherapies,* 2ª ed. Itasco, IL, Peacock Publishers, pp. 251-86.

KOHUT, H. (1959). "Introspection, empathy and psychoanalysis". *Journal, American Psychoanalytic Association, 7,* pp. 459-83.

_____. (1971). *The analysis of the self.* Nova York, International Universities Press.

_____. (1977). *Thes restoration of the self.* Nova York, International Unversities Press.

_____. (1984). *How does analysis cure?* (A. Goldberg, ed., com a colaboração de P. Stepansky). Chicago, The University of Chicago Press.

KORB, P. (1988). "The numinous ground: I-thou and Gestalt work". *The Gestalt Journal, 11*(1), pp. 97-106.

KRON, T., e YUNGMAN, R. (1987). The dynamics of intimacy in group therapy. *International Journal of Group Psychotherapy, 37*(4), 529-48.

KRON, T. (julho, 1990). *Two supervision case studies and their political context: An Arab therapist with a Jewish client; A Jewih therapist with an Arab client.* Apresentação no encontro do Institute for Dialogical Psychotherapy, San Diego, CA.

LACHMANN, F. (1986). "Interpretation of psychic conflict and adversarial relationships: A *self*-psychological perspective". *Psychoanalytic Psychology*, *3*(4), pp. 341-55.

LAING, R. D. (1965). *The divided self.* Baltimore, Penguin Books.

LAMBERT, M. J. (ed.). (1982). *Psychotherapy and patient relationships.* Homewood, IL., Richard D. Irwin.

LANGS, R., e SEARLES, H. F. (1980). *Intrapsychic and interpersonal dimensions of treatment: A clinical dialogue.* Nova York, Jason Aronson.

LATNER, J. (1973). *The Gestalt therapy book.* Nova York, The Julian Press.

_____. (1983). "This is the speed of light: Field and systems theories in Gestalt therapy". *The Gestalt Journal*, *2*, pp. 71-91.

LEAVY, S. A. (1980). *The psychoanalytic dialogue.* New Haven, Yale University Press.

LEVITSKY, A e PERLS, F. (1970). "The rules and games of gestalt therapy". In: J. Fagan e I. E. Shepherd (eds.), *Gestalt therapy now.* Nova York, Harper & Row, pp. 140-9.

LICHTENBERG, J. (1989). *Psychoanalysis and motivation.* Hillsdale, NJ, The Analytic Press.

MASEK, R. J. (1989). "On Maurice Merleau-Ponty and the psychology of the *self*". In: D. W. Detrick e S. P. Detrick (eds.), *Self psychology: Comparisons and contrasts.* Hillsdale, JN, The Analytic Press, pp. 131-51.

MASLOW, A. H. (1964). *Religions, values and peak-experiences.* Nova York, The Viking Press.

_____. (1968). *Toward a psychology of being*, 2ª ed. Nova York, Van Nostrand.

_____. (1969) "Interpersonal (I-Thou) knowledge as a paradigm for science". In: A. Maslow, *The psychology of science: A reconnaissance.* Chicago, Henry Regnery, pp. 102-8.

_____. (1971). *The farther reaches of human nature.* Nova York, Viking.

MAY, R. (1969). *Love and will.* Nova York, Dell.

_____. (1981). *Freedom and destiny.* Nova York, Norton.

_____. (1983). *The discovery of being: Writings in existential psychology.* Nova York, Norton.

MAY, R., ANGEL, E., e ELLENBERGER, H. F. (eds.). (1958). *Existence.* Nova York, Simon & Schuster.

MERLEAU-PONTY, M. (1962). *The phenomenology of perception* (C. Smith, trad.). Nova York, Routledge and Kegan Paul. (Trabalho original publicado em 1945.)

_____. (1964). *The primacy of perception and other essays on phenomenological psychology, the philosophy of art, history and politics.* J. M. Edie. (ed. e trad.). Evanston, IL, Northwestern University Press. (Trabalho original publicado em 1946, 1947, 1955, 1960 e 1961.)

_____. (1968). *The visible and the invisible.* (A. Lingis, trad.). (C. Lefort, ed.) Evanston, IL, Northwestern University Press. (Trabalho original publicado em 1964.)

MULLER, J. P., e RICHARDSON, W. J. (1982). *Lacan and language: A reader's guide to Ecrits.* Nova York, International Universities Press.

NARANJO, C. (1975). "I and thou, here and now: Contributions of gestalt therapy". In: F. Stephenson (ed.), *Gestalt therapy primer.* Chicago, Charles Thomas, pp. 34-53.

NISSIM-SABAT, M. (1989). "Kohut and Husserl: The empathic bond". In: D. W. Detrick e S. P. Detrick (eds.), *Self psychology: Comparisons and contrasts.* Hillsdale, NJ, The Analytic Press, pp. 151-174.

O 'CONNELL, V. F. (1970). "Crisis therapy: Person, dialogue, and the organismic even". In: J. Fagan e I. L. Shepherd (eds.), *Gestalt therapy now.* Nova York, Harper and Row, pp. 243-56.

PERLS, F. (1969) *Gestalt therapy verbatim.* Nova York, Bantam Books. (No Brasil, traduzido sob o título: *Gestalt-terapia explicada.* São Paulo, Summus, 1977).

_____. (1973). *The gestalt approach and eyewitness to therapy.* Palo Alto, CA, Science and Behavior Books.

_____. (1975). "Gestalt therapy and human potentialities". In: F. Stephenson (ed.), *Gestalt therapy primer*, Springfield, IL: Charles Thomas Publishers, pp. 73-9.

PERLS, F., HEFFERLINE, F. R., e GOODMAN, P. (1951). *Gestalt therapy: Excitement and growth in the human personality.* Nova York, Dell.

PERLS, L. (1970). "One Gestalt therapist's approach". In: J. Fagan e I. Shepherd (eds.), *Gestalt therapy now.* Nova York, Harper and Row, pp. 125-9.

_____. (1976a). "Comments on new directions". In: E. W. L. Smith (ed.), *The growing edge of Gestalt therapy*. Nova York, Brunner/Mazel, pp. 221-6.

_____. (maio, 1976b). Apresentação ao The Gestalt Therapy Institute of Los Angeles.

_____. (1989). *Leben an der grenze: Essays und anmerkungen zur Gestalt-therapie*. M. Sreckovic (Hrsg.), Köln: Edition Humanistiche Psychologie.

_____. (1989). *Living at the Bondary*. J. Wysong (ed.), Highland, NY, The Gestalt Journal Press.

PLATO, (1920). *The dialogues of Plato*, vol. I. (B. Jowett, trad.). Nova York, Random House.

POLSTER, E. (1987). *Every person's life is worth a novel*. Nova York, Norton.

_____. (1992). "The *self* in action: A Gestalt outlook". In: J. K. Zeig (ed.), *The Evolution of Psychotherapy: The Second Conference*. Nova York, Brunner/Mazel, pp. 143-54.

POLSTER, E., e POLSTER, M. (1973). *Gestalt therapy integrated*. Nova York, Vintage Books.

_____. (1976). "Therapy without resistance: Gestalt therapy". In: A. Burton (ed.), *What makes behavior change possible*. Nova York, Brunner/Mazel, pp. 259-97.

_____. (1983). "Every person's life is worth a novel". *The Gestalt Journal 1*(2), pp. 59-66.

_____. (maio, 1986). Keynote Address the Second Annual Conference on Dialogical Psychotherapy, San Diego.

_____. (1994). "Frederick Perls: Legacy and invitation". *The Gestalt Journal, 16*(2), pp. 23-5.

RIOCH, M. J. (1960). "The meaning of Martin Buber's Elements of the Interhuman for the practice of psychotherapy". *Psychiatry: The Journal of Interpersonal Processes, 23*, pp. 133-40.

ROGERS, C. R. (1961). *On becoming a person*. Boston, Houghton Mifflin.

_____. (1967). "The interpersonal relationship: The core of guidance". In: C. R. Rogers e B. Stevens (eds.), *Person to person: The problem of being human*. Nova York, Real People Press, pp. 85-101.

_____. (1969). *Freedom to learn*. Columbus, OH, Merrill.

_____. (1980). *A way of being*. Boston, Houghton Mifflin.

ROGERS, C. R., e STEVENS, B. (1967b). *Person to Person*. Lafayette, CA, Real People Press.

ROSENBLATT, D. (1991). "An interview with Laura Perls". *The Gestalt Journal, 14*(1), pp. 7-26.

SCHOEN, S. (maio, 1989). "I-Thou: The larger gestalt". *Workshop* apresentado na 11ª Conferência Anual sobre Teoria e Prática da Gestalt-terapia, em Chicago.

SCHUSTER, R. (1979). "Empathy and mindfulness". *Journal of Humanistic Psychology, 19*, pp. 71-7.

SEARLES, H. (1986). *My work with borderline patients*. Northvale, NJ, Jason Aronson.

SHAPIRO, S. (maio, 1991). *Case Presentation*. 7ª Conferência Anual de Psicoterapia Dialógica em San Diego.

_____. (janeiro, 1993). "Talking to patients: Psychoanalytic techniques and *self* psychology". Apresentado no grupo de Estudo de Psicologia do *Self* em San Diego.

SIMKIN, J. (1976). *Gestalt therapy mini-lectures*. Millbrae, CA, Celestial Arts.

SIMON, D. (janeiro, 1994) "Mind-body medicine". Apresentado no Hospital Sharp Cabrillo em San Diego, CA.

SMITH, E. W. L. (1976). "The roots of Gestalt therapy". In: E. W. L. Smith (ed.), *The growing edge of Gestalt therapy*. Nova York, Brunner/Mazel, Publishers, pp. 3-36.

STEPHENSON, F. (ed.). (1975). *Gestalt therapy primer*. Chicago, Charles Thomas.

STERN, D. (1985) *The interpersonal world of the infant*. Nova York, Basic Books.

STOLOROW, R. (1986). "On experiencing an object: A multidimensional perspective". In: A. Goldberg, (ed.)., *Progress in self psychology*, v. 2. Nova York, Guilford Press, pp. 273-79.

_____. (1986). "Critical reflections on the theory of *self* psychology: An inside view". *Psychoanalytic Inquiry, 6*, pp. 387-402.

_____. (maio, 1991a). *The intersubjective context for intrapsychic experience*. Apresentação principal na XVII Conferência Anual sobre Psicoterapia Dialógica, San Diego, CA.

_____. (março, 1991b). *Subjectivity and self psychology: A personal odyssey*. Escrito no simpósio sobre "Aplicações clínicas da psicologia do *self*: transferência e contratransferência", patrocinado pelo San Diego *Self* Psychology Study Group.

STOLOROW, R. D., e ATWOOD, G. (1979). *Faces in a cloud: Subjectivity in personality theory*. Nova York, Jason Aronson.

_____. (1989) "The unconscious and unconscious fantasy: An intersubjective-developmental perspective". *Psychoanalytic Inquiry 9*(3), pp. 364-74.

_____. (1992). *Contexts of being: The intersubjective foundations of psychological life*. Hillsdale, NJ, The Analytic Press.

STOLOROW, R. D., BRANDCHAFT, B., e ATWOOD, G. E. (1983). "Intersubjectivity in psychoanalytic treatment: With special reference to archaic states". *Bulletin of the Menninger Clinic, 47*, pp. 117-28.

_____. (1987). *Psychoanalytic treatment: an intersubjective approach*. Hillsdale, N.J., The Analytic Press.

STOLOROW, R. D., e LACHMAN, F. (1984). "Transference: The future of an illusion". *The Annual of Psychoanalysis, 12*, pp. 19-37.

SUZUKI, S. (1970). *Zen mind, beginner's mind*. Nova York, John Weatherhill.

TALLON, A. (1978). "Intentionality, intersubjectivity, and the between: Buber and Levinas on affectivity and the dialogical principle". *Though: A Review of Culture and Idea, 53*(210), pp. 292-304.

TICHO, E. (1974). "Donald W. Winnicott, Martin Buber and the theory of personal relationship". *Psychiatry: Journal for the Study of Interpersonal Processes, 37*, pp. 240-53.

TOBIN, S. (1983). "Gestalt therapy and the silf: Reply to Yontef". *The Gestalt Journal, 6*(1), pp. 71-90.

_____. (1990). "*Self* psychology as a bridge between existential — humanistic psychology and psychoanalysis". *Journal of Humanistic Psychology, 30*(1), pp. 14-63.

TRÜB, H. (1964a) "From the *self* to the world". (W. Hallo, trad.). In: M. S. Friedman (ed.), *The worlds of existentialism: A critical reader*. Chicago, University of Chicago Press, pp. 497-9. (Trabalho original publicado em 1947.)

_____. (1964b). "Healing through meeting". (W. Hallo, trad.). In: M. S. Friedman (ed.). *The worlds of existentialism: A critical reader*. Chicago, University of Chicago Press, pp. 499-505. (Trabalho original publicado em 1952.)

_____. (1964c). "Individuation, guilt, and decision". (M. S. Friedman, trad. e ed.). In: *The worlds of existentialism*. Chicago, The University of Chicago Press, p. 497. (Trabalho original publicado em 1935.)

TUBBS, W. (1972). "Beyond Perls". *Journal of Humanistic Psychology, 12*(2), 5.

ULMAN, R. B., e STOLOROW, R. D. (1985). The "transference-counter-transference neurosis." In: Psychoanalysis: An intersubjective view-point. *Bulletin of the Menninger Clinic, 49*, pp. 37-51.

VAN DE RIET, V.; KORB, M. P.; e GORREL, J. J. (1980). *Gestalt therapy: An introduction*. Nova York, Pergamon.

VAN DUSEN, W. (1967). "The natural depth in man". In: C. R. Rogers e B. Stevens, *Person to Person*. Nova York, Pocket Books, pp. 214-40.

VAN HEUSDAN, A., e VAN DEN EERENBEEMT, E. (1987). *Balance in motion: Ivan Boszormenyi-Nagy and his vision of individual and family therapy*. Nova York, Brunner/Mazel Publishers.

WEIZSÄCKER, V. VON. (1964). "Doctor and patient. (K. E. von Rhau, e M. S. Friedman, trad.). In: M. S. Friedman (ed.), *The worlds of existentialism: A critical reader*. Chicago, University of Chicago Press, pp. 405-9. (Trabalho original publicado em 1949.)

_____. (ed.) (1979). *The meeting of the ways: Explorations in East/West psychology*. Nova York, Schocken Books.

WELWOOD, J. (ed.) 1983). *Awakening the heart: East/West approaches to psychotherapy and the healing relationship*. Boulder, CO, Shmabhala.

WILBER, K. (1979). "A developmental view of consciousness". *The Journal of Transpersonal Psychology, 11*(1).

_____. (1980). "The pre/trans fallacy". *The Journal of Humanistic Psychology, 22*, pp. 57-90.

_____. (1984a). "The developmental spectrum and psychopathology: Part I, Stage and types of pathology". *The Journal of Transpersonal Psychology, 16*, pp. 75-118.

_____. (1984b). "The developmental spectrum and psychopathology: Part II, treatment modalities". *The Journal of Transpersonal Psychology, 16*, pp. 137-66.

_____. (ed.). (1982). *The holographic paradigm*. Boulder, Shambala Publications Inc.

YALOM, I. D. (1974). *Every day gets a little closer: A twice-told therapy*. Nova York, Basic Books, Inc.

_____. (1989). *Love's executioner and other tales of psychotherapy*. Nova York, Basic Books, Inc.

YONTEF, G. M. (1975). "A review of the practice of Gestalt therapy". In: F. Stephenson (ed.), *Gestalt therapy primer*. Chicago, Charles Thomas Publishers, pp. 161-208.

_____. (1976). "Clinical Phenomenology". In: V. Binder, e B. Rimland (eds.), *Modern therapie*. Englewood Cliffs, NJ, Prentice-Hall, pp. 65-79.

_____. (1979). "Gestalt therapy: Clinical phenomenology". *The Gestalt Journal, 2*(1), pp. 27-45.

_____. (1979). "Clinical Phenomenology". *The Gestalt Journal, 2*(1), pp. 27-45.

_____. (1983). "Gestalttherapie als dialogisiche methode". *Integrative Therapie*, 9, Jg. Heft 2/3, 98-130. (O trabalho original circulou em 1981.)

_____. (1984). "Modes of thinking in Gestalt therapy". *The Gestalt Journal, 2*(1), pp. 33-74.

_____. (maio, 1989). "The 'I-Thou' and Gestalt therapy". Painel apresentado na 11ª Conferência Anual sobre Teoria e Práticas da Gestalt-terapia. Chicago.

_____. (1993). *Awareness, dialogue, and process: Essays in Gestalt therapy*. Highland, NY, The Gestalt Journal Press.

ZINKER, J. (1975). "On loving encounters: A phenomenological view". In: F. Stephenson (ed.), *Gestalt therapy primer*. Chicago, Charles Thomas Publishers, pp. 54-72.

_____. *Creative process in Gestalt therapy*. Nova York, Brunner/ Mazel.

www.gruposummus.com.br